Die Deutsche Bibliothek – CIP–Einheitsaufnahme

Möglichkeiten menschlichen Seins : Festschrift für Walter
Heistermann zum 80. Geburtstag / hrsg. von Michael-Sören
Schuppan. – Rheinfelden ; Berlin : Schäuble, 1992
  (Gesellschaft, Erziehung und Bildung ; 33 : Steglitzer Arbeiten zur
  Philosophie und Erziehungswissenschaft ; Bd. 10)
  ISBN 3-87718-593-2
NE: Schuppan, Michael-Sören [Hrsg.]; Heistermann, Walter:
  Festschrift; Gesellschaft, Erziehung und Bildung / Steglitzer Arbeiten
  zur Philosophie und Erziehungswissenschaft

Möglichkeiten menschlichen Seins

Festschrift

zum
80. Geburtstag
von
WALTER HEISTERMANN
am 14. September 1992

herausgegeben
von
Waltraud Reichert ☦
und
Michael-Sören Schuppan

Steglitzer Arbeiten zur Philosophie und Erziehungswissenschaft 10
(Gesellschaft, Erziehung und Bildung 33)

© 1992 Schäuble Verlag Rheinfelden und Berlin
Alle Rechte vorbehalten

ISSN 0937-7727
ISBN 3-87718-593-2

Inhaltsverzeichnis

1   Vorwort

Zu Philosophie, Anthropologie und Pädagogik

3   THEODOR BALLAUFF
Menschlichkeit als Möglichkeit der Bildung
Bildung als Ermöglichung der Menschlichkeit

13   CHRISTOPH HUBIG
Erinnerungen an den homo faber
Probleme des Menschenbildes angesichts unserer modernen technischen Kultur

19   KURT HÜBNER
Meditationen zu einer geschichtlichen Psychologie

25   TOMRIS MENGÜSOGLU
Die anthropologischen Folgen der Identitätslogik und der paradoxen Logik

33   FRIEDRICH TOMBERG
Philosophie, die zu Markte geht

41   HANS HELMUT ESSER
«Macht euch die Erde untertan!»

53   GEORG GROTH
Erziehung zum homo faber

63   KURT HARTUNG
Erziehung zur Gesundheit eine permanente Aufgabe von Pädagogik und Pädiatrie

73   WALDEMAR MOLINSKI SJ
Kirchliche Heimerziehung

87   C. WOLFGANG MÜLLER
Von der wohltätigen Wirkung didaktischen Handelns

97   BRUNO SCHLEGELBERGER SJ
Möglichkeiten menschlichen Seins in der Erfahrung kultureller Kontraste

107   JÖRG WILLER
Professor versus Confessor

117   WOLFGANG SCHULZ
Die ästhetische Dimension der Bildung

127   MICHAEL-SÖREN SCHUPPAN
Wer war der Knecht und wer der Herr?

133   ERWIN VOIGT
Die Welt als Widerstand

Erziehungseindrücke und Schulentwicklung – Persönliches

143 HERBERT BATH
Das Hamburger Abkommen und die neuen Schulgesetze
Irrungen und Verwirrungen

147 ALFRED KELLETAT
POTT oder die frühe Entscheidung

151 DIETRICH ERDMANN
Das Rätsel dieser Welt (Chorsatz)

153 MICHAEL-SÖREN SCHUPPAN
Bibliographie Walter Heistermann

VORWORT

Wer sich mit dem Werk Heistermanns beschäftigt, wird auf die wiederholt gestellte Frage stoßen: Wie sieht der Weg zum *homo humanus* aus? Allem Bemühen Walter Heistermanns ist der Satz Senecas gewissermaßen als Leitgestirn vorangestellt: *homo homini sacra res*, der Mensch sei dem Menschen eine heilige Sache.

Mit der vorliegenden Arbeit verbinden sich drei Ziele:
- Autoren verschiedener Fachrichtungen wollen einen Beitrag zum Thema aus ihrer Sicht leisten,
- etliche Aufsätze beziehen sich auf die Anthropologie als umfassendes Thema der Heistermannschen Bemühungen (Erkenntnistheorie, Ethik, Politik, Erziehung, Geschichte, Kunst, um nur einige Beispiele zu nennen),
- auf persönliche Erinnerungen an Walter Heistermann gehen einige Artikel zurück.

Gewissermaßen als Schlußakkord steht der Chorsatz: Das Rätsel dieser Welt von Dietrich Erdmann nach einem Gedicht von Omar der Zeltmacher.

Die Vorarbeiten - auch zu diesem Vorwort - wurden noch gemeinsam mit Frau Waltraud Reichert geplant und begonnen. Wir danken mit unserem Beitrag dem Jubilar, der uns in unterschiedlichen Situationen begegnete und Wege zeigte, die gegangen werden konnten.

Wir alle, seine Freunde, Kollegen und Schüler, wünschen, daß Walter Heistermann mit uns den Dialog weiterpflegt, und widmen ihm zum 80. Geburtstag diesen Band.

Berlin, im April 1992   Michael-Sören Schuppan

THEODOR BALLAUFF

Menschlichkeit als Möglichkeit der Bildung
Bildung als Ermöglichung der Menschlichkeit

Daß wir Menschen eine lange Zeit unseres individuellen Lebens brauchen, um unsere «Menschlichkeit» zu erlangen, haben alle Kulturen, alle Völker gewußt. Diese Zeit wurde allerdings zumeist kurz gefaßt und mit entsprechenden Übergängen abgeschlossen. Der Herangewachsene galt als «volljährig» Kinder und Jugendliche gab es zu allen Zeiten; erst der Neuzeit wurde Kindlichkeit und «Jugend» ein Problem.

Das Verhältnis der älteren zur jüngeren Generation haben die Jahrhunderte sehr verschieden gestaltet. Zunächst wohl im Sinne der Ausbildung und Vorbereitung für das Leben als Erwachsener, nicht nur unter dem Zwang der «Lebensfristung», sondern auch der sozialen Position, der Gruppensicherung und -repräsentation. Auch der «Herzog», auch der «König» brauchten eine Ausbildung und Vorbereitung, ebenso der Priester und der Kaufmann.

Erziehung ist sicher schon ein späterer Vorgang, eine durchdachtere Phase dieses Verhältnisses von Jugend und Alter. Die Älteren fanden Ziele, sie artikulierten Maßgaben; ausrichtende und bestimmende Maßnahmen wurden ersonnen, das Verhältnis an Personen geknüpft, schließlich «institutionalisiert».

Der Gedanke der Entwicklung[1] kam auf. Wenn sich alle Lebewesen «entwickeln», so der Mensch auch. Die «Erziehung» muß einem Entwicklungsprozeß korrespondieren. Sie ist nicht nur an Stammesordnungen, an ökonomische und soziale Erfordernisse gebunden, sondern auch an die «natürliche Entwicklung», die mit ihrer Gesetzlichkeit gebieterisch Berücksichtigung verlangt. Ja die veranstaltete Erziehung ist weitgehend der Entwicklung gegenüber machtlos. Sie kann nur Hilfe leisten, allerdings für eine Entwicklung, die durchaus positiv zu beurteilen ist, wenn man sie gewähren läßt. Der Grundgedanke bleibt derselbe: Jedem menschlichen Kind muß die Menschlichkeit als seine zentrale «Möglichkeit» zuerkannt werden. Zu ihrer Verwirklichung führt ein organisierbarer Weg. Für jeden besteht die grundsätzliche Verbindlichkeit, diese Menschlichkeit in Gestalt des Erwachsenseins zu erreichen. So formuliert es die Neuzeit: Ein jeder muß danach trachten, ein nützliches Mitglied der Gesellschaft zu werden. Dieses Jahrtausende alte Geschehen konnte unter dem Titel der Sozialisation einleuchtend zusammengefaßt werden; Erziehung/Edukation bedeutet dann bewußte Sozialisation.

Sicher nicht erst mit dem 18./19. Jahrhundert kam die Interpretation der «Bildung» auf, sicher auch nicht erst mit der «Mystik» und ihrer «Bildungsterminologie». Der Ausdruck ist jetzt nicht das Wichtige, sondern der Gedanke!

Erasmus von Rotterdam brachte ihn am Anfang des 16. Jahrhunderts auf eine prägnante Formulierung:

Bäume wachsen vielleicht von selbst, wenn sie auch steril sind, oder gewöhnliche Früchte tragen; Pferde werden geboren, wenn auch unbrauchbare - aber Menschen, das glaube mir, werden nicht geboren, sondern gebildet. Die ältesten Menschen, welche ohne Gesetz und Ordnungen in wilder Ehe ihr Leben hinbrachten in den Wäldern, glichen in Wahrheit mehr Tieren als Menschen. Die Vernunft macht den Menschen, sie hat aber da keine Stätte, wo alles von Leidenschaften abhängt, Wenn die Form den Menschen machte, müßten auch die Statuen zu den Menschen gezählt werden.[2]

Der Gedanke der Bildung sollte das Menschliche abheben von der Entwicklung der Lebewesen, von der Ausbildung zu technisch-praktischem Können, zur Verwendbarkeit und Verfügbarkeit, schließlich vom Einbau der Menschen in einen Zweck-Mittel-Kreis. Er sollte darauf hinweisen, daß die «Menschwerdung» nicht als ein Prozeß angesehen werden darf, der nach einfachen Gesetzen verläuft oder einem Herstellungsvorgang vergleichbar wäre. Religiöse Konzeptionen begünstigten allerdings diese beiden «Theorien». Bildung meinte einen Weg zur Menschlichkeit, der durch seine Hinführung zum Denken ausgezeichnet ist, zur Gedanklichkeit: zur Erschlossenheit dessen, was ist und sein kann, in seiner unabsehbaren Mannigfaltigkeit, aber auch in deren geheimnisvollen «Ist».

Auch für Bildung gilt jene These von der Menschlichkeit als die den Menschen eigene Möglichkeit, ihrem Noch-nicht und der Suche nach ihrer Verwirklichung.

Hier beginnt eine Zweiteilung der Geschichte von «Erziehung und Bildung». Sie in einem Atem zu nennen, war schon ein Mißverständnis. Denn nun fragte es sich: Was heißt, die Menschlichkeit als Möglichkeit zu verwirklichen? Für Qualifikation, Sozialisation, Edukation ließ sich die Frage gemäß geläufiger Metaphysik beantworten: Möglichkeit wird zur Wirklichkeit, wenn alle Bedingungen realisiert sind. für Qualifikation, Sozialisation, Edukation kommt es also darauf an, die erforderlichen Bedingungen zu erstellen; dann tritt der erwartete Effekt, die Menschlichkeit, ein. Die Bildungstheoretiker entdeckten jedoch im «Denken» eine «Bedingung», die sich in das übliche Schema nicht einfügen ließ. Dadurch zeigten sich die Verhältnisse in einem neuen Licht. Es lohnt sich, dieser Antithetik nachzugehen.

Nicolai Hartmann hat in ausführlichen Untersuchungen und Darlegungen den Möglichkeitsgedanken analysiert[3]. Danach fallen Möglichkeit, Wirklichkeit und Notwendigkeit in der realen Welt in eins zusammen. Der Stein, der am Abhang hängt, fällt herunter, wenn alle Bedingungen, die für seinen Fall erforderlich sind, vereinigt und realisiert sind. Der abstreichende Vogel erfüllt diese Bedingung, die noch fehlte, der Stein fällt; und zwar mit Notwendigkeit. Streng genommen, war bis zu diesem Punkt das Fallen unmöglich; dann aber identifizieren sich alle drei «Modalitäten». Alles ist, wie es ist, notwendig. Alles realisiert sich aus der unendlichen Menge von Unmöglichkeiten, die ständig an ihrem Ort und zu ihrer Zeit wirklich werden, wenn sie von ihrer letzten «Bedingung» erfaßt werden. Aus der Unmöglichkeit wird eine Möglichkeit, die aber sogleich in Wirklichkeit untergeht.

Wenn alles erst «möglich» wird, sobald alle Bedingungen erfüllt sind, in diesem «Augenblick» aber die Möglichkeit sich selbst vernichtet, indem sie mit Notwendigkeit wirklich wird, so sehen wir uns allenthalben von «Unmöglichkeiten» umringt. Das widerspricht jedem annehmbaren Sinn von Möglichkeit. Das sah auch N. Hartmann. Der Gedanke der «Teilmöglichkeit» und der «Wesensmöglichkeit» helfen hier weiter.

In jedem Zeitpunkt des realen Weltprozesses liegt eine «Vielzahl von Möglichkeiten» vor. Es kann so kommen, es kann auch anders kommen, je nachdem welche Teilbedingungen im weiteren Verlauf zu den vorhandenen hinzutreten. Auf dieser «Vielzahl der Möglichkeiten» beruht jene charakteristische Unbestimmtheit, die in allem laufenden Geschehen angelegt zu sein scheint[4]. Die Vielzahl der «Möglichkeiten», die von einem unvollständigen Bedingungskomplex ausgeht, ist nichts anderes als die Vielzahl der Richtungen, in denen er ergänzbar ist[5]. Die Möglichkeit bleibt auf einen «Entscheidungsfaktor» angewiesen. Solange dieses Etwas fehlte, war Fallen wie Nichtfallen gleich «möglich». «Möglich» in diesem Sinne ist, was durch die bis zur Zeit wirklich gewordenen Bedingungen noch nicht ausgeschaltet ist.

Das ist das Reelle an der populären Vorstellung der Teilmöglichkeit mitsamt ihrer Disjunktivität. Verlegt man das Gewicht auf die Unbestimmtheit, was weiter geschehen «kann», so ignoriert man die breite Basis bestimmender Faktoren, die in der weit verstandenen Gleichzeitigkeit stets mit enthalten ist und nur deshalb nicht zur Bedingungskette zählt, weil sie nicht in ihrer Linie liegt[6]. Das «Realgesetz» der Möglichkeit muß heißen: möglich ist nur das, was wirklich ist oder wirklich sein wird (im Begriff ist, wirklich zu werden)[7]. Dieses Verhältnis genügt auch dem Gedanken der «Zukunftsgeladenheit des Gegenwärtigen» weit besser als die an der Teilmöglichkeit hängende Anschauungsweise.

Ein Gegenwartsbestand, der die Entscheidung darüber, was weiter wird, anderswoher erwartet, weil er selbst sie nicht hergeben kann, ist ein unfruchtbarer Zeitenschoß, der von sich aus nichts gibt. Erst ein solcher, der die Entscheidung in sich trägt, ist produktiv. Der modale Bau des Werdens zeigt deutlich den Charakter des unaufhaltsamen Weiterdrängens und der unerschöpflichen Produktivität im Gange des Realprozesses. In diesem Sinne verstanden, ist das jeweilig Gegenwärtige in der Tat ein unerschöpflicher Born kommender Dinge[8].

Das «ideale Sein» besteht wesentlich in Relationen; es bildet ein Reich von reinen Zusammenhängen, Verhältnissen, Zugehörigkeiten und Gesetzlichkeiten. Das aber besagt die Gleichgültigkeit gegen Realität, Zeitlichkeit, Individualität (den Einzelfall) und Materialität. Alles, was ideal möglich ist, ist eben damit auch ideal wirklich, hat sein Bestehen im Reich der Wesenheiten[9].

Das ideale Sein stellt sich so als ein einziges ungeheures Reich der reinen Möglichkeit dar; als ein Reich schwebender Relationalität, in dem alles das 'zurecht besteht', und somit Wesenswirklichkeit hat, was in ihm widerspruchslos dasteht[10]. Das Widersprechende ist das, was in ihm nicht möglich ist, und also auch in ihm nicht besteht. Die Wesensmöglichkeit ist indifferent gegen Realwirklichkeit ...«Aber nur deswegen, weil sie zugleich indifferent gegen die Realmöglichkeit (Totalität der Realbedingungen ist; oder, so darf man sagen, weil überhaupt ideales Sein indifferent gegen Realität ist»[11].

Bei allem, was real besteht oder geschieht, bleibt es vom Wesen her offen, auch anders sein zu können. Freilich nur von Wesens wegen, nicht von Realitäts wegen. Es fehlt denn auch im Leben keineswegs an Phantasie, eine gewisse Mannigfaltigkeit von Wesensmöglichkeiten zu überschauen[12]. Die treibende Kraft der Idee im realen Menschenleben hat nicht den Modus der Möglichkeit, auch nicht den einer Wesensmöglichkeit, sondern den der Notwendigkeit, eine «freie», der Möglichkeit vorausschießende Notwendigkeit. Erst hinter diesem Vorgang folgt die Schaffung der Realermöglichung[13].

Wenn Erziehung Ermöglichung der Menschlichkeit besagt, dann muß das nach dem eben durch-messenen Gedankengang durch die Erstellung des erforderlichen Bedingungskomplexes geschehen. Mit so handfesten Formeln wie «Anlage und Umwelt» hat man dieses Verhältnis zu umschreiben versucht. Viele haben sich dabei beruhigt. Die einen schoben die «Schuld» für Gelingen oder Mißlingen der Erziehung mehr der Umwelt, dem Milieu, den Eltern und Erziehern, der sozialen Situation, den zeitgenössischen Trends zu, die anderen «den Anlagen», der «Vererbung», der «Vorgeschichte». Die modernen Konzepte differenzieren und verlangen eine «Erstellung von Bedingungen», die viel genauer den zu Erziehenden konditionieren, als es früher möglich war. Als Ziel konnte so auch in Sozialisation und Edukation die Totalkonditionierung ins Auge gefaßt werden; dann mußte der «perfekte Mensch» zustande kommen.

Das ist nun keineswegs ein Grundkonzept, das erst in unseren Tagen von Behavioristen, den Ethologen, von Futurologen und Utopisten erfunden, propagiert oder entsprechend angeprangert wurde. Die ältesten Erziehungsweisen, wie die «Ausbildung», die religiöse und die militärische «Erziehung» sind von dem Gedankenkreis der totalen Konditionierung ausgegangen. Sie haben mit Furcht und Schmerzen, mit Strafen, aber auch mit «Prämien» ein solches Bedingungsgefüge organisiert; der gewünschte Effekt trat ein. Die Ausgebildeten, die Priester, die Mönche, die

Soldaten - sie marschierten; sie gehorchten dem, der das «Geheimnis» jenes Bedingungsgefüges kannte - der wußte, wie aus «der Möglichkeit» die «notwendige Wirklichkeit» wird.

Der Gedanke der Bildung brachte in diesen Zusammenhang die «Unsicherheitsrelation» hinein. In jenem bisher angenommenen Voraussetzungshorizont - so geht die These - ist das die Menschlichkeit Auszeichnende noch gar nicht beachtet, ja geradezu ausgeschlossen: eine Selbständigkeit im Denken. Denken gewährt jedem Menschen ein Erkennen und Ermessen, die ihm auferlegen, selbst auszumachen, wie es weitergehen soll, was «real» werden soll, was aus ihm werden kann. Die Ypsilon-Situation darf ihm nicht genommen werden, auch nicht durch Religionen und große Lehren, die von vorn herein den einen Weg als gut und recht, den anderen als böse und verwerflich hinstellen. Noch mehr: dieses Erkennen und Ermessen selbst sind Aufgaben, die keineswegs eine bloße instrumentelle Funktion haben, sondern den ureigenen «Lebensinhalt» der Menschen ausmachen; immer aber so, daß die Selbständigkeit im Denken gewahrt bleibt. Erst auf diese Weise tritt der einzelne überhaupt in Erscheinung.

Mit diesem Gedanken war nun allerdings etwas Entscheidendes gegen Qualifikation, Edukation, Sozialisation gesagt. Weithin sollte ja durch diese das Gegenteil erreicht werden. So mußten dem «Bildungsgedanken» viele Gegner erwachsen.

In dieser Konzeption besteht also die «Möglichkeit», Menschlichkeit zu erfüllen, nicht im Beibringen einer realisierenden Bedingung. Niemand kann und darf sie «beibringen», mehr oder minder «aufzwingen». Dem Heranwachsenden wird diese Selbständigkeit zugemutet.

Da taucht eine weitere Erschwerung auf: Denken steht nicht in «meiner Macht». Mit ihm ist nicht ein Kaleidoskop von Vorstellungen, Empfindungen, Leidenschaften gemeint, sondern Gedankengänge, die durch ihre «Logik», ihre Einsichtigkeit, Folgerichtigkeit, ihre Befragbarkeit und Verantwortbarkeit gekennzeichnet sind. Dieses Denken kann ich nicht einfach «wollen»; es ist auch nicht meine Habe oder eine Gabe von welcher Instanz auch immer, sondern ein «Geschehen», das mich ergreift, in sich einbezieht, dann unter Umständen auch nicht mehr losläßt.

Der Bildungsgedanke macht gerade dieses Denken zur eigenen Aufgabe der Menschen, weil und wenn es ihnen «zuteil» wurde und wird. Ich «beschaffe» also nicht in Gestalt des Denkens, der Einsicht, des Wissens eine Bedingung zur Realisation meiner Menschlichkeit, der ich mich überlassen muß. Das ist etwas anderes als die Pflege des Kleinkindes. Ihm werden von Eltern und Erziehern Bedingungen seines Aufwachsens zugeteilt, und so auch im weiteren Verlauf seiner Jugend. Das Denken kann nicht zugeteilt werden, ohne unsinnig zu werden. So sehr dies wohl auch versucht wurde - immer entzog sich Denken diesem Vorgehen; es war gar nicht mehr in ihm. Worte blieben übrig, auswendig gelernte Floskeln. Oder es stellte sich auf dem Rücken solcher Unternehmungen ein und wurde ihnen gefährlich, sehr zum Leidwesen der Inauguratoren. Die Religionsgeschichte zeugt bis auf den heutigen Tag davon. Wieviel wurde in ihr gedacht, infragegestellt, begründet, verteidigt, bekämpft, obwohl das Gegenteil intendiert war!

Im Bildungsgedanken wurde eine «Bedingung» sichtbar, die keine mehr im bedachten Sinn war. Sie steht nicht in unserer Macht und ist doch «unsere Macht». Sie führt uns in die Welt und durchs Leben; sie verführt uns, sie läßt uns die Welt erobern, um sie in Besitz zu nehmen. Aus dem Denken als dem Aufschluß des Seienden im Ganzen als Welt, als Kosmos wird ein Instrument der Selbstermächtigung. Aus jener gewährten Selbständigkeit im Denken wird die Selbstsucht des einzelnen oder von Gruppen, in der sich jene Selbständigkeit zu Herrschaft, jene sich erschließende Welt zu Habe verwandelt.

Auch in dieser Hinsicht hatte Bildung eine andere Antwort bereit. Es war der Gedanke der Selbstlosigkeit, der sich einstellte. In jenem primären Konzept des In-der-Welt-seins mußte auffallen, daß sich die jeweilige Selbstinterpretation, das, wofür ich mich halte und was ich werden will, wie ein Filter oder Schleier vor die Dinge, mit denen ich es zu tun habe, legt und verhindert, ihnen gerecht zu werden. Ihre Instrumentalisation zu Herrschaftsbereich und Habe raubt ihnen ihre Selbständigkeit und Eigenart.

Die ursprüngliche Einsicht in das Wesen der menschlichen Bildung in der Vorsokratik bis auf *Platon* hatte noch nicht Selbstsuche und Selbstermächtigung positiv beurteilt, wenn auch schon die Gefährdung der Bildung durch sie gesehen. Diese Spannung wird damit in den Bildungsgedanken eingetragen, besonders verstärkt durch die religiöse Selbstsuche.

Die großen religiösen Lehren entwarfen ein Grundschema der «Bildung», das zwar der primären Selbstsucht in ihrer Herrschsucht und Habsucht zu entgehen sucht, nun aber die Menschen in den «Selbstbildungsprozeß» des Göttlichen, des einen Gottes einbezog. In diesem Prozeß gelangt der Mensch zu sich selbst und dient zugleich Gott, der durch alles hindurch sich selbst liebt. Der Gedanke der Selbstlosigkeit besagt dann: Wer letztlich bei Gott sein möchte, der muß zunächst von sich selbst, von dieser Interpretation seines Lebens auf ein «Selbst» ablassen, damit aber auch von Habe und Herrschaft; er muß sich Gottes Fügung und Macht überlassen.

Das war immer eine harte Forderung; noch dazu war sie mit der Paradoxie strengster menschlicher Herrschaft verbunden. Den Menschen mußten ja Gottes Wille und Weisung verkündet werden. Die großen Selbstlosen, die den Weg schon gegangen waren, wurden nun die Sprecher und mächtigen Stellvertreter des Göttlichen auf Erden. So konnte die Selbstlosigkeit wieder wie ein Instrument religiöser Selbstermächtigung erscheinen. Doch das Versprechen, die «Verheißung ewigen Heils», «meiner Seligkeit» ließ diese Umkehrung auf sich nehmen.

In eindrucksvollen Formulierungen wurde von dieser Selbstlosigkeit gesprochen. Bis auf den heutigen Tag hat sie in allen Religionen ihre «Nachfolge» erfahren.

Jener politisch-ökonomischen Paradoxie der Oligarchisation steht als Pendant die individuell-personale Paradoxie gegenüber: Insgeheim wird der Gedanke der Selbstlosigkeit in strengem Sinn aufgehoben, denn letztlich erhält «der Fromme» seine ewige Seligkeit und damit auch sich selbst wieder.

Die Neuzeit behielt das religiöse Schema bei; sie brauchte nur «das Göttliche» zu streichen und «die Menschen» für autonom und autark zu erklären, dann wurde aus jenem Zirkel: von Gott über die Welt zurück zu Gott - als Wandel und Verwandlung - der Bildungsweg eines jeden Menschen: von einem anfänglichen Zustand im Umweg über die Welt zu sich selbst als Persönlichkeit. Dieses Konzept trug der primären Selbstsuche der Menschen ebenso Rechnung wie es das Verhältnis der Menschen zur Welt in einem positiven Sinn klärte: Welt erhalten, Welt gestalten, sie zu besitzen, Schönheit und Reichtum zu genießen. Der Gedanke der Selbstlosigkeit wurde auf diese Weise immer von neuem in den großen Zirkel zurückgeholt.

Der Gedanke der Selbständigkeit im Denken enthielt schon den der Selbstlosigkeit, nämlich nur das Denken in Einsicht und Wissen, als Besonnenheit und Gelassenheit maßgeblich werden zu lassen. Geben wir so dem Denken den Vortritt, so heißt das doch: das, was ist und werden kann, so unvoreingenommen, so angemessen wie nur möglich zum Vorschein kommen zu lassen, sich also so lange wie möglich aus dem Zweck-Mittel-Kreis herauszuhalten. Das war der Grundgedanke der «Theoria» von alters gewesen. Er bleibt in der neuzeitlichen Wissenschaft erhalten, so sehr ihn auch das Weltbemächtigungskonzept überholte. Der Selbstlosigkeit des Denkens verdanken wir Menschen viel. Sie konnte ihrem Wesen nach allerdings von sich nicht so viel Aufhebens machen, wie es die großen «Selbsttäter», die Autokraten und Konquistadoren, die «Euergeten» taten.

Die Selbständigkeit im Denken und diese Selbstlosigkeit war das Neue des Bildungsgedankens, der ihn von Sozialisation und Ausbildung abhob; damit verbunden der Gedanke eines andersgearteten Verhältnisses zur Welt, ja eine andere Interpretation der Welt.

Platon und *Aristoteles* entdeckten «die Ideen», die EIDÄ, das Wesen des Seienden[14]. Für *Platon* bestanden diese «Wesenheiten» unabhängig von der sogenannten Realität. Nur wenn es uns gelingt, sie zu erschauen, können wir in unserer Welt, in unserem Alltag etwas erkennen; nur so können wir wissen, womit wir es zu tun haben. Für *Aristoteles* macht es das Denken, das uns zuteil wird, möglich, das Wesen des Seienden, die EIDÄ, zu erkennen, zu bedenken. Aus allem Kreisrunden erschauen wir den Kreis als das Wesentliche, den wir immer schon gedacht haben, den es nirgends in der Welt gibt - außer im Denken. In diesem ist er selbst anwesend.

Die Theorie befreit das Seiende zu seinem Wesen; ob in der Schau der Ideen oder in ihrer gedanklichen Freigabe, ist an dieser Stelle nicht wichtig. Erst die Neuzeit vereinnahmte endgültig Denken als «Fähigkeiten» der Menschen, dem die dinglich-ausgebreitete Welt gegenübersteht. Für die Menschen wird die Theorie Mittel und Weg, um ihr Verhältnis zur Welt und zu sich selbst zu regeln.

In der Bildungstheorie besteht das «Wesen des Menschen» in der Freigabe dessen, was ist und sein kann, auf die gedankliche Anwesenheit durch Denken und die Ermöglichung einer bedachten Realisation.

Gegenüber der Instrumentalisation des Denkens für Praxis, Technik und «Oblektation» - Vergnügen, Unterhaltung, Wohlbefinden - haben wir Menschen ein Wissen um die «andere Seite» bewahrt z. B. für die Kunst, die Musik, für Philosophie und Dichtung, für die Wissenschaften - auch gegenüber der Technik, die keineswegs in Nützlichkeit und Verwendbarkeit aufgeht. Die einzigartige Brücke über den breiten Fluß ist mehr als eine Verbindungsstraße der Ufer.

Bildung möchte dieses Bewußtsein, diese Einsicht hervorrufen; sie möchte uns zu der Erschlossenheit des Ganzen in jenem anderen Licht hinführen und uns im Kosmos heimisch werden lassen als unserer Aufgabe, nicht als unserer Habe und Herrschaft.

Eine neue Weise, zwischen und unter den Dingen zu sein, ergibt sich, ein andersartiges «Interesse» - nicht etwas anderes, sondern alles anders zu sehen. Dieses Sich-in-Anspruch-nehmen-lassen auf eine selbstlose Freigabe dessen, was ist und sein kann, auf es selbst enthüllt die Fülle und Weite des Ganzen, seine Unabsehbarkeit und den unendlichen Wandel der Konstellationen in ihm. Bildung besagt diese Rück-Sicht auf das Ganze und zugleich das Bemühen, immer weiter in die Erschlossenheit des Ganzen vorzudringen. Dem entspricht die Besonnenheit und Gemessenheit des Urteils, das der Gebildete wagt.

Die Paradoxie, von der wir oben sprachen, stellt sich in der «Selbstbestimmung» wieder ein: Diese kann nicht besagen, einen selbstherrlichen Willen zu inthronisieren, sondern der Einsicht, der Nachdenklichkeit und jener Besonnenheit, die in der Rücksicht des Ganzen steht, das Wort zu erteilen und die «Bestimmung» zu überlassen.

Eine deutsche Terminologie, aus der Mystik übernommen, kann weiterhelfen, Bildung zu umschreiben[15].

Es ist der Gedanke des «Lassens», der in unserem Kontext bereits mehrfach auftaucht. Wir müssen von allem lassen und IDÄem Denken überlassen, um so allererst eingelassen zu werden ins Ganze. Wir müssen von uns selbst lassen und uns dem Denken überlassen, um so erst uns selbst bestimmen zu können. Wir müssen uns vom Denken, von Einsicht, Erkenntnis, Wissen «ergreifen» lassen, um zu «begreifen», um zur Wahrheit zu gelangen.

Wir müssen von der «Praxis» lassen, vom Handwerken, Herstellen, Fertigen, vom Konsumieren und Produzieren, um Zutritt zur Theorie zu erhalten, zu einer das Wesentliche enthüllenden «Sicht» aufs Ganze, die uns allererst erkennen und ermessen läßt.

Dies und noch mehr soll mit dem Terminus: Gelassenheit umschrieben sein. Gelassenheit besagt nicht Ataraxia, Unerschütterlichkeit, Apathie, Unempfindlichkeit und Unbeteiligtheit; sie soll gerade die größte Nähe zu den Dingen ausdrücken, die im Umweg über das Denken - einen anderen gibt es für uns nicht - zu erreichen ist; damit aber auch eine andere «Erregbarkeit», als es die ist, die in unserer alltäglichen Sorge und Befindlichkeit mit ihren Emotionen und Passionen vorkommt.

Nur in solcher Gelassenheit sind wir in Wahrheit in der Welt und an ihrem Schicksal beteiligt. Ohne dieses «Lassen» bleiben wir im Kordon des alltäglichen Selbstsuchtkreises befangen und haben es immer nur mit dem Bißchen Menschlichkeit zu tun, das wir hier und jetzt «wahrnehmen» und zu ermessen vermögen; wir bleiben an Geld und Prestige hängen, bald dieser, bald jener «Besessenheit» anheimgegeben.

Auf den Gedanken der Bildung kamen wir Menschen, als wir diese «Erfahrung» der Überlassenheit ans Denken gemacht hatten. Trotzdem blieb dieses Denken ebenso geheimnisvoll wie offenbar. Es ruft ein Ich hervor, das sich mittels des Leibes unter den Dingen etabliert, das sich offenkundig wird auf seine Menschlichkeit hin, das sich vom Denken zu lösen sucht - zu «lassen» sucht und sich als Wille konzipiert, der sein eigener Herr ist und dies sich immer von neuem zu bestätigen sucht. Aber ebenso wird dem denkenden Ich klar, daß auf solche Weise die Menschlichkeit zugrunde gerichtet wird, was der Untergang der Menschen in Not und Krieg dokumentiert.

Dieses gedankliche Geschehen, diese «Ereignisse» des Denkens werden ebenso in Gestalt der Geschichte offenkundig, wie sie sich vor sich selbst verbergen und undurchdacht, ja undurchdenkbar bleiben. Die alte Theorie der «Begabung» und «Berufung» hat u. a. darauf aufmerksam gemacht. Da hilft es auch wenig zu wissen, daß «mathematische Begabung» von bestimmten Chromosomen abhängig ist. Denn diese sind nicht das «Rechnen», nicht «die Mathematik».

Dieser Zusammenhang, dieses «Geschehen» gibt den Blick auf eine «andere Möglichkeit» frei, als wir sie vorher erörterten. Es ist eine Möglichkeit, die sich sozusagen selbst verwirklicht, deren Wirklichkeit nicht den Effekt des Zusammenschlusses «aller Bedingungen» darstellt. Das hat ja immer wieder dazu verleitet, von «Potenzen» zu sprechen, die selbständig aus ihrer Potentialität in die Aktualität übergehen. In unserem Gedankengang ist jedoch ein «Geschehen» gemeint, das als denkerisches jede Substantivierung und Substanzialisierung abweist. Daher auch die Rede vom «Sichereignen», die besagen soll: Es tritt etwas ein, was nicht aus einem handfesten, aufweisbaren «Bedingungszusammenhang» herleitbar, dessen «Möglichkeit» aber vorauszusetzen ist.

Für *Kant* war es die «Selbstbestimmung», die nicht mehr in der Welt der Erscheinungen «erkennbar» werden kann, die aber doch sich in einem «Jenseits» zu dieser Welt «ereignet».

Die Paradoxie des Sich-bestimmen-lassens vom Denken - von Einsicht und Wissen - als «meine Selbstbestimmung» als «rein menschliche Möglichkeit», die immer besteht, aber nur zu oft vereitelt wird, ist durch das sich auf sich besinnende Denken erschlossen worden, jedoch merkwürdigerweise in der gedanklichen Auseinandersetzung zu kurz gekommen. Es blieb das unheimliche Geheimnis.

Bildung rekurriert auf diese Möglichkeit, nicht auf jene konstruktive, technisierbare Bedingungstotalitäten. Wir wissen sehr wohl auch um die «Verunmöglichung» der Menschlichkeit. Das ihr zugehörige Bedingungsgefüge ist besonders kompliziert und diffizil. Vom Klima an über die Ernährung und alltägliche Lebensfristung bis zu den sozialen Verhältnissen im großen wie im kleinen sind die Grenzen eng gezogen; werden sie um ein weniges überschritten, ist Menschlichkeit zu leben kaum möglich. Das sich auf sich besinnende Denken in seiner Selbständigkeit hat sich zu allen Zeiten dafür eingesetzt, daß jene Grenzen gewahrt bleiben sollten. «Die Mächtigen» haben allerdings nur zu oft diese «Stimme» zum Schweigen verurteilt.

Mit jenem geheimnisvollen «undenkbaren» Selbstvollzug des Ich in der Identifikation mit dem Gedanken, mit der Einsicht bzw. der Erschlossenheit dessen, woran es mit einem ist, hat die Ermöglichung der Menschlichkeit nur indirekt zu tun: Wenn jener Bedingungskomplex in seinen Maßen und Grenzen nicht gegeben ist, ist diese «Möglichkeit» auch vereitelt; sie ist aber selbst in ihrem «Ereignis» kein Resultat jener Konditionalkomplexe. Bleiben wir dem Unterschied von Bildung und Ausbildung, Sozialisation bzw. Edukation treu, so müßte in Bildung eine große Aufgabe der Gegenwart gesehen werden, gerade weil die anderen Vorgänge und Verfahren so vervollkommt sind. Daß dem nicht so ist, wissen die wenigen, die noch darüber nachdenken, durchaus.

Trotzdem hat die Mehrheitsabstimmung über die Wertlosigkeit der Bildung noch keinen Pädagogen und keinen Erziehungswissenschaftler bewogen, sie sang- und klanglos zu streichen. In dem bedenkenswerten Terminus der «humanen Kompetenz» z. B. wurde sie durchaus in vielen Hinsichten bewahrt. Und wir alle, ob Pädagogen oder nicht, wären sehr betreten, wollte man uns als «ungebildet», wenn auch gut ausgebildet und voll sozialisiert hinstellen. Bildung kennt weder ihr Perfekt noch läßt sie sich halbieren. Den Ausbildungsgang kann ich zur Hälfte durchlaufen haben; ich kann ihn mit einer Prüfung abschließen. Bildung bedeutet einen Weg, der nur zu ihr selbst führt. Sie ist kein Religionsersatz; sie kennt keine Heiligen, keine perfecti, keine Orthodoxe, Häretiker, Schismatiker - wie in allen totalitären und autoritären Systemen.

Bildung kann mit Religion schon deshalb nicht in Konkurrenz treten, da sie keine «Verheißungen» machen und ihre «Selbstlosigkeit» keine Belohnung in Aussicht stellen kann. Sie ist allerdings auch nicht auf Religion angewiesen und kann ihren Gedankengang «rein menschlicher Bildung» ohne sie durchschreiten. Kritik an den Religionen und an der Religion kann sie sich durchaus erlauben, ohne anmaßende Verurteilungen auszusprechen.

Bildung läßt jeden ihn selbst sein, unabhängig von Beruf, Stand, Religion und «ismus». Sie läßt ihn seiner Wege gehen. Die Gemeinsamkeiten stellen sich über die Jahrhunderte und Jahrtausende her, sind unabhängig von lokaler oder nationaler Gemeinschaft. Der Grundgedanke der Wissenschaftlichkeit hat daher immer bei der Bildung Schutz und Unterstützung erfahren.

Bildung ist auch keine Garantie der Menschlichkeit. Jene selbstlose Verantwortung der Wahrheit, jener weite Gedankenkreis bzw. jene Erschlossenheit des Ganzen, jene Gelassenheit und Besonnenheit ist Hilfe und Bahn im Lebensumkreis, aber keineswegs Bollwerk und Schutzmauer gegen die Überrumpelung, keine Aufhebung der «Machtlosigkeit» des Denkens. Daher wünschten sich die Gebildeten jene Ataraxia der Epikuräer und Stoiker oder auch jene «Abgeschiedenheit» der Mystiker, weil sie sehr wohl das Gegenteil, die Überwältigung der angestrebten «Haltung» erfahren hatten.

Anmerkungen

1 Vgl. *Oelkers* 1989.
2 s. *Ballauf/Schaller:* Pädagogik Bd. I. 1969. S. 593 f.
3 *Hartmann, Nicolai* 1938.
4 a.a.O. 224.
5 a.a.O. 225.
6 a.a.O. 243.
7 257.
8 257.
9 316 f.
10 318 f.
11 319.
12 338.
13 339 f.
14 vgl. *Volkmann-Schluck, K.-H.* 1979.
15 vgl. zum Folgenden *Bundschuh, Adeltrud* 1990, ferner Probleme philosophischer Mystik. 1991.

Literatur

Albert, Karl: Philosophie der Erziehung. Sankt Augustin: Academia Verl. 1990. VIII, 496 S. (Albert: Philosophische Studien. Bd. 5)

Ballauff, Theodor: Zur Geschichte der abendländischen Bildung. In: «Nicht Vielwissen sättigt die Seele». Wissen, Erkennen, Bildung, Ausbildung heute. Stuttgart 1988. S. 49-70

Ders.: Pädagogik. Eine Geschichte der Bildung u. Erziehung (2.3.: u. Klaus Schaller) unter Mitarbeit v. Gert Plamböck. Bd. 1-3, Freiburg, München: Alber 1969-73 (Orbis academicus. I, 11-13)

Ders.: Pädagogik als Bildungslehre. 2. Aufl. Weinheim: Dt. Studien Verl. 1989. XIII, 233 S.

Banki, Farsin: Der Weg ins Denken. Bern u. Stuttgart: Haupt 1986. V, 274 S. (Studien zur Geschichte d. Pädagogik u. Philosophie d. Erziehung. Bd. 5)

Böhme, Gernot: Was ist Natur? Charaktere der Natur aus d. Sicht der modernen Naturwissenschaft. - Chemie in unsrer Zeit 24 (1990) H. 4. 166-175

Bundschuh, Adeltrud: Die Bedeutung von gelassen und die Bedeutung der Gelassenheit in den dt. Werken Meister Eckharts unter Berücksichtigung seiner latein. Schriften. Frankfurt/M., Bern, New York, Paris: Peter Lang 1990. 427 S. (Europäische Hochschulschriften. R. 20 Philosophie Bd. 302)

Elsas, Christoph: Neuplatonische und gnostische Weltablehnung in der Schule Plotins. Berlin, New York: de Gruyter 1975. XV, 356 S. (Religionsgeschichtliche Versuche u. Vorarbeiten. Bd. 34)

Fink, Eugen: Grundfragen der systematischen Pädagogik. Freiburg: Rombach 1978. 284 S. (rombach hochschulpaperbak. Bd. 90)

Ders.: Sein und Mensch. Vom Wesen d. ontologischen Erfahrung. Freiburg/München: Alber 1977. 325 S.

Hartmann, Nicolai: Möglichkeit und Wirklichkeit. Berlin: de Gruyter 1938. 481 S.

Heidegger, Martin: Beiträge zur Philosophie. (Vom Ereignis). Frankfurt a. M.: Klostermann 1989. XVI, 521 S. (Heidegger: Gesamtausgabe III. Abtlg, Bd. 65)

Oelkers, Jürgen: Reformpädagogik: eine kritische Dogmengeschichte. München: Juventa 1989. 280 S.

Prausnitz, John M.: Von Apollo zu Prometheus und Herakles: Ziele und Methoden der chemischen Verfahrenstechnik. - Chem.-Ing.-Tech. 63 (1991). Nr. 5. 447-457

Probleme philosophischer Mystik. Festschrift f. Karl Albert zum siebzigsten Geburtstag. Hrsg. v. Elenor Jain u. Reinhard Margreiter. Sankt Augustin: Academia-Verl. 1991. 362 S.

Ruhloff, Jörg: Halbbildung. In: Enzyklopädie Erziehungswissenschaft. Bd. 9. Stuttgart 1983. S. 295-297

Ders.: Pluralität pädagogischer Konzepte - ein Hemmnis der sozialen Wirksamkeit pädagogischer Theorie? - Vierteljahresschr. f. wiss. Pädagogik 66 (1990) H: 4 36-448

Schmied, Gerhard: Religion - eine List der Gene? Soziobiologie contra Schöpfung. Zürich: Edition Interfrom; Osnabrück: Fromm 1989. 161 S. (Texte + Thesen. Bd. 219)

Ullrich, Heiner: Die Reformpädagogik. - Zeitschr. f. Pädagogik 36 (1990). 6.893-918

Volkmann-Schluck, Karl-Heinz: Die Metaphysik des Aristoteles. Frankfurt a.M.: Klostermann 1979. 304 S.

Wolterhoff, Bernt: "Konstruktivität einer pädagogischen Möglichkeitstheorie". Versuch einer Grundlegung u. Ausführung im Rahmen der allgemeinen Pädagogik u. Erwachsenenbildung. - Duisburg, Habil. Schrift 1985. 163 S.

CHRISTOPH HUBIG

Erinnerungen an den homo faber

Probleme des Menschenbildes
angesichts unserer modernen technischen Kultur

Fünf Thesen

Erste These: Die Pluralismuskrise der philosophischen Anthropologie soll durch die homo-faber-Konzeption aufgefangen werden. Diese ist selbst in eine Krise geraten.

Auf die Frage «Was ist der Mensch?» antwortet die philosophische Anthropologie inzwischen nicht mehr. Vielmehr bietet sie einen «Supermarkt» *(Paul Feyerabend)* von Ideen über den Menschen an, die zudem kategoriel inhomogen sind: Diese betreffen erstens Vorstellungen vom Menschen als **Individuum** im Blick etwa auf die Fragestellung, was der Mensch aus sich selber mache, die Kant auf dem Boden einer pragmatischen Analyse der Lebenswelt angeht[1], oder dem Menschen als einem «nichtfestgestellten» Wesen, das durch seine Exzentrizität *(Helmut Plessner)* gekennzeichnet sei[2]. Zweitens beziehen sie sich auf Vorstellungen vom Menschen als **Gattungswesen**, die im Blick auf sein Verhältnis zur Natur, zur Geschichte, zur Naturgeschichte bzw. seiner Stellung im Kosmos entwickelt werden. Drittens beziehen sie sich auf Vorstellungen vom Menschen als **Träger von Sittlichkeit,** werden somit zu **Wertideen,** insbesondere beim Versuch, verschiedene Auffassungen der Moralitätsfähigkeit des Menschen anthropologisch zu begründen oder anthropologische Bedingungen seiner Sittlichkeit festzulegen. Im Lichte dieses Pluralismus der Ideen philosophischer Anthropologie erscheint diese als bloße Weltanschauung, die unwissenschaftlich sei *(Joachim Ritter)*[3].

Die in vergleichbaren Orientierungskrisen immer wiederkehrende Idee vom Menschen als *homo faber* versucht nun, den Pluralismus der Ansätze zu unterlaufen und ein integrierendes Konzept vorzulegen: Erstens besagt sie, daß das **individuelle** Selbstbewußtsein sich über die Individualität der Werke bildet (Philosophie der Arbeit). Zweitens besagt sie, daß der Mensch als **Gattungswesen** durch seine spezifische Kompetenz zur Schöpfung charakterisiert sei *(alter-deus*-Theorien). Hinsichtlich der **Wertideen** vom Menschen schließlich fordert sie, daß er sowohl seinen Erkenntnisanspruch als auch die Ideale seiner Sittlichkeit auf das beschränken solle, was im Bereich seiner Herstellungskompetenz liegt *(devotio moderna,* Pragmatismus, Operationalismus, Konstruktivismus) - der Mensch sich also auf diejenige Nische *(oikos)* konzentrieren und beschränken soll, die er sich durch seine Arbeit selbst erschließt. Jene *homo-faber*-Konzeption wurde immer dann eingesetzt, wenn hochspekulative Fragestellungen mit großem metaphysischem Ballast, z. B. das Leib-Seele-Problem oder die Frage nach der Sprachentstehung, aus der Vielfalt der angebotenen Antwort-Modelle herausgeführt werden sollten, um nun eine zwar skeptische, nicht aber relativistische Lösung zu entwickeln.

Dieses *homo-faber*-Konzept ist nun auf den ersten Blick ebenfalls in eine Krise geraten: Der Einsatz von Maschinen und die zunehmende Arbeitsteilung seit den industriellen Revolutionen anonymisieren den Prozeß der individuellen Selbstobjektivation, was bereits *Johann Gottfried Herder* und *Friedrich Schiller* festgestellt haben, was *Karl Marx* zum Ausgang seiner Theorie der Entfremdung nahm, was schließlich sowohl in *Max Horkheimers* Theorie der instrumentellen Vernunft als auch *Arnold Gehlens* Zivilisationskritik zum zentralen anthropologischen Befund wurde. Im Blick auf die Charakteristika der Gattung wurde das *homo-faber*-Konzept dahingehend destruiert, daß die schöpferische Vernunft nicht mehr als Subjekt, sondern als Prädikat des Lebens *(Arnold Gehlen)*[4] erscheint, ein Ansatz, der bereits bei *Friedrich Nietzsche* in seiner Kennzeichnung der Vernunft als Werkzeug der (natürlichen) Willen zur Macht angelegt[5] ist und in den modernen evolutionären Erkenntnistheorien radikalisiert wurde im Zuge der Anbindung der Anthropologie an die Naturphilosophie. Schließlich wurde die Wertidee des Menschen als frei schöpferischem Wesen seit *Kant* in dem Sinne relativiert, daß sie sich nur auf einen Akt der Vernunft als Selbstzuschreibung von Verantwortung gründe[6], ihr also keine anthropologische Basis, kein objektspezifischer Befund zugrunde liegt, der sie zum Beispiel von den immer weiter vorangetriebenen Systemen künstlicher Intelligenz zu unterscheiden erlaube, sondern lediglich noch eine **Interpretation**.

Zweite These: Ein erster historischer Kulminationspunkt der *homo-faber*-Konzeption ist in der Idiota-Philosophie des *Nikolaus von Kues* zu sehen, ihre letzte systematische Ausformung erhielt sie im Rahmen von *Hegels* Philosophie von Herrschaft und Knechtschaft (Phänomenologie des Geistes).

Wenngleich der *homo faber* als Terminus erst in der Philosophischen Anthropologie des 20. Jahrhunderts *(Max Scheler, Henri Bergson)*[7] explizit auftritt, so weist seine Tradition zurück bis in die Antike, bis zur Figur der Athene etwa als Verkörperung handwerklicher und künstlerischer Technik, bis zu Odysseus, der seine Individualität durch den listigen Einsatz von Technik konstituiert, bis zur Charakterisierung des Menschen als dem Wesen, das seine Hände als Werkzeug benutzt bei *Anaxagoras*[8]. Eine erste systematische Ausformung erhielt diese Theorie aber erst im Rahmen der Konzeption einer Philosophie des Idiota als skeptischer Reaktion auf den Pluralismus der spekulativen Systeme des Mittelalters, wie ihn auch die Vertreter der *devotio moderna, Erasmus von Rotterdam, Agricola, Thomas Morus,* ja sogar *Giordano Bruno* kritisiert hatten, die konsequenterweise die Metaphysiken der Hochscholastik nur noch als bloße *opiniones*, als Meinungen erachteten[9]. So auch der Ausgangspunkt der Überlegungen des Idiota des *Nikolaus von Kues:* Als einziger Bezugspunkt erscheint der Mensch als Maß aller Dinge, aber als ein Wesen *in fieri,* ein Wesen, das sich selber schafft. Die Eigengestalt aller Gegenstände der Erkenntnis ist nur durch ihre Ähnlichkeit zum Prinzip ihrer Herstellung zu erkennen, die Eigengestalt des Menschen ist somit sein Schöpfergeist, der aber nur *ex negativo* in den Modi der Werke ersichtlich ist, indem deren Mächtigkeit gemessen wird, und indem ihre Quiditas, ihr Wesen im Blick auf die Absicht ihrer Herstellung erkennbar wird. Die Seele bedient sich eines körperlichen Werkzeugs zu ihrer Realisierung analog zum Geiste Gottes[10]. Diese Theorie vom Menschen als Gott im kleinen, als dem sich selbst bescheidenden Gott, erfuhr ihre Fortführung insbesondere in den Kunsttheorien des Humanismus und des Rationalismus.

Am Ende dieser Tradition der Selbstermächtigung des Menschen steht die Figur des Knechtes in *Hegels* «Phänomenologie des Geistes». Sie wird ebenfalls eingeführt im Zuge einer Reflexion auf einen schlechten Pluralismus, hier denjenigen der romantischen Naturphilosophien, den Pluralismus der verschiedensten Naturbegriffe und Verstandesgesetze, demgegenüber das Bewußtsein nur solange ausgeliefert bleibt, wie es sich nicht als Selbstbewußtsein im Umgang mit der Natur konstituiert hat. Dieses Selbstbewußtsein kann sich nicht etwa wissen, sondern es bildet sich heraus im Modus der Arbeit. Dabei erkennt es sich zum einen als "aufgehaltene Begierde", als Differenz zwischen den Vorgaben der «Herr-Seite» des Bewußtseins, also den Ideen, und deren Realisierung im konkreten Werk. Zum andern erkennt es sich selber aber als Fähigkeit, den Stoff zu formen nach Maßgabe der Ideen des Herrn, es erkennt sich selbst somit als Exemplifikation der Fähigkeit, überhaupt etwas zu formen, es «bildet» sich. Diese Bildung ist jedoch zunächst nur ein **quantitatives** Ausloten seines Handlungsspielraums, nur nach Größe und Schwäche, ohne «Triumpf» oder «Reue», ohne «Klage» oder «Erhebung»[11]. Die **qualitative** Identifizierung dieser Differenz und somit der Bildung ist erst möglich unter den Regeln des «objektiven Geistes», den gattungsspezifisch hervorgebrachten Kriterien des Tuns, im Zuge der Gesetze des Mythos, ihrer Rationalisierung in Sprache etc. Dabei erscheint also das Bildungswissen als Resultat gesellschaftlicher Praxis und nicht etwa wie in der konstruktivistischen Anthropologie (so bei *Wilhelm Kamlah*[12]) als Gemenge von Vorurteilen, denen sich eine wissenschaftliche Anthropologie entziehen müsse, die auf der Basis von Sprachkonventionen neu zu begründen sei, wobei man sich nach der rationalen Basis dieser Begründung fragt. (Hegel umgeht dieses Problem, indem er die Natur des Menschen als bloßes An-sich, als Dynamis auffaßt, die sich erst in der Praxis realisiert, somit als solche nicht gewußt werden kann, sondern nur negativ im Zustand ihrer Verdinglichung, als «Für-sich-Sein».)

Dritte These: Das homo-faber-Konzept wird jedoch bereits in der Tradition einer dreifachen Relativierung unterzogen: Individuelle Selbstkonstitution ist letztlich nur in der Kunst möglich; gattungsspezifische Selbstkonstitution ist historisch relativ nur im Rahmen der Industrie möglich, eine Wertidee des Menschen ist nur funktional bezogen auf ein Konzept der Gesamtnatur zu denken.

Durch die Arbeitsteilung wird der **einzelne** Mensch nur noch zum «Abdruck» eines «Bruchstücks» der Gesamtmaschinerie, das er darstellt. Diese Feststellung führt *Friedrich Schiller* konsequenterweise zur These, daß der Mensch «nur Mensch ist, wo er spielt»[13]. Der Anspruch der *homo-faber*-Konzeption als *alter-deus*-Konzeption ist daher nur in der Kunst zu erfüllen, wie es deren Begründungstradition seit der *Querelle des Anciens et des Modernes,* in der die Orientierung der Kunst an der *perfectio* des Kosmos abgelöst wurde durch das Prinzip der *Perfectabilité* des Menschen durch sich selbst, bis schließlich hin zum *action-painting* der Gegenwart, in dem sich das schöpferische Handeln nur noch selbst vorführt, aufweist. Auf die **Gattung** bezogen gilt, daß «das Dasein der Industrie erst das aufgeschlagene Buch der menschlichen Wesenskräfte» sei *(Karl Marx)*[14], also die Objektivation des Menschen nur historisch relativ zum Stand des Verhältnisses von Produktivkräften zu Produktionsverhältnissen zu erfassen sei. Die Abspaltung der ästhetischen Selbstschöpfung des Menschen von seiner Arbeit im industriellen Prozeß führte zu den Komplementaritätstheorien innerhalb der philosophischen Anthropologie und schließlich zur Zwei-Kulturen-Lehre *Edgar Snows.* Diese lassen aber die Frage nach dem Antrieb des Menschseins, der jener Komplementarität bedarf, offen.

Wenn aber schließlich bereits in jener Tradition unsere Vernunft als Vermögen der Wertideen nur noch als «Werkzeug der Willen zur Macht» *(Nietzsche),* «als Prädikat des Lebens» *(Gehlen)* erscheint, also als funktionale Hervorbringung der Evolution, dann wird das *homo-faber*-Konzept nicht mehr zu einem Paradigma der Anthropologie, sondern erscheint selbst als Werkzeug eines übergeordneten Subjekts, der Natur. (*Ernst Cassirer* verweist auf eine interessante Parallele im Rahmen der ägyptischen Mythologie: Deren Zentralgottheit Athon wird zunächst so dargestellt, daß über die verschiedenen Arten seines Werkzeuggebrauchs oder seines Organeinsatzes die polytheistische Welt erklärt wird, dann aber durch deren Reflexion als Schöpfung, Werkzeuge **eines** Wesens, ein abstrakter Monotheismus sich etabliert[15].)

Vierte These: Angesichts unserer modernen technischen Kultur ist das *homo-faber*-Konzept aber auch in eine Substanzkrise geraten. Es droht, seinen Gegenstand zu verlieren.

Idealiter ist die *homo-faber*-Theorie nur zu halten unter der Charakterisierung technischen Handelns als **Werkzeug**gebrauch, als funktionalem freien Mitteleinsatz unter der Resultat- und

Selbstkontrolle durch das Subjekt. (In seiner radikalisierten Form wird dieses Konzept bei *Hegel* noch im Kapitel über das «Ende der romantischen Kunstform» seiner Ästhetik vorgetragen, in der der Künstler nur noch seine Souveränität der Materialbeherrschung, unabhängig von jeglichem Stoff, vorführe.) Als Paradigma des Tuns wird es trefflich formuliert im Bild vom Menschen als Bildhauer an der Erde, wie ihn sowohl *Pico della Mirandola* zu Beginn der angesprochenen Tradition (Humanismus) als auch *Johann Gustav Droysen* in gleicher Formulierung im Zuge seiner Historik am Ende idealistischer Geschichtsauffassung begreifen. Bereits der Einsatz von **Maschinen** jedoch degradiert das Individuum zum Bediener, der die Herstellung von Werken nur noch im Schema nachvollzieht und allenfalls über die Werte disponieren kann, die die schematischen Mittel-Zweck-Verknüpfungen leiten. Deren Subjekt ist ein institutionelles Subjekt verwissenschaftlichter und vermarkteter Technik. Der Einsatz der Maschinen unterliegt den «Sachzwängen» des Wirkungsgrades und der Amortisation der Ressourcen. Der Einsatz von technischen **Systemen** und die Arbeit in ihnen schließlich entfernt die Entwickler, die Produzenten und die Anwender nun soweit voneinander, daß ein den Gesamtprozeß überschauendes individuelles oder institutionelles Subjekt nicht mehr gegeben ist. So «wuchern» die Steuerungssysteme zur Fehlervermeidung; die Expertensysteme geben ihre Präferenzkriterien nicht mehr preis; die parallelverarbeitenden Systeme funktionieren nach den Prinzipien der Selbstorganisation. Das Handeln wird somit «inkontinent» *(Carl Mitcham)*[16].

Konsequenz aus der dritten und vierten These: Die *homo-faber*-Konzeption hat ihre **integrierende** Funktion verloren, den Menschen sowohl als Individuum, als auch als Gattung und als Wertidee zu begründen. Sie hat darüber hinaus ihren **Definitionsbereich** verloren, da das Handeln der Menschheit nicht mehr unter der faber-Idee beschreibbar ist.

Fünfte These: Entgegen allen Kompensations- und Komplimentaritätstheorien ist ein integrales Konzept vom *«homo technicus»* zu fordern, das sich auf die alte Begriffstradition eines umfassenden Technik-Begriffes stützen kann.

Die Kompensationstheorien bleiben die Antwort schuldig, warum eine bestimmte technische Entwicklung kompensiert werden soll; die Komplementaritätstheorien bleiben die Antwort schuldig, was denn das **gemeinsame** funktionale Erfordernis sein soll, unter dem sich eine Komplementarität als solche darstellt.

Hingegen läßt die alte Begriffstradition der *techne* erkennen, daß das *homo-faber*-Konzept selbst auf einer Verengung beruht: Techne, verstanden als «Produkt einer spielerisch sich betätigenden Mathemathik» *(Archimedes/Architarch)*, aus «freigesetzten Anfangsgründen» *(Plato)*, Techne nicht nur im Rahmen der Poiesis, sondern auch als Konzept von Praxis *(Aristoteles)* zu denken, die dem Selbstzweck der Aufrechterhaltung des Handelnkönnens dient, unter dem Paradigma der Rhethorik (Humanismus) als dem Paradigma freier Gestaltung, als «nützliches und lustiges» Anwendungswissen in Nachahmung des «Spieles» Gottes, der seine Geschöpfe gewähren läßt (Rationalismus) repräsentiert einen Aspekt, der nicht mehr erlaubt, Technik auf die instrumentelle Seite des Handelns zu reduzieren, sondern sie zum Rahmenbegriff des Handelns überhaupt adelt[17]. Ein *homo technicus,* der sich bewußt in diese Tradition stellt, kann von dort aus die Verengung des *homo-faber*-Konzeptes reflektieren: Als *«homo technicus deliberans»* sieht er zwar den *homo faber* als durch Maschinen und Systeme ersetzt, sieht sich selbst aber weiterhin als Entscheidungsträger für die Systemarchitektur, die Auswahl der Simulationskriterien, sowie die Garantie und Festlegung der Einsatzbedingungen der Technik. Als *«homo technicus soziologicus» (Ralf Dahrendorf)* wird er seine Individualität nicht mehr aus den Werken, sondern qua Anerkennung oder Verweigerung des hierzu notwendigen Rollenverhaltens konstituieren im Bewußtsein und im Zuge eines Entwurfs einer «privativen

Anthropologie»[18], also einer solchen, die erkannt hat, daß sie sich auf kein festes unabhängiges Fundament mehr beziehen kann, was die historisierten Kulturanthropologien *Ernst Cassirers* und *Georg Herbert Meads* ebenfalls berücksichtigen. Als «*homo technicus ludens*» setzt er Technik als Medium der Kreativität und Erweiterung seines Dispositionsspielraums über Zweckkandidaten ein *(Kurt Hübner)*[19]. Als «*homo technicus alter deus*» ist er sich seiner neuen Göttlichkeit als Vernichtungsfähigkeit der Schöpfung, als destruktiver Göttlichkeit also bewußt und erhofft sich nicht mehr Selbstbewußtsein und Naturerkenntnis aus dem Gelingen oder Scheitern seines Werkzeugeinsatzes, begreift also Natur nicht mehr als Resultat, sondern als Bedingung seines Tätigseins und gewinnt sein Selbstbewußtsein aus den spärlichen Erfolgen ihrer Erhaltung, also ein Selbstbewußtsein aus der Selbstbescheidung[20].

Zusammenfassung

Die Konzeption des *homo faber* ist also nur noch bedingt relevant für die Bewußtseinsbildung im Felde der **Individual**anthropologie als Stufe der Ontogenese (etwa im Rahmen der kindlichen Erziehung), nicht mehr im Sinne einer Genieästhetik, sondern als Paradigma, unter dem wir mit bestimmten Regeln der Zivilisation bekannt gemacht werden. Ein einseitiges Verweisen des *homo-faber*-Konzeptes an die Kunst (Zwei-Kulturenlehre) unterschätzt das Potential der Kunst als Darstellung und Einübung institutionellen Handelns im Spiel (also für den *homo sociologicus*) oder als «Kryptogramm des Untergang» *(Theodor W. Adorno)*[21], also als Medium der Kritik am *alter-deus-destruktivus*).

Der *homo technicus* als **Gattungsmodell** bedarf einer Institutionsanthropologie, zu der einige Ansätze auf dem Feld der Kulturanthropologie entwickelt sind.

Eine **Wertidee** vom Menschen ist nur im Rahmen einer Naturphilosophie zu entwerfen, die m. E. eher der Architektonik der «negativen Theologie» als einer positiven Naturphilosophie (etwa der Evolutionstheorie) zu folgen hätte. Wir gewinnen immer nur einen negativen Begriff von Natur angesichts des Scheiterns unserer Handlungen, während das Gelingen von Handlungen nicht etwa deren Naturadäquanz, sondern ihre Systemadäquanz spiegelt.

Anmerkungen

1 *Kant, Immanuel:* Werke (Ausg. Cassirer) Bd. 8, S. 3.
2 *Plessner, Helmut:* Die Stufen des Organischen und der Mensch, 1928, S. 26.
3 *Ritter, Joachim:* Über den Sinn und die Grenze der Lehre vom Menschen, 1933, S. 28 f.
4 Anthropologische Forschung, 1961, S. 69, vergl. Urmensch und Spätkultur, 1977, S. 22.
5 *Nietzsche, Friedrich:* Jenseits von Gut und Böse, Nr. 191.
6 *Kant, Immanuel:* Grundlagen zur Metaphysik der Sitten, 3. Abschn.
7 *Scheler, Max:* die Wissensformen und die Gesellschaft, ^{2}1960, S. 448.
8 zit. n. Aristoteles, De part. an. IV, 10, 687a7.
9 vergl. *Hubig, Christoph:* Die Idee des Individuums, in: Propyläen Geschichte der Literatur Bd. 3, 1985.
10 De beryllo (1458), De mente (1450).
11 Phänomenologie des Geistes, Kap. «Das geistige Tierreich ..».
12 Philosophische Anthropologie. Sprachkritische Grundlegung und Ethik, 1972.
13 Über die ästhetische Erziehung des Menschen, 6. Brief.
14 Kleine ökonomische Schriften, 1955, S. 135.
15 *Cassirer, Ernst:* Philosophie der symbolischen Formen, ^{6}1964, Bd. II,

S. 260.
16 *Mitcham, Carl:* Information and the Problems of Incontinence, in: ders./*Huning, Alois* (Eds.): Philosophy and Technology II, 1980.
17 vergl. *Hubig, Christoph:* Technik und Spiel, in: Humanismus und Technik, Jb. 1990.
18 Homo sociologicus ^{2}1965, S. 87.
19 *Hübner, Kurt:* Die Finalisierung als allgemeine Parole und was sich dahinter verbirgt, in: ders. et al., Die politische Herausforderung der Wissenschaft,1977, S. 93.
20 vergl. *Hubig, Christoph:* Ökologische Ethik und Wissenschaft, in: *Faulstich, Martin* et al. (Hrsg.), Ganzheitlicher Umweltschutz, 1990.
21 *Adorno, Theodor W.:* Ästhetische Theorie, 1973, S. 56.

KURT HÜBNER

Meditationen zu einer geschichtlichen Psychologie

1. Das fundamentale Axiom einer
geschichtlichen Psychologie

Meinen Ausführungen liegt das folgende Axiom zugrunde:
Der Mensch ist ein ungeschichtliches und zugleich ein geschichtliches Wesen.

Ungeschichtlich ist er insofern, als sich Menschen überall psychologisch (wie physiologisch) gleichen. **Jeder** Mensch ist ein erkennendes, wahrnehmendes, denkendes, wollendes, handelndes, fühlendes, begehrendes Wesen usw. Entsprechend gibt es bestimmte **Gesetze**, denen diese psychischen Vorgänge unterworfen sind. Sie sind empirisch feststellbar. Soweit das der Fall ist, darf die Psychologie als eine **Spezies der Naturwissenschaften** definiert werden. Allgemeine, zeit- und raumunabhängige psychische Phänomene gehören ja zur **Natur des Menschen**. Daher sind auch die Methoden ihrer Erkenntnis denjenigen der Naturwissenschaften analog. (Experiment, exakte, womöglich mathematische Beschreibung usf.).

Andererseits ist der Mensch ein geschichtliches Wesen, und insofern läßt sich sein psychisches Leben nicht generalisieren. Es ist raum- und zeitabhängig in dem Sinne, daß es nur in bestimmten Gegenden und in bestimmten historischen Zeitabschnitten anzutreffen ist. Jeder weiß, daß sich Verhalten und Temperament eines Sizilianers tiefgreifend von demjenigen eines Nordfriesen unterscheidet, daß ein bestimmtes Klima, eine bestimmte Kultur usf. den Menschen mitprägen. Besonders deutlich wird das bei der Begegnung mit Menschen, die sich ganz außerhalb des von uns überschaubaren Horizontes bewegen, den sogenannten «Wilden». Hier ist es oft sehr schwer, auch nur die Grundlagen einer menschlichen Verständigung zu finden.

Es ist zu fragen, ob nicht in mancherlei Hinsicht die geschichtliche Bestimmung des psychischen Lebens von größerem Gewicht ist als die ihr zweifellos zugrundeliegende naturhafte. Betrifft die letztere nicht vielleicht eher die Grenzfälle menschlicher Existenz (in den «nackten Lebensfragen» werden sich alle gleich), oder solche, die im konkreten gesellschaftlichen Leben nur eine marginale Rolle spielen? (Entoptische Erscheinungen, Reaktionsgeschwindigkeiten usf.). Besteht nicht die Gefahr, daß eine heute die geschichtlichen Parameter weitgehend vernachlässigende Psychologie sich gerade von der **konkreten** psychischen Wirklichkeit entfernt? Damit würde nicht nur ein wesentlicher Teil der menschlichen Psyche vernachlässigt, sondern dann bliebe auch das Verhältnis zwischen seiner geschichtlichen und seiner ungeschichtlichen Seite unerforscht. Könnte es nicht sein, daß sich die geschichtlichen und ungeschichtlichen Parameter dort, wo sie in Beziehung zueinander treten, wechselseitig beeinflussen, so daß beide Sphären nicht streng voneinander getrennt werden können?

Der Begriff der geschichtlichen Regel

Die heute weitverbreitete Neigung, den Menschen ungeschichtlich zu sehen, hat viele Wurzeln, worauf hier jedoch nicht näher eingegangen werden kann. Unmittelbar, wenn auch tiefer mit ihnen zusammenhängend, ist sie innerhalb der Psychologie mit der Furcht verbunden, die Öffnung zum Geschichtlichen führe auf schwankenden Boden. Die Naturwissenschaften werden unverändert als Ideal wissenschaftlichen Denkens überhaupt angesehen, und nur von ihren Methoden und Begriffsabbildungen wird ein exaktes und seriöses Forschen erwartet. Diese Furcht konnte durch die bisher eher unbefriedigenden Theorien über die Erkenntnisweisen der Geschichtswissenschaften nur bestärkt werden. Ich erinnere an die bis heute andauernden fruchtlosen Diskussionen über Verstehen und Erklären, über den sog. hermeneutischen Zirkel usf.

Demgegenüber habe ich jedoch in meinem Buch «Kritik der wissenschaftlichen Vernunft» die **strukturelle Übereinstimmung** zwischen naturwissenschaftlichem und geschichtswissenschaftlichem Denken nachgewiesen[1]. Da ich dies hier nicht im einzelnen wiederholen kann, muß ich mich auf einige wenige, kurz zusammenfassende Theoreme beschränken.

Naturwissenschaften und Geschichtswissenschaften erfüllen **beide** die wissenschaftliche Hauptaufgabe, Phänomene zu **erklären**. Der wissenschaftliche Erklärungsbegriff beruht aber hier wie dort auf den **logischen Regeln des Schließens**. Der wesentliche Unterschied zwischen naturwissenschaftlichem und geschichtlichem Erklären besteht nur darin, daß in den Prämissen des naturwissenschaftlichen Erklärungsschlusses **Naturgesetze**, in denen der Geschichtswissenschaften aber **geschichtliche Regeln** auftreten. Zwei Beispiele mögen das in Kürze illustrieren. **Das naturwissenschaftliche Beispiel**: Ein Geschoß wird abgefeuert. Die allgemeinen Naturgesetze der Ballistik erklären, warum es zu einer bestimmten Zeit und an einem bestimmten Ort einschlug. **Das geschichtswissenschaftliche Beispiel**: Jemand erhält eine private Einladung zum Abendessen. Eine Regel, die geschichtlich ist, weil ihre Gültigkeit an eine bestimmte Kultur in einem bestimmten Raum und in einer bestimmten Epoche gebunden bleibt, erklärt, warum der Eingeladene beim Eintritt in das Haus dem Gastgeber einen Blumenstrauß mitbringt. Diese Erklärung aber ist ebenso **vollkommen exakt** wie die vorige[2].

Geschichtliche Regeln gibt es nicht nur in allen Bereichen des gesellschaftlichen Lebens, sondern alle diese Bereiche sind durch solche Regeln geradezu definiert. Dabei treten sie keineswegs vereinzelt auf, sondern bilden miteinander bestimmte Regelsysteme, und diese vornehmlich sind ebenso der Gegenstand **geschichtswissenschaftlicher Theorien**, wie Gesetzessysteme der Gegenstand **naturwissenschaftlicher** sind. (Jede Beschreibung einer Kultur und ihrer einzelnen Erscheinungsformen ist in Wahrheit nichts anderes als eine geschichtliche Theorie.)

Wieder mögen einige Beispiele das Gesagte veranschaulichen: Man denke an die heutigen Regelsysteme des Geldverkehrs, der Wirtschaftswelt überhaupt; man denke an das Rechtswesen, an die Systeme politischer Parteien, an die Regeln religiöser Kulte, künstlerischer Stile, an die Regeln der Höflichkeit, überhaupt des Umgangs der Menschen miteinander. (Auch diese sind ja gewaltigen geschichtlichen Veränderungen unterworfen.) Das ganze Leben ist buchstäblich Tag und Nacht von geschichtlichen Regeln geleitet. Es beginnt mit den Usancen des Aufstehens, des morgendlichen Waschens, des Frühstückens, es findet seine Fortsetzung im Berufsverkehr, an der Arbeitsstelle, während der Mittagspause usf., und es endet schließlich im Bett, das nicht geringere Wandlungen durchgemacht hat und sich in Form und Stil unterscheidet wie alle anderen Kulturerscheinungen auch. Weil das aber so ist, ist ein großer Teil unseres Lebens Gegenstand **genauer Erklärbarkeit**, und der Übergang von der einfachen Erklärung alltäglicher Ereignisse zu Theorien über geschichtliche Regelsysteme ist nur ein quantitativer. So ist vielleicht die Frage, warum sich der Kaufmann X mit einer bestimmten Ware reichlich versehen hat, ganz einfach mit dem Hinweis auf die Nachfrage zu erklären, während es weit schwieriger ist zu erfahren, warum sich irgendwann die wirtschaftliche Konjunktur abgeschwächt oder verstärkt hat. (Daß hier nicht nur Theorien über wirtschaftliche Regelmechanismen, sondern auch Psychologisches mitspielt, können wir im Augenblick vernachlässigen, zumal solche Zusammenhänge später zur Sprache kommen werden.)

3. Die allgemeinen Formen möglicher Zusammenhänge zwischen geschichtlichen Regeln und psychologischen Vorgängen

Nun sind geschichtliche Regeln für sich so wenig etwas Psychologisches wie Gesetze der materiellen Natur. Der Unterschied zu den Naturgesetzen besteht, wie schon erwähnt, nur darin, daß sie nicht zeit- und raumunabhängig sind und daß sie von den Menschen selbst historisch hervorgebracht wurden. Auch werden sie überwiegend befolgt. Dennoch ist ihre Zuwiderhandlung grundsätzlich möglich, selbst wenn sie mehr oder weniger schwere Nachteile mit sich bringt. Man kann einen Scheckbetrug begehen, aber das ändert nichts daran, daß die Regeln des Scheckverkehrs selbst unmittelbar nichts mit Psychologie zu tun haben.

Damit ist freilich keineswegs gesagt, daß zwischen geschichtlichen Regeln und psychologischen Vorgängen kein Zusammenhang hergestellt werden kann. Nur begrifflich sind sie scharf zu trennen. **Dieser Zusammenhang aber ist der eigentliche Gegenstand der «geschichtlichen Psychologie».** Er gliedert sich, wie ich nun zeigen möchte, in dreierlei Weise.

Erstens: Eine geschichtliche Regel kann psychologisch begründet sein, muß es aber nicht. Selbst wo das jedoch der Fall ist, verliert sie damit nicht notwendig ihren nichtpsychologischen Charakter. So hat man vermutlich Rot als Haltesignal innerhalb des Verkehrs deswegen eingeführt, weil Rot besonders auffallend ist - zweifellos eine psychologische Erkenntnis. Dagegen läßt sich die vorhin erwähnte Blumenregel keineswegs psychologisch erklären, sondern ist Ausdruck einer bestimmten, keineswegs zu verallgemeinernden **Gesellschaftskultur**. Das zeigt sich besonders an dem Slogan: Laßt Blumen sprechen. Es wäre absurd, wollte man meinen, die Überreichung eines Rosenstraußes an eine Dame werde immer und überall unter bestimmten Bedingungen als erotisches Symbol verstanden werden. Andererseits besteht auch zwischen der erwähnten Verkehrsregel und ihrer psychologischen Begründung kein **notwendiger Zusammenhang**, worin ihre prinzipielle Selbständigkeit als geschichtliche Regel erkennbar ist. So hat man beispielsweise in Rot-China vorgeschlagen, eine andere Farbe als Haltesignal zu verwenden, weil Rot die Farbe der Revolution und damit gerade der Fortbewegung sei. In diesem Falle hat man also eine ideologische Begründung geliefert und damit eine geschichtliche Regel aus einer anderen abgeleitet.

Zweitens: Eine geschichtliche Regel kann **psychologisch internalisiert** oder **psychologisch abgelehnt** werden. Diese Art der Internalisierung oder Ablehnung muß scharf von anderen unterschieden werden. Wenn man sittliche Normen aus Überzeugung befolgt, weil man dies im Sinne *Kants* als Pflicht versteht, so sind diese in einem solchen Verständnis gerade **nicht** etwas Psychologisches; oder man kann die Regeln des Militärdienstes aus Überzeugung ablehnen, weil man diesen im gegebenen Fall mangels erkennbarer Feinde für überflüssig hält, also aus reinen Sachgründen. Nehmen wir aber jetzt den Fall einer **kommunistisch**-stalinistischen Gesellschaft, die den «Helden der Arbeit» als ideologisches Ideal propagiert - und das ist dann ja auch eine geschichtliche Regel. Diese Regel kann nun von einigen so internalisiert werden, daß man sie geradezu als fanatische Arbeitstiere bezeichnen darf, während es auch solche geben wird, die einem derartigen Normensystem gegenüber in passive Resistenz verfallen, ohne dabei von einer **sachlichen** Kritik geleitet zu werden. Hier haben wir es nun in der Tat mit einer rein **psychologischen Internalisierung** bzw. **Ablehnung** zu tun. Die ausschlaggebenden Motive lassen sich ja in bestimmte psychologische Kategorien einordnen, womit typische

Verhaltensweisen und Charaktere gekennzeichnet werden (der dynamische und der passive, der leistungsbetonte und der leistungsschwache Mensch).

Drittens: Geschichtliche Regeln können **psychologische Folgen** haben. Man denke z.B. an die Keuschheitsregeln in einer religiösen Gemeinschaft, oder umgekehrt, an eine Gesellschaft erklärter Libertinage. Sexueller Stau dort, sexuelle Erschöpfung hier, beides wird, je nach psychischer Veranlagung des einzelnen, eine das Leben jedes Menschen tief beeinflussende Wirkung haben. Man macht es sich jedoch zu leicht, wenn man, wie es heute oft geschieht, die Regeln, die hier im Spiele sind, ihrer Geschichtlichkeit entkleidet und selbst nur als psychologisches Monstrum betrachtet, das es mit psychologischen Mitteln zu überwinden gelte (z.B. durch psychotherapeutische Behandlung). Damit schiebt man jedoch nur die *ratio essendi* solcher Regeln beiseite, sie werden also in Wahrheit gar nicht erfaßt und damit aufgearbeitet. Ein Beispiel dafür ist die oberflächliche Meinung, das Zölibat verstoße gegen die psychologische Natur des Menschen, sei nur die Erfindung psychisch vom Machtwillen Besessener und müsse daher als widernatürlich oder als eine Art Erscheinung psychischer Erkrankung abgelehnt werden. In Wahrheit kann aber die Kritik an solchen geschichtlichen Regeln nicht psychologisch sein, sondern müßte auf die inneren Zusammenhänge des Glaubens und des Dogmas eingehen. Vor allem jedoch wird durch einen solchen psychologischen Imperialismus, der alles letztlich psychologisch zu erklären sucht und heute weitverbreitet ist, der **Zusammenhang** zwischen der Dimension geschichtlicher Regeln und psychologischer Gesetze gerade nicht als besonderer Gegenstand der Forschung erkannt, sondern im Gegenteil verdunkelt. (Daß dieser Imperialismus selbst aus dem modernen Regelgefüge abgeleitet werden kann, das unsere Zeit beherrscht, steht auf einem anderen Blatt.)

Wir können jetzt das Axiom, das ich den vorliegenden Ausführungen zugrunde gelegt habe, folgendermaßen präzisieren: **Der zunächst ungeschichtlich psychologische Mensch verhält sich zu sich selbst als derjenige, der in eine geschichtliche Welt hineinwächst und darin lebt.** Der actio der geschichtlichen Welt folgt die reactio der ungeschichtlichen, die in jedem Menschen so oder so angelegt ist (durch sein allgemein Menschliches sowohl wie durch seinen psychologisch typisierbaren Charakter, angeborene Wesenszüge als Komplexe psychologischer Parameter usf.); andererseits wirkt seine psychologisch ungeschichtliche Verfassung auf die geschichtliche wieder zurück. **Dieser Zusammenhang bildet das Feld der geschichtlichen Psychologie.**

4. Die sich im Zusammenspiel von geschichtlicher Regel und psychischen Vorgängen bildenden spezifisch geschichtlichen Typen psychologischen Verhaltens

Es ist offenbar keineswegs so, daß die darin faßbaren Phänomene als bloße Resultante ungeschichtlich psychologischer und geschichtlicher Elemente betrachtet und diese Elemente damit fein säuberlich getrennt werden können. Sondern die geschichtliche Regel als bloßes Schema wird einerseits gleichsam **psychologisch gefüllt**, während andererseits das Psychologische dabei eine **Feinstruktur** erhält, die den allgemeinen Kategorien einer ungeschichtlichen Psychologie entgeht.

Betrachten wir wieder das Beispiel mit dem Blumenstrauß. In Wahrheit handelt es sich ja hier nur um eine Art «Faustregel». Es kommt jedoch nicht nur darauf an, **daß** sie überhaupt befolgt wird - das ist ein rein geschichtliches Phänomen -, sondern auch **wie** sie befolgt wird - und das ist wieder ein psychologisches Problem. Von gehemmter Ungeschichtlichkeit bis zum Charme feinfühliger Liebenswürdigkeit, von warmer Herzlichkeit bis kalter Förmlichkeit usf. gibt es einen beinahe unendlichen Spielraum von bedeutungsvollen Nuancen. Dieser Spielraum wird also von der Psychologie der Beteiligten bestimmt, nämlich einmal von der Person, die den Strauß überreicht, wie von derjenigen, die ihn empfängt. **Das heißt, erst in diesem psychologischen Medium tritt die geschichtliche Regel wahrhaft in Erscheinung.**

Das aufgeführte Beispiel zeigt aber auch, daß die darin zutage tretenden psychologischen Phänomen nicht ausreichend mit den Mitteln einer ungeschichtlichen Psychologie erfaßt werden können. Gewiß läßt sich das Verhalten der darin Beteiligten bis zu einem bestimmten Grade aus der Persönlichkeitsstruktur der Beteiligten erklären, die ihrerseits mit herkömmlichen Kategorien beschrieben wird. (Gehemmtheit, Introvertiertheit bzw. Extrovertiertheit usf.): Aber das ist bei weitem nicht genug. Was dabei unerkannt bleibt, sind die **spezifischen psychologischen Verhaltensmuster, die überhaupt nur im Zusammenhang mit bestimmten geschichtlichen Regeln wie das Überreichen eines Blumenstraußes auftreten** und sich nicht generalisieren lassen. Ein Kavalier der «alten Schule» kann eine psychologisch bis in die Fingerspitzen gehende Kunstfertigkeit entwickeln, die aus seiner allgemeinen Persönlichkeitsverfassung gar nicht ableitbar ist, sondern überhaupt nur unter den gegebenen «Randbedingungen» der damit zusammenhängenden geschichtlichen Regeln **entsteht**. Es ist also gerade dieser blinde Fleck einer ungeschichtlich operierenden Psychologie, den es zu erhellen gilt. Worum es sich hier handelt, kann man bei den Dichtern, aber auch bei den Historikern nachlesen. Beide haben es mit der psychologischen Einfühlung in eine bestimmte Situation zu tun. Diese Situation ist niemals nur etwas rein Singuläres, sondern bleibt stets in das Allgemeine ihrer Geschichtlichkeit eingebettet; und das Gleiche gilt für das psychologische Verhalten, das sich in ihr entfaltet. Dennoch unterscheidet sich der geschichtliche Psychologe vom Dichter oder Historiker darin, daß er sein Feld systematisch und nicht nur intuitiv bearbeitet und sich weniger wie diese auf einzelne Fälle beschränkt, ganz abgesehen davon, daß dieses Feld für ihn der Hauptgegenstand ist. So könnte es, um bei unserem Beispiel zu bleiben, eine eigene Psychologie der Galanterie oder des Kavaliers vergangener Jahrhunderte geben oder umgekehrt eine Psychologie der heutigen Zurückdrängung von Konventionen. Wie verhalten sich Menschen, wenn sie die gemeinsame Sprache von Höflichkeitsfloskeln verloren haben? Welche primären Verständigungsmittel stehen ihnen nunmehr zur Verfügung, oder welche psychischen Probleme erwachsen gerade daraus, daß man hier über eine gemeinsame Sprache **nicht** mehr verfügt? Es ist aber keine Prinzipienfrage, sondern nur eine solche methodischer Schwierigkeiten, ob sich die geschichtliche Psychologie mehr mit Phänomenen oder Vergangenheit befaßt (wobei sie der Mitwirkung von Historikern bedürfte) oder mit solchen der Gegenwart. Die Blindheit, im Gegenwärtigen das Geschichtliche nicht zu sehen, ist freilich psychologisch verständlich. Fast jede Generation neigt dazu, ihre Weise zu Leben für etwas Absolutes zu halten und alles Vergangene daran zu messen.

5. Geschichtliche Bezugssysteme und die Grenzen psychologischer Induktion

Es ist unmöglich, im Rahmen dieser Grundlegungsskizze das Gesagte weiter am Leitfaden jener aufgezählten drei Punkte zu vertiefen, die den Zusammenhang von geschichtlicher Regel und Psychologie bestimmten. Damit begönne auch erst die eigentliche Forschungsarbeit. Nur ein Hinweis sei noch erlaubt: Wir bedienen uns beständig allgemeiner psychologischer Kategorien, ohne das **geschichtliche Bezugssystem** anzugeben, woraufhin alleine sie einen genaueren Sinn erhalten. Man sollte sich die moderne Physik zum Vorbild nehmen, wenn man schon einer ungeschichtlichen Psychologie das Wort redet. Denn diese Physik hat längst erkannt, daß selbst die elementarsten physikalischen Begriffe wie Ort, Zeit, Länge, Geschwindigkeit usf. bloße Leerformeln bleiben, wenn sie nicht auf ein bestimmtes Koordinatensystem bezogen werden. Die Verabsolutierung, die man sich leistete, solange dies nicht erkannt wurde, ist ganz analog der Verabsolutierung, derer sich eine ungeschichtliche Psychologie schuldig macht, wenn sie die geschichtlichen Rahmen- und Regelsysteme nicht in Rechnung zieht, mit denen sie es stillschweigend beständig zu tun hat. Nehmen wir z. B. den Begriff «Liebe». Wie immer man ihn auch verwenden mag, man darf dabei nie vergessen, von welcher Kultur man dabei **gleichzeitig** redet. Die Liebe eines Achilles zu Briseis, eines Tristan zu Isolde, eines Werthers zu Lotte, die Liebe in einem Drama Strindbergs, um nur einiges Weniges aufzuzählen, sind ganz und gar durch das Kolorit der Zeit gefärbt, in der sie sich abspielen. Zwischen ihnen allen besteht vielleicht im Sinne Wittgensteins eine gewisse «Familienähnlichkeit», aber nach einer durchgehenden **Wesensidentität**, die sich auf mehr als triviale Feststellungen bezöge, wird man vergeblich Ausschau halten. Jedes der aufgeführten Beispiele für sich verrät jedoch einen allgemeinen psychologischen **Typus** und kann damit Gegenstand einer psychologischen Untersuchung sein. Zu einem erheblichen Teil arbeitet die ungeschichtliche Psychologie mit **Induktionen** aus solchen Typen. Dies ist durchaus legitim und nützlich, werden doch so allgemeine Kategorien gewonnen, die zur Orientierung und Klassifizierung dienen können. Jeder Typus für sich enthält jedoch eine psychologische Feinstruktur, die sich gar nicht verallgemeinern läßt und mit eigenem Bedeutungsfeld, eigenständiger Substanz hervortritt.

6. Schluß

Ich bekenne, daß mir als Philosoph die weitläufige Übersicht über die gegenwärtige Psychologie fehlt, um beurteilen zu können, ob sie auf manchen Gebieten **de facto** schon tut, was ich ihr vorschlage. De facto hieße jedoch, daß die dazu nötige **Reflexion** noch zu vermissen ist. Diese Reflexion aber besteht zunächst in der klaren Unterscheidung der Begriffe, wie ich sie hier auf der Grundlage meiner anderwärts ausführlichen Analysen vorgelegt habe. Solche Reflexionen erscheinen mir schon deswegen als unvermeidlich, weil begriffliche Klärungen vor Mißverständnissen und Irrtümern bewahren. Im gegebenen Fall davor, das Geschichtliche im Leben der Menschen vom Ungeschichtlichen nicht zu trennen, und zwar sowohl im Hinblick auf objektiv historische wie subjektiv psychologische Gegebenheiten. Ein wirksameres Mittel gegen einen heute ausufernden psychologischen Imperialismus einerseits und gegen eine übertrieben naturwissenschaftliche Orientierung der Psychologie andererseits weiß ich nicht. Möge dies meinen Ausführungen entnommen werden können, auch wenn sie, der gebotenen Kürze wegen, kaum mehr als ein Aperçu darstellen.

Anmerkungen

1   *K. Hübner*, Kritik der wissenschaftlichen Vernunft, Freiburg [3]1986, Kap. XIII.
2   Zum Begriff der Exaktheit vergl. *K. Hübner*, Die Wahrheit des Mythos, München 1985, Kap. XVIII.

TOMRIS MENGÜSOGLU

Die anthropologischen Folgen der Identitätslogik und der paradoxen Logik

I

Der Ausgangspunkt dieses Aufsatzes ist, daß die menschliche Erkenntnis - Seinsbedingung und zugleich Errungenschaft des Menschen - in östlichen und westlichen Kulturen auf unterschiedlichen logischen Grundlagen beruht. Es soll hier versucht werden aufzuzeigen, daß diese Unterschiedlichkeit die Besonderheiten der anthropologischen Phänomene begründet, die diesen voneinander völlig verschiedenen Kulturkreisen jeweils eigen sind.

Die philosophische Anthropologie unserer Zeit begreift den Menschen als ein Wesen der Möglichkeiten. Anthropologische Untersuchungen haben heute gezeigt, daß die Seinsmöglichkeiten des Menschen in verschiedenen Kulturen eine Vielfalt an Substanz aufzeigen und mit ihrem Reichtum und ihrer Seinsweise die Eindimensionalität jenes Entwicklungsschemas sprengen, das auf die Soziologie von Auguste Comte und den Darwinismus zurückzuführen ist. Obwohl die Bequemlichkeit, in vorgefertigten und simplifizierenden Schemata zu denken, weit verbreitet ist und unausrottbar zu sein scheint, ist es für die Anthropologie unmöglich, die Kulturen des Ostens oder vergangene Kulturen der Menschheitsgeschichte so zu definieren, als ob sie an einem gewissen Stadium der abendländischen Kultur und Technik steckengeblieben sind.

Aus diesem Grunde ist es irreführend, bestimmte westlich geprägte Begriffe und Ideen - wie z. B. Freiheit, Ich-Bewußtsein, Individualität, Recht und Unrecht, Menschheit, Fortschritt und auch Gott - in der westlichen Sinngebung im Osten zu suchen. Dies kann nur zu totalen Fehleinschätzungen führen. Heute gibt es Autoren aus dem Osten, die als intime Kenner der westlichen Kultur feststellen, wie der Westen mit seiner Begrifflichkeit an das Östliche herangeht und zu völligen Fehlinterpretationen des Östlichen gelangt. Aus diesem Grunde versuchen diese Autoren und Denker, auf die grundlegend andersartige östliche Logik, die östliche Sicht- und Lebensweise aufmerksam zu machen. Daß sie im Westen überhaupt Gehör finden, hängt damit zusammen, daß Wissenschaft und Technik, wie sie allein die abendländische Kultur hervorgebracht hat, ein Stadium erreicht haben, das die Welt und den Menschen mit einer totalen Vernichtung zu konfrontieren scheint; denn es werden immer mehr Waffen mit noch tödlicheren Wirkungen entwickelt, die Verschmutzung der Umwelt hat lebensbedrohliche Dimensionen angenommen, und die Gefahr einer totalen Zerstörung der Natur ist nicht mehr von der Hand zu weisen.

Wissenschaft und Technik, die das menschliche Leben zu erleichtern und zu bereichern zum Ziel haben, haben heute allem Anschein nach einen Punkt erreicht, der die totale Vernichtung des Menschen und der Natur möglich und denkbar macht. Es ist so, als ob sich die Natur an dem Menschen rächt, der sich ihren Geheimnissen zu sehr genähert hat. Es ist, als ob der Mythos von Prometheus eine universelle Wiederholung erfährt. Dialektik als Seinsprinzip und Widerspruch, den das westliche Denken aufzuheben bestrebt ist, scheinen alle Wege versperrt zu haben. Die Disharmonie, die den Menschen als ein Wesen der Möglichkeiten begründet, geht über in die Totalität alles Möglichen, d. h. ins Nichts: Alles und Nichts.

II

Die Menschen leben sowohl im Osten als auch im Westen in derselben realen Welt und versuchen, diese mit derselben menschlichen Vernunft zu erfassen. Vor Entstehung der Philosophie und der Wissenschaften ist die natürliche Auffassung der Erkenntnisphänomene Auffassung vom empirischen Realismus. Diese Art von Erkenntnis schließt eine Analyse der Erkenntnisphänomene aus, d. h. hier ist sich die Theorie ihrer nicht bewußt.

In den Anfängen der Philosophie - in Ost und West - wurde immer das Sein und die Seinsweise der realen Welt zum Problem, und hier stieß man unvermeidlicherweise auf den ewig rätselhaften metaphysischen Kern der Welt. Logisches Denken erwies sich als unzureichend, wenn es um Verständnis der durch Sinneswahrnehmungen vermittelten Vielfalt, des Wandels und des Werdens ging. Da logisches Denken für die Erfassung des Werdens nicht ausreichte, war das Resultat eine Fülle von Aporien, Widersprüchen und Paradoxa.

Der uralten Problematik des Werdens begegnen wir in der Antike bei dem Begründer der Identitätslogik, bei Aristoteles und seinen Ausführungen über die Problematik von Möglichkeit und Wirklichkeit (Potenz und Akt), bei der eleatischen Philosophie in deren megarischem Möglichkeitsbegriff (möglich ist überhaupt nur das Wirkliche), im Mittelalter bei der Schöpfungsproblematik (Gott).

Die Diskrepanz zwischen der Wahrnehmung der Welt und dem logischen Denken konnte nicht überbrückt werden, denn die gesuchte Allgemeinheit, Notwendigkeit und Überzeitlichkeit, nämlich Apriorität, gehören der logischen Sphäre an, und die Sätze des Widerspruchs, der Identität und Kausalität sind ein unerreichbares Ideal der Erkenntnis, d. h. sie sind irrational. Hier entspringen die Quellen der antiken Skepsis und Sophistik.

Eigentlich basiert das westliche Denken auf *Platons* Logik. «Die Logik *Platon*s erwuchs aus der Reaktion gegen die universelle Wissenschaftsleugnung der sophistischen Skepsis. Leugnete die Skepsis die prinzipielle Möglichkeit so etwas wie Philosophie, wie Wissenschaft überhaupt, so mußte *Platon* eben die prinzipielle Möglichkeit von dergleichen erwägen und kritisch begründen. War Wissenschaft überhaupt in Frage gestellt, so konnte natürlich kein Faktum Wissenschaft vorausgesetzt werden. So wurde *Platon* auf den Weg der reinen Idee geführt. Seine nicht den faktischen Wissenschaften abgelesene, sondern rein ideale, reine Normen gestaltende Dialektik, in unserer Rede seine Logik oder Wissenschaftslehre hat den Beruf, nun erst faktische Wissenschaft möglich zu machen, sie praktisch zu leiten. Und in der Erfüllung dieses Berufes half sie wirklich, Wissenschaften im prägnanten Sinne zu schaffen, die bewußt von der Idee logischer Wissenschaft getragen waren und sie nach Möglichkeit zu verwirklichen suchten: so die strenge Mathematik und Naturwissenschaft, deren Fortentwicklungen in höheren Stufen unsere neuzeitlichen Wissenschaften sind.»[1] «Die Logik, die im Ringen der platonischen Dialektik ihren Ursprung nimmt, kristallisiert in sich schon mit aristotelischer Analytik festgeformte systematische Theorie ab, die den Jahrtausenden fast ebenso trotzt, wie die Geometrie Euklids.»[2]

Auch heute müssen wir mit *Husserl* sagen: «Den verselbständigten Spezialwissenschaften fehlt das Verständnis für die prinzipielle **Einseitigkeit** ihrer Leistungen ... an dieser Lage ist, wie gesagt, die Logik selbst mitschuldig.»[3]

«Der Mensch von heute sieht nicht wie der ´moderne´ Mensch der Aufklärungsepoche in der Wissenschaft und der durch sie geformten neuen Kultur die Selbstobjektivierung der menschlichen Vernunft oder die universale Funktion, die die Menschheit sich geschaffen hat, um sich ein wahrhaft befriedigendes Leben, ein individuelles und soziales Leben aus praktischer Vernunft zu ermöglichen. Dieser große Glaube [...], daß Wissenschaft zur Weisheit führe - zu einer wirklich rationalen

Selbsterkenntnis [...] durch sie hindurch zu einem ... wahrhaft lebenswerten Leben in 'Glück', Zufriedenheit, Wohlfahrt usw. - hat jedenfalls in weiten Kreisen seine Kraft verloren. Man lebt so überhaupt in einer **unverständlich gewordenen Welt**, in der man vergeblich nach dem Wozu, dem dereinst so zweifellosen, vom Verstand wie vom Willen anerkannten Sinn fragt.»[4]

Diese Lage resultiert, wie oben von *Husserl* ausgeführt, aus der Einseitigkeit der Wissenschaften (Identitätslogik), die in den Wesensgründen der Wissenschaften wurzelt und aus der Rationalität, die nichts anderes ist als Mangel an jener Tiefe, die im natürlichen Denken und Fühlen verborgen ist.

Edmund Husserl ist gelungen, für die Philosophie des 20. Jahrhunderts eine Wende zum Objekt herbeigeführt zu haben, doch seine Transzendentale Phänomenologie bietet keine Lösung für die oben angesprochene Lage an. Denn die Wesensanschauung ist eine östliche Einstellung und wehrt sich gegen eine begriffliche Mitteilbarkeit und bleibt außerhalb der Grenzen der Erkennbarkeit.

Nicolai Hartmann versucht in seiner kolossalen und tiefsinnigen Philosophie durch kategoriale Analyse des Seins und Modalanalyse die Universalität des Seins und seine prinzipielle Einheit - die die Wissenschaft, Philosophie und Technik aufgehoben haben - zu begründen und erneuert so die Metaphysik.

Hartmanns Philosophie gibt dem Menschen seine Einheit mit dem Sein zurück und stellt ihn vor eine kaum zu bewältigende Aufgabe: Denn trotz der Einheit mit dem Sein ist Einsamkeit die existentielle Urbefindlichkeit des Menschen. Der Mensch muß ein sinngebendes und sinnerfüllendes Wesen in einer Welt sein, in der alle teleologischen Bezüge Illusionen sind, das ist die Bestimmung des menschlichen Seins, und das ist die dem Menschen aufgeladene ungeheure Bürde. So trägt der Mensch wie sein Gott sein eigenes Kreuz, an dem er gekreuzigt wird.

In den existenzphilosophischen und philosophisch-anthropologischen Untersuchungen sucht der Mensch seine Identität und seine Stellung im Kosmos. Denn der Mensch hat sich in den Begriffssystemen der Erkenntnis, die die Identitätslogik hervorgebracht hat, verloren. So gerät der Mensch geradewegs in die Paradoxie, die er eigentlich durch seine Erkenntnis bekämpft und der er zu entfliehen sucht. Sie ist überall: In der Beziehung zu sich selbst, überhaupt zu anderen Menschen und zur Natur.

III

Wissenschaftliches Denken abstrahiert, wohin es sich immer richtet. Wissenschaft abstrahiert, indem sie tatsächliche Begebenheiten und ihre Zusammenhänge in Regeln und Gesetzen zusammenfaßt und mathematisch formuliert. Sie abstrahiert alle Arten von Qualität, Beschaffenheit sowie sämtliche Eigenschaften der Dinge. Sie abstrahiert auch die für Menschen werttragende Fülle der Welt und die vom Menschen gele*bte* Wirklichkeit und führt dies alles auf Quantitäten zurück. Deswegen ist festzuhalten, daß «die positiven Wissenschaften nur eine **relative, einseitige Rationalität** zustande bringen können, die eine völlige Irrationalität nach notwendigen Gegenseiten übrig läßt und daß durch eine bloße systematische Verknüpfung aller einzelner Wissenschaften eine universale Seinserkenntnis im höchsten Sinn niemals erwachsen kann, wie es die alte Philosophie ursprünglich erstrebte».[5] Deshalb kann wissenschaftliches Denken den Weltlauf nur berechnen, aber ihn nicht verstehen, wenn man mit Lotzes berühmten Worten das Gegenteil von ihm unterstreichen darf.

Für wissenschaftliches Denken ist die Widerspruchslosigkeit Wesensbedingung möglicher Wahrheit. Die Identitätslogik setzt voraus, daß A gleich A ist und nicht gleich non-A. Für die Erkenntnis wird auf die Lebendigkeit der Welt, die voller Widersprüche ist und dem Menschen unmittelbar gegeben ist, verzichtet. Die paradoxe Logik des Ostens sagt jedoch, daß A gleich A ist und auch noch non-A oder umgekehrt und verzichtet auf die Erkenntnis, um die unmittelbar erlebbare Wirklichkeit zu erleben.

Für die paradoxe Logik ist es dem menschlichen Verstand nicht gegeben, die Wirklichkeit unverhüllt zu erfassen, weil alles Reale im Werden begriffen ist. Der Prozeß ist die kategoriale Grundform des Realen *(N. Hartmann)*. In der gelebten realen Welt geht das Alte in das Neue über, und das Neue ist bereit, sich mit dem Alten zu verbinden. Der Mensch kann die Wirklichkeit **nicht wissen, wohl aber erleben**. Erleben kann der Mensch die Wirklichkeit nur über seine subjektive persönliche Erfahrung. Das ist **Durchleuchtung des Daseins als Ganzes**.

Erleuchtung ist eine Erfahrung, die nur der Mensch als einzelner und stufenweise erreichen kann und in der zwischen Subjekt und Objekt nicht unterschieden wird. Bei dieser Erfahrung versagen Begrifflichkeit und Verstand, wie es auch in der konkreten Welt - mit Qualitäten und Werten erfüllten Welt - der Fall ist. In dieser Welt gehen Licht, Farben, Linien, Gerüche, Wärme und Kälte, Tod und Geburt ineinander über; in ihr sind alle physischen, biologischen, psychischen und geistigen Werte in einer großen Ungeordnetheit miteinander verwoben.

Zeit und Raum sind nur Abstraktionen und besitzen keine Wirklichkeit; wirklich ist nur die unwiederholbare Bahn des Werdens. In diesem Sinne ist das Endliche unendlich, das Unendliche endlich. Die Welt des Denkens bleibt in Paradoxien verfangen; die einzige Möglichkeit, die Welt zu erfassen, liegt nicht im Denken, sondern im Erleben durch persönliche Erfahrung. Das Ziel des menschlichen «Wissens» ist auch reine Erfahrung, die Durchleuchtung des Daseins als Ganzes. Erleuchtung ist ein persönlicher innerer Zustand, in dem sich der Mensch von Angst und Enttäuschungen befreit fühlt. Der Weg der Erleuchtung ist Erfahrung. «Erfahrung heißt ´sehen´ [...] Sehen ist erfahren [...] die Dinge in ihrer So-heit [...] in ihrer Ist-heit sehen.»[6] D. h. durch spezifische Art von Intuition, durch Wesensanschauung in den Urgrund der Wirklichkeit selbst eindringen. Diese Intuition, Wesensschau kommen aus sich selbst und kehren in sich selbst zurück. Das ist immanent bleibende Transzendenz. Hier wird die Realität nicht abstrahiert (objektiviert), mit Begriffen mitteilbar gemacht, sondern entwirklicht, wie es die Kunst tut. Man bleibt immer in der konkreten Welt, die aber eine entwirklichte Welt ist. Hier ist kein analytisches intellektuelles, nämlich objektives Wissen, das alle Vernunftwesen verstehen können. Um eine bestimmte Erfahrung auszudrücken, muß man sich bestimmter Sinnbilder bedienen oder muß auf paradoxe Formulierungen zurückgreifen. Die Identitätslogik und die paradoxe Logik haben zwei gegensätzliche und voneinander völlig verschiedene Kulturkreise geschaffen, die selbst in Zeiten, in denen sie einander begegneten, die Denkweise der jeweils anderen nicht nachvollziehen konnten.

Während der Westen durch Theorie die konkrete Wirklichkeit abstrahiert, also die eine Seite der Wirklichkeit für nichtig erachtet, akzeptiert der Osten die Wirklichkeit mit allen ihren Paradoxien. Mit seiner ideïerenden Einstellung sagt der Westen «nein» *(Max Scheler)*, der Osten hingegen sagt «ja» mit seiner realistisch-pragmatischen Einstellung. Auf der einen Seite sind Aktion, Streit, Unruhe, auf der anderen Seite Passivität, Harmonie, Ruhe. Der Hauptstrom des westlichen Denkens und Lebens verlief in entgegengesetzten Richtungen als ein Dialog *(Platon)*, in dem Schlag und Gegenschlag einander dauernd herausfordern, ausschließen oder begrenzen und auch korrigieren. Dialektisches Unterscheidungsvermögen, Wandel und Fortschritt sind die Merkmale der westlichen Kultur, die sich selbst auffrißt und vernichtet, die Tragik des Schöpferischen.

Im Osten sind die Merkmale der Kultur Ruhe und Stille, was sich an Buddhas Statuen versinnbildlicht. Der östliche Mensch ist bestrebt, mit sich selbst, mit dem Leben, mit der Welt und der Natur in Einklang zu kommen, deswegen sind seine Werte Duldsamkeit, Weitherzigkeit und Frieden. «Das paradoxe Denken führt zur Toleranz und zur Bemühung, sich selbst zu wandeln.

Der aristotelische Standpunkt führte zum Dogma und zur Wissenschaft, zur katholischen Kirche und zur Entdeckung der Atomenergie.»[7]

IV

Das westliche Denken, das den Widerspruch in der Erkenntnis als Irrtum und Unwahrheit verneint, sucht überall nach Gegensätzen und Dualität. «Der Mensch ist in seiner Einsamkeit immer zweisam. Das Spannungsfeld des Ich-Du ist primär in ihm selbst und begründet alle anderen Polaritäten.»[8] Das Ich-Bewußtsein, das darauf basiert, daß der Mensch sich an erster Stelle als erkennendes Wesen begreift, tritt in der Erkenntnissphäre als Subjekt gegenüber einem Objekt auf. In der Ethik befindet sich das Ich-Bewußtsein gegenüber dem Du eines anderen Menschen. Und nun hat der Mensch die Aufgabe, eine Person zu sein, nicht wie die anderen zu sein, also Selbstformung, Selbstverwirklichung. Aber in der Industriegesellschaft herrscht eine Uniformität, die die Wissenschaft und Technik geformt haben. In dieser Gesellschaft Individualität und Unverwechselbarkeit zu realisieren, ist deswegen eine der schwierigsten Aufgaben der Menschen. Das Individuum wird einerseits von einer machtvollen Konvention umrahmt und ist der Konformität unterworfen, andererseits sieht es sich gezwungen, sich selbst zu sein und Ureigenes zu verwirklichen. In dieser Spannung, die sich zwischen dem Menschen und der Gesellschaft auftut, die Entfremdung des Menschen und seine Vereinsamung zu beklagen, ist ein Paradoxon, das diesem Widerspruch Duplizität verleiht.

Der westliche Begriff von der Menschheit ist auch ein Widerspruch an sich, weil die obersten Werte der Menschheit Freiheit und Gleichheit zwei widersprüchliche Werte sind. Der Kapitalismus als Festung der menschlichen Freiheit hat ein Stadium erreicht, in dem die Gleichheit des Menschen mehr dem Bereich des Verbalen als dem des Realen angehört. Ein anderes Paradoxon der westlichen Kultur, die auf die menschliche Individualität in allen Bereichen großen Wert legt, ist, daß ausgerechnet sie mit ihren spezifisch menschlichen Anliegen der Naturbeherrschung - mit der Technik - den Menschen zum Ersatzteil, zur quantizierbaren Größe macht.

Es mag wohl eines der Mysterien der Wirklichkeit der Welt sein, daß gerade jenes Denken, das Paradoxien negieren will, immer in größere und umfangreichere Paradoxien gerät. Das eigentliche Mysterium ist jedoch, daß der Erkenntnisprozeß durch Abstraktion der Wirklichkeit und durch Negation des Irrationalen am Wirklichen in die Wirklichkeit der Welt eindringen kann, also idealistische Einstellungen von realen Kräften Besitz ergreifen können.

Auf der anderen Seite erweisen sich die realistischen Einstellungen, die an die Konkretheit der Wirklichkeit gebunden und nach der Ganzheit gerichtet sind, als total unfähig, die Naturkräfte zu beherrschen, und sie ergeben sich deswegen dem Stärkeren.

V

In der Welt der Sinneswahrnehmung, in der Gegensätze einem ständigen Wandel unterliegen, erkennt die Vernunft die Paradoxa, kann aber die Wahrheit hinter den Paradoxa nicht erkennen[9]. Als Bedingung des Glücks kann die Wahrheit nur im Sinne der Erfahrung als eine konkrete Ganzheit erlebt werden, in der Widersprüche und Gegensätze miteinander verschmelzen und aufgehoben sind. Eine solche Erfahrung ist existentiell und verändert den Menschen.

Dieses Denken der paradoxen Logik rief eine Kultur hervor, die sich durch anschauliche Bilder **unmittelbar** ausdrückt. Hier handelt es sich um eine durch Sinnbilder vermittelte Unmittelbarkeit und um eine Starrheit, in der sich passives Aufnehmen des visuell Emotionalen abspielt. Deswegen «zeigt» Buddha, aber er «schweigt». Die Ideogramme im Chinesischen sind beispielsweise Resultat dieser Art von Unmittelbarkeit und Konkretheit des Denkens. Die konkrete Ganzheit, d. h. die Harmonie der Gegensätze, beinhaltet nicht entweder - oder, sondern das A und das non-A, das gleichzeitige Wachsen der Gegensätze. Das Sinnbild von Yin und Yang symbolisiert die Gegensätze der konkreten Welt, die ständig auseinander hervorgehen, um sich ineinander zu verwandeln: Tod und Geburt, Mann und Frau, hell und dunkel, warm und kalt. Für dieses Denken ist die Erneuerung die Wiederholung[10]. Diese lebensbejahende Einstellung zeigt sich in der praktischen Sphäre des Lebens als realistisch und pragmatisch. Die konfuzianische Lehre sucht nach pragmatischen Regeln für menschliches Zusammenleben, sie «verneint nicht die hierarchischen Strukturen der Gesellschaft und sagt nicht, daß sie an sich schlecht seien. Sie verlangt nicht ihre Abschaffung, denn sie sind aufgrund der menschlichen Natur ein unvermeidbarer Bestandteil des Lebens in einer Gemeinschaft. Schon der Wunsch, sie abschaffen zu wollen, enthält eine Utopie, denn nach jedem Umsturz bildet sich immer rasch wieder eine neue hierarchische Ordnung heraus»[11].

In dieser Lehre fehlen vollkommen die «Sucht nach einer utopischen Gesellschaft, in der alle gleich sein sollen[...], die Forderung, daß die Menschen sich gegenseitig lieben sollen - unterschiedlos [...], die Vorstellung der absoluten Gleichheit, der absoluten Gerechtigkeit und absoluten Freiheit»[12], weil diese «in keiner realen Gesellschaft vollkommen erfüllt werden. Die richtige Frage ist dann, wie weit soll und muß das Gebot der Nächstenliebe erfüllt werden. Oft bleiben die Grenzen verwaschen. Dies schafft Unsicherheit, die sich durch die gesamte westliche Gesellschaft zieht»[13].

«Das Rechtssystem funktioniert ohne paradiesische Träume von einem idealen konfliktfreien Zustand des menschlichen Zusammenlebens. Es geht nicht darum, [...] Schuldige ausfindig zu machen und Schuldzuweisungen auszusprechen. Es geht vielmehr darum, einen Modus des Zusammenlebens zu finden, der Spannungen abbaut, Zwistigkeit mindert, finanzielle Schäden einvernehmlich reguliert.»[14]. Für die Gesellschaft des Ostens ist Entwicklung kein fortschreitender Prozeß im Fluß der Geschichte, in der Brücken von einem Genie zum anderen geschlagen werden *(Nietzsche)*. Die östliche Gesellschaft ist eine Welt des Introvertierten und des Statischen. Sie ist angereichert mit jener unbeschreiblichen Essenz, wie sie nur Widerholungen von Erfahrungen über Jahrtausende hinweg zustande bringen, und die sich durch Wiederholungen verdichtet und verfeinert hat. Von Anfang an gab es hier «kein geistes Klima [...], in dem das Genie wachsen konnte»[15], «Genialität, die nur sich selbst kennt, wird als Störfaktor empfunden»[16]. «Dadurch haben sie ihr an der Wurzel das Wasser abgegraben [...] (das) Ideal ist das der kleinen, aber gemeinsamen Schritte»[17]. Deswegen gibt es im Osten keine Geschichte, aber Mythos und Märchen; genau so kein Bewußtsein um Geschichtlichkeit, aber Bewußtsein um Vergänglichkeit. Dem Leben gegenüber kann dieses Bewußtsein um Vergänglichkeit Lähmung bewirken, kann aber auch dazu führen, das Leben als die größte Herausforderung zu begreifen, wie es bei folgenden Zeilen eines Gedichts zum Ausdruck kommt:

«Fünfzig Jahre eines Lebens
Sind ein verschwindender Moment im Strom der Zeit
Und dennoch Wirklichkeit
Deswegen werfe ich mein ganzes Leben
In den vorbeifliegenden Augenblick.»[18]

Der Mensch des Ostens ist in der Welt, für ihn gibt es keine Transzendenz. Folgerichtig kennt er keinen Gott, der befiehlt und bestraft und kein andere Welt als diese Welt. Ebenso gibt es für ihn keine Sünde, kein Schuldbewußtsein und keine Reue. Jeder Moment ist neu, unwiederbringlich und unwiederholbar. Den Menschen des Ostens beschäftigt «weder eine Vorstellung des Paradieses noch der Hölle [...], kein Trost spendendes Beiwerk, keine

Gnadenversprechungen», sondern lediglich eine Suche «nach der äußersten Realität, nach dem Wesen des Seins». Und das will er selbst erfahren und finden. Das Ich-Bewußtsein des östlichen Menschen muß sich nicht gegenüber einem Du behaupten. Dieses Ich erlebt sich in der höchsten Konzentration als eine kosmische Erscheinung[19]. Dieses Ich-Bewußtsein kann im Süden Asiens aus Ekstase heraus zu einer totalen Lähmung führen, im stolzen China wegen maßloser Wertschätzung des Eigenen als völlige Gleichgültigkeit zu Tage treten, in Japan eine Lebensverbundenheit hervorbringen, die durch das Bewußtsein um Vergänglichkeit ständig gesteigert wird.

In der Geschichte der westlichen Philosophie gibt es viele Philosophen, die das paradoxe Denken praktiziert haben oder östliches Gedankengut aufgreifen. Dazu gehören die Sophistiker, Megariker, *Herakleitos,* insbesondere *Meister Eckhart* im Mittelalter, später *Schopenhauer, Kierkegaard, Karl Jaspers* und die Existentialisten. Sie alle haben versucht, das Östliche in Begriffen zu erfassen. Aber die Kunst ist es, die zwischen Osten und Westen Brücken errichten kann. Denn die Kunst arbeitet nicht mit Begrifflichem, sondern mit Bildern, die ihrem Wesen nach unmittelbar und anschaulich sind. Die Kunst realisiert sich im schöpferischen Akt des Menschen in jeder Epoche und jeder Gesellschaft unabhängig von Theorien, die über sie aufgestellt wurden und werden. Der schöpferische Akt ist ein Tun und keine Theorie. Deswegen geht es hier um eine ganzheitliche existentielle Einstellung. Durch die Kunst wird das nicht erkennbare, aber erfahrbare Wesen der Welt wiedergegeben.

In der Kunst sucht der Mensch in seiner Ganzheit als körperlich-seelisches und geistiges Wesen, sich das Wesentliche zu erschließen. Der Verstand ist wertblind. Aber gerade die Werte sind es, die die Welt mit erkennbaren Gegebenheiten ausmachen. Diese erkennbaren Gegebenheiten sind es, die die Kunst uns gibt. Die Kunst macht sichtbar» *(Klee).* Die Kunst gibt eine entwirklichte, aber eine konkrete Welt wieder, indem sie sich der Bewegungen, Farben, Linien, Volumen, Stimmen, Klänge bedient. «Sie [die Kunst] ergreift nicht eine Schicht des Menschen, sondern den Menschen in seiner Totalität»[20] und hat eine existentielle Wirkung ohnegleichen[21].

Zum Schluß möchte ich mich der Eigenschaft der Kunst bedienen, die unmittelbar sichtbar machen kann, um die anthropologischen Folgen der paradoxen Logik anhand einer Wesensanschauung aufzuzeigen: Ich zitiere aus dem Buch «Weg zu Japan - West-östliche Erfahrungen». Die japanische Autorin *Hisako Matsubara* zeigt durch Metaphern auf, wie der Osten sich der Natur nähert und welche Wesensanschauung in dieser Annäherung liegt und was für eine existentielle Bedeutung und Haltung daraus gewonnen wird. Sie tut dieses mit Bezug auf einen Wesenskern des Ostens: Um der Selbsterhaltung willen ergibt sich das Ich-Bewußtsein dem Stärkeren und zeigt eine andere Dimension des Widerstandes, in dem ein pragmatisch-realistisches Ziel eine existentielle Bedeutung erfährt und sich zur Weisheit erhebt.

> Dort oben auf dem Hügel habe ich oft den Taifun erlebt, der fast jedes Jahr im Herbst vom Südosten hereinstürmt und sich im Tal fängt, in dem die Millionenstadt Kyoto liegt. Die Naturgewalt eines solchen Sturmes, der aus den Tropen kommt, ist fast unvorstellbar. Tagelang spürt man sein Kommen, und wenn er losschlägt, biegen sich die Bäume bis zum Brechen. Einmal, während eines besonders starken Taifuns, wurde das Dach unseres Hauses abgedeckt. Die schweren Schindeln wirbelten durch die Luft. Danach konnte der Sturm in das Innere des Hauses greifen, die Wände und Zwischenwände herausreißen, so daß am Ende fast nur noch das Balkenwerk übrig blieb. Wir hatten uns mit Seilen an die Fundamentpfosten gebunden. Ich sah, wie oben am Schrein die ganz alte Eiche sich immer tiefer bog und schließlich mit einem gewaltigen Aufschrei brach. Ich sah die Kiefern, deren knorrige Wurzeln aus ihrer Verankerung im Felsgestein gerissen wurden. Ich sah die Kirsch- und Ahornbäume, die von den Sturmwirbeln erfaßt und deren Stämme in der Mitte abgedreht wurden. Nachdem der Taifun vorbei war, lagen fast fünfhundert Bäume rund um unser Haus und dem Shinto-Schrein am Boden. Einige

waren so alt, daß wir als Kinder ihre Stämme nur zu fünft oder sechst umfassen konnten, auch wenn wir die Arme ganz weit reckten und uns gegenseitig an den Händen faßten.

In dem Bambushain, der auf dem Südhang des Hügels an einer feuchten Stelle wächst und dem Taifun am stärksten ausgesetzt ist, war kein einziger Stamm gebrochen. Die schlanken baumhohen Bambusstangen standen noch da wie vor dem Sturm und raschelten mit ihren Blättern.

Biegsam sein und sich unter dem Ansturm einer Gefahr neigen, ist eine alte Weisheit. Sie ist aus der Erfahrung mit der Natur erwachsen. Sie ist japanische Volksweisheit. Sie ist ein Stück Volksschläue. Was nützt es, wenn man trotzig aufrecht steht und dann bricht? Viel besser ist es, biegsam zu sein und seine Stärke für die Zeit nach dem Sturm zu bewahren. Das ist die Bambusweisheit [...] Sanftheit ist Stärke.[22]

Anmerkungen

1 *Husserl, E.:* Formale und Transzendentale Logik; Halle, 1929, S. 1 f.
2 a.a.O., S. 7.
3 a.a.O., S. 4.
4 a.a.O., S. 4-5.
5 a.a.O., S. 15.
6 *Suzuki, D.T.:* Der westliche und der östliche Weg; Frankfurt/M., Berlin, Wien: Ullstein, 1982, S. 42.
7 *Fromm, Erich:* Die Kunst des Liebens; Frankfurt am Main, Berlin, Wien: Ullstein, 1980, S. 92.
8 *Heistermann, W.:* Metaanthropologie, in: Gesammelte Schriften, Bd. 1; Rheinfelden/Berlin: Schäuble Verlag, 1990, S. 20.
9 Hier handelt es sich um die Ideensphäre, die *Kant* in seiner Praktischen Vernunft als Postulate aufstellt. *Kant* hat gezeigt, daß diese Ideen nicht widerspruchsfrei zum Verständnis gebracht werden können.
10 In der *Hegel*schen Logik beinhaltet das A zugleich das non-A. Aber die Dialektik vervollkommnet sich mit dem dritten Schritt der Synthesis, um von neuem zu beginnen. Nur die Genesis in der Natur ist eine Wiederholung. In der Geistsphäre folgt auf Thesis und Antithesis die Synthesis.
11 *Matsubara, Hisako:* Weg zu Japan, west-östliche Erfahrungen; Hamburg: A. Knaus Verlag, 1983, S. 269.
12 a.a.O., S. 272.
13 a.a.O., S. 272.
14 a.a.O., S. 215.
15 a.a.O., S. 205.
16 a.a.O., S. 206.
17 a.a.O., S. 205.
18 a.a.O., S. 101.
19 a.a.O., S. 100.
20 *Heistermann, W.:* Dichtung - Ihr Wahrheitsanspruch und ihre Funktionalität, in: Gesammelte Schriften, Band I, a.a.O., S. 98.
21 Ein Vergleich der Kunst im Osten und Westen sprengt den Rahmen dieses Aufsatzes. Nur hinsichtlich der Wesenseigenschaften des objektiven Geistes läßt sich folgendes kurz anmerken: Im Osten überwiegt Traditionalität und das Dionysische, im Westen hingegen Individualität, das Rationale und das Apollinische.
22 *Matsubara, Hisako:* a.a.O., S. 12-13.

Dieser Aufsatz wurde aus dem Türkischen übersetzt von *Selver Wesenack*.

FRIEDRICH TOMBERG

Philosophie, die zu Markte geht

Zum struktural-biographischen Ansatz
in der philosophiehistorischen Interpretation

An Hochschulen universitären Charakters, die den ganzen Kranz von Wissenschaften zum Studium anbieten, darf die Philosophie nicht fehlen. Wer sich noch nicht ausgiebig mit ihr befaßt hat und sie nunmehr von Grund auf kennenlernen möchte, macht schnell die Erfahrung, daß er da, wo er sich schlechthin der Philosophie zu nähern sucht, so wie andere der Physik oder der Biologie, gleich deren mehrere vorfindet. Besucht er eine Vorlesung, die verspricht, eine Einführung in die Philosophie zu geben, so wird er selbstredend mit der Art zu philosophieren vertraut gemacht, die der vortragende Dozent bevorzugt, und diese kann in direktem Gegensatz zu der eines anderen Dozenten stehen, der ebenfalls in die Philosophie einzuführen verspricht. Zahlreich sind auch die Seminare, die dem Adepten helfen sollen, in den Problemstand der Philosophie sich über die Lektüre eines ihrer Dokumente einzuarbeiten. Nimmt er unbefangen studierwillig an, daß Philosophie doch auch so etwas vermitteln müsse wie sonst die Wissenschaft, nämlich Wissen, Erkenntnis über Realität, so gerät er bei dieser Angebotslage leicht in Verlegenheit. Er weiß, oder kann es schnell erfahren, daß die einzelnen Philosophien sich nicht auf einen Nenner bringen lassen. Er ist bereit, sich gründlich einzulesen und alles zu lernen, was da an Wahrheit vermittelt wird. Aber keine Autorität sagt ihm, bei wem er die Wahrheit nun auch findet: bei *Heidegger* oder bei *Popper,* bei *Habermas* oder bei *Derrida.* Er sieht sich einem endlosen Streit gegenüber. Natürlich schwört jeder auf seine eigene Lehre und nicht auf die des anderen. Und wenn ein Philosoph der Auffassung ist, daß man aus der Philosophie gar keine Erkenntnis gewinnen könne, so setzt er immerhin noch voraus, daß nur er die Erkenntnis davon besitze und nicht sein andersdenkender Kollege von nebenan.

Was die Philosophen gegeneinander vorbringen, sind begriffliche Argumentationen. Gedanke wird gegen Gedanke gesetzt und für jeden eine logische Begründung beigebracht, die immer der aller anderen überlegen sein soll. Aber nie setzt sich ein Gedankengang allgemein durch, so wie in der Physik immer wieder eine Theorie so weitgehend anerkannt wird, daß man sie ins Lehrbuch aufnehmen kann.

Es gibt heute sogar zahlreiche Philosophen, die eine solche Kanonisierung mit allen Mitteln zu verhindern suchen. Sie sagen: Konsens kann nur äußerer Zwang sein. Wo wir uns also zufällig einmal einig finden, liegt gewiß ein Mißverständnis vor, und wir tun gut, uns eiligst wieder zu zerstreiten. Aber auch dieser Gedanke grundsätzlicher Konsens-Unfähigkeit hat keinen Konsens gefunden. Manche lassen es sich nicht ausreden, daß es kein Unglück sei, wenn man auch einmal miteinander übereinstimme - und zwar durchaus in wesentlichen, substanziellen Dingen.

Nirgendwo mehr als in der Philosophie, so scheint es, hat heute die Marktwirtschaft ihre Entsprechung. Man hat die Wahl und niemand schreibt einem vor, das eine vor dem anderen auszuzeichnen. Aber im Gegensatz zu den angebotenen materiellen Gütern, die in der Regel alle irgendwelche Vorzüge haben, muß man sich bei der Philosophie doch fragen, ob man sich nicht eine taube Nuß einhandelt, wenn man erkenntnishungrig nach einer der marktgängigen Lehren greift. Kann Philosophie überhaupt einen Gebrauchswert haben, wo nicht einmal ihre Vertreter sich darüber einig sind?

Es gibt in der Philosophie aber doch auch, wie in jeder Wissenschaft, Autoritäten. Meist sind sie schon verstorben. Die Philosophie stellt sich als eine lange Geschichte dar, die eine Reihe von Namen aufzuweisen hat, auf die sich alle immer wieder beziehen. *Karl Jaspers* nannte sie, sich ihnen mit Recht nahe wissend, in aller Bescheidenheit die «großen Philosophen». Wenn wir herausfinden wollen, was Philosophie ist und was sie leistet, bei ihnen müßte man es doch erfahren können. Man könte sagen: Philosophie ist das, was sie betrieben haben.

Wenden wir uns jenem Philosophen zu, den viele als den Größten aller Zeiten hervorheben, *Sokrates,* und erkundigen uns, was er unter dem Namen Philosophie zuwege gebracht hat, so erfahren wir: Er ist auf den Markt gegangen und hat die Leute befragt. Sogenannte Werke hat er nicht verfaßt. Und außer ein paar Gemeinsprüchen ist nichts bekannt, was man seine Lehre nennen könnte. Bei den Gesprächen auf dem Markt ist auch nicht viel herausgekommen. Und gerade das scheint des *Sokrates* Absicht gewesen zu sein. Er war immer erst zufrieden, wenn die Leute zugaben, nichts zu wissen. Und auch er wußte nichts, außer, daß er dies jedenfalls wußte - wie er meinte.

Sokrates ist kein Einzelfall. Ein moderner Philosoph, *Wittgenstein,* hat gesagt, das Geschäft der Philosophie sei, nachzuweisen, daß die philosophischen Probleme gar keine sind, er schrieb der Philosophie also zu, das, was sie zu sagen habe, sei, daß sie nichts zu sagen habe. Längst aber spricht man von der Philosophie *Wittgensteins* so, wie man von der *Heideggers* oder *Hegels* spricht, wie von einer ausgewachsenen Lehre also. Und bekanntlich hat *Platon* aus *Sokrates* ein ganzes philosophisches System zu entwickeln gesucht. Darin geht es allerdings nicht mehr um die sokratische, sondern eben um die platonische Philosophie.

Wollen wir nach der originären sokratischen Philosophie forschen, so kommen wir nicht umhin, uns mit der Biographie ihres Schöpfers zu beschäftigen. Vielleicht ist diese Nötigung die einzige oder hauptsächliche Lehre, die uns *Sokrates* vermitteln wollte. Denn was geschieht auf dem Markt? *Sokrates* fragt die Händler und Handwerker, die dort ihrem Beruf nachgehen, nach ihrer Tätigkeit, fragt sie, ob sie auch wissen, was sie tun. Was hat das mit Philosophie zu schaffen? Sie kann nur in seinen Fragen versteckt sein, anderes vollbringt der Philosoph *Sokrates* ja nicht. Er fragt die Handwerker nach den Produkten, griechisch nach den *Erga,* den Werken, die sie hervorbringen - als Schuster, Schneider, Sattler - und dann einfach auch als Menschen. Er will wissen, was ist das *Ergon Anthropinon,* das Menschenwerk, das Werk, das sie hervorbringen, insofern sie Menschen sind. Und da passen die Handwerker. Sie wissen es nicht, können es nicht sagen, wofern sie, vielen modernen Philosophen darin gleichend, die Frage überhaupt verstehen (wollen).

Wenn in diesen sokratischen Fragen Philosophie ist, dann dürfte sie in folgendem bestehen: Erstens spricht *Sokrates* die Schuster, Schneider usw. alle als Menschen an. Zweitens setzt er voraus, daß Menschsein auch für einen Schuster, Schneider usw. wesentlicher ist als sein bloßes Schuster- oder Schneidersein. Und drittens hält *Sokrates* aber daran fest, daß es auf ein **Werk** ankomme, daß ein Mensch ohne sein *Ergon Anthropinon,* sein Mensch-Werk, ebensowenig denkbar ist wie ein Schuster ohne sein Schuhwerk. Keineswegs aber weiß *Sokrates,* worin das Mensch-Werk besteht. Er hält es nur für wichtig, danach zu fragen.

Philosophie wäre hiernich also ein Fragen, und zwar im Kontext eines Tuns, eines Hervorbringens, einer *Poiesis* oder allgemeiner: nicht einer bloßen Theorie, sondern einer Praxis. Wo für *Sokrates* Philosophie ist, nämlich in seinem Fragen auf dem Markt, da ist nicht bloß ein Denken, eine Wissenschaft, die die Realität so widerzuspiegeln sucht, wie sie ist, sondern da üben Menschen, und zudem mit ihren Händen, eine Kunst im weiten Sinne der griechischen *Téchne* aus, und das Bemühen des Philosophen geht dahin, jene Kunst herauszufinden, durch die das Menschenwerk hervorgebracht werden könnte.

Es leuchtet ein, daß wir von der sokratischen Philosophie nichts begreifen, wenn wir von dem Leben, das er führte, absehen, wenn wir den Markt gar nicht beachten, auf den er ging, und nur nach seinen Gedanken, seiner Lehre fragen, rein für sich, so wie sie sich eben in zugehörigen Begriffen ausspricht. *Platon* hat das gewußt. Deshalb entwickelt er seine, dem *Sokrates* treu bleiben wollende Philosophie, indem er ihn in seinen Dialogen leibhaftig auftreten läßt. Manche dieser Dialoge - man denke an Symposion oder Apologie - sind direkt auch biographische Erzählungen.

In der platonischen Philosophie, wie wir sie aus Darstellungen kennen lernen, kommt diese biographische Seite aber nicht mehr vor - es sei denn als Anekdote. *Platon* gilt uns als Lehrer des Idealismus. Er lehrte ihn, erfahren wir, weil er ihn für richtig hielt. Und für richtig hielt er ihn aus logischen Schlußfolgerungen, die wir in seinem Werk in der Tat nachlesen können. Wir beschäftigen uns mit seiner Philosophie, indem wir diese Schlußfolgerungen prüfend nachvollziehen, um sie ebenfalls für richtig zu finden oder auch nicht oder auch bloß, um die Eigentümlichkeit des Denkens eines Denkers kennenzulernen.

Die platonische Philosophie hat in der Geschichte bekanntlich eine ungeheure Wirkung gehabt - sie hat als Denken immer wieder auf anderes Denken gewirkt. Idealismus wurde eine durchgehende Denkweise, gipfelnd in den großen Systemen des «deutschen Idealismus». Die modernen Idealisten, wie die modernen Philosophen überhaupt, hatten ihren Neuansatz, nach dem Mittelalter, aber vor allem mit *Descartes*.

Cogito, ergo sum - das war für *Descartes* ein Satz von zweifelloser Evidenz. Und er glaubte, daß aus ihm alle weitere Erkenntnis abgeleitet werden könne. Das Ich des *Cogito* war aber kein Schuster oder Schneider, auch nicht einfach ein Mensch mit Fleisch und Blut, sondern ein allgemeines Subjekt, dessen einziges Sein und Tun das Denken war, reines Denken. Und er hatte sich mit diesem Subjekt auch nicht auf dem Markt getroffen, sondern er verwies darauf, daß ein jeder es bei sich vorfinden könne, wofern er nur auf das Allgemeine in seiner Existenz reflektiere. *Cogito ergo sum* - das konnte von jedem gedacht werden, wo er sich auch befand, ob auf dem Markt, im Bett oder im Bad. Die Umstände, unter denen diese Erkenntnis gefunden worden war, waren für ihre Gültigkeit ganz belanglos, rein der Gedanke zählte - die Biographie hatte keine Bedeutung.

Wir brauchen auch heute noch nicht in Gedanken auf den Markt oder sonstwohin zu gehen, um die Philosophie *Descartes'* nachvollziehend kennenzulernen. Wir brauchen dem Philosophen nirgendwohin nachzulaufen, wir brauchen seiner Philosophie nur nachzudenken. Und wir könnten dies auch dann, wenn wir nicht einmal den Namen *Descartes* je gehört hätten. Kann der Gegensatz zu *Sokrates* größer sein?

Und doch hat *Descartes* uns seine Biographie geradezu aufgedrängt. Ganz anders als *Sokrates*, der sich auch darum nicht bekümmerte, hat er sie schriftlich fixiert und so der Nachwelt übermacht. Wer seine Auffassungen aus den Originalschriften zur Kenntnis nehmen will, kommt an ihr nicht vorbei. Denn es ist die Gesamtdarstellung seiner Philosophie, ihr Grundbuch überhaupt, das er uns als Biographie darbietet, freilich als eine Biographie besonderer Art. Denn *Descartes* beschränkt im wesentlichen seinen Lebensbericht auf sein Denken, aber eben auf **sein** Denken: darauf, was es ihm in seinem Leben bedeutet hat.

Er beginnt seinen Bericht, indem er von den Schwierigkeiten erzählt, die er in der Schule hatte, und wie er dann, aus Unzufriedenheit mit dem Lehrstoff, den er sich aneignen mußte, zu eigenem Denken gelangte. Schließlich erfährt der ungeduldige Leser auch, was das für ein Denken war. Warum diese biographischen Präliminarien in einer Schrift, die zu wissenschaftlichem Gebrauch dienen sollte und als Abhandlung zur Methode jeglichen Vernunftgebrauchts gedacht war?

In gewisser Weise hält *Descartes* es mit *Sokrates*. Auch er fragt zunächst nach dem Beruf. Nicht nach dem des Schusters oder Schneiders, sondern nach dem des Philosophen, und auch nicht bei anderen, sondern bei sich selbst. Er meint darüber Auskunft geben zu müssen, warum er überhaupt Philosoph geworden ist und was es mit dieser seiner freiberuflichen Tätigkeit auf sich hat.

Was interessiert uns aber, wie einer zur Philosophie gekommen ist?! Wir wollen wissen, was er als Philosoph zu sagen hat. Wir nehmen die Philosophie als etwas Gegebenes, wie die Physik, wie die Kunst, wie die Bäume und Steine. Das gibt es eben. Wir haben zwar von *Platon* gelernt, daß Philosophie im Staunen gründet. Aber wir staunen nicht, daß es Philosophie überhaupt gibt. Wir staunen höchstens, daß so viele Philosophie studieren, obschon man nur selten einen Beruf daraus machen kann. Aber was eigentlich damit geschieht, wenn einer sich der Philosophie zuwendet, danach fragen wir in der Regel nicht.

Descartes gibt als Grund für seine Wendung zur Philosophie seine Schulerfahrung an. Was seine Lehrer ihm vortragen, schien ihm alles eitles Zeug. Das muß verwundern. Die Schule, die er besuchte, war die beste des Landes. Sie eröffnete ihm jegliche wünschbare Karriere. Er hätte ohne weiteres eine Professur für Philosophie erlangen können. Aber er wollte nicht Philosophieprofessor, er wollte Philosoph werden.

Das Resultat: Nach einiger Zeit schon hielt er es für geboten zu emigrieren. Wir wissen, wie es *Sokrates* erging, der sich zu emigrieren weigerte. Die Emigration *Descartes'* hat in unseren Philosophiegeschichten keinen Platz, wo über sein Leben erzählt wird, verkommt sie meist zum bloßen Ortswechsel. Der Tod des *Sokrates* ist jedem Schulkind bekannt - als Anekdote. Daß es eine Hinrichtung war, das zu hören, würde die meisten erschrecken, obwohl sie es doch wissen.

Eines ist gewiß: Diese politischen Sanktionen, bei *Sokrates* wie bei *Descartes,* hingen mit deren Philosophie zusammen. Wir interessieren uns für die Philosophie und für alle deren Folgerungen. Können wir aber diese Philosophien verstehen, wenn wir nicht die politischen Verfolgungen einbeziehen und sie nicht nur als Folgen, sondern auch als Folgerungen, allerdings von seiten anderer Instanzen begreifen?

Wieso folgte hier eines aus dem anderen? *Sokrates* fragte doch nur. Letztlich fragte er nach dem *Ergon Anthropinon*. Was ist daran so staatsgefährdend? Lag das an der Art, wie er fragte? Er fragte allerdings nicht, wie wir das von einem Philosophen eigentlich erwarten. Er fragte den Schuster oder Schneider nicht: Was tust du sonst noch, was tust du außerhalb deiner Berufstätigkeit, dann, wenn du nicht arbeitest? Was tust du als Mensch? Dein Leben kann doch nicht in deinem Beruf aufgehen. Es gibt doch noch mehr im Leben usf. Wir kennen das.

Sokrates fragte vielmehr: Was tust du eben dann, wenn du Schuhe herstellst, als Mensch? Wieso ist dein Schuhe-Herstellen Menschenwerk? Was soll aber die Tätigkeit des Schusters anderes sein als eben Schuhe-Herstellen? Er stellt sie her als Kleidung für die Füße. Schuhe braucht man, damit man gehen kann. Schuhe sind Gebrauchswerte. Aber der Schuster zieht seine Schuhe gar nicht an. Er gibt sie weg, an andere. Würden andere die Schuhe nicht brauchen, dann könnte er sie gar nicht herstellen. Er bekäme kein Geld dafür und könnte sich z. B. beim Schneider keine Kleider kaufen. Und dem geht es mit dem Schuster *vice versa*. Mithin: Indem der Schuster dasitzt und Schuhe fertigt, übt er eine gesellschaftliche Tätigkeit aus, arbeitet er an der Erhaltung der Gesellschaft. *Sokrates* also - ob er will oder nicht - dadurch, daß er nach dem *Ergon Anthropinon* forscht, stellt er die Frage: Was ist daran menschlich, wenn man in solcher Art für die Gesellschaft arbeitet, wie der Schuster hier? Was ist menschlich an dieser Gesellschaft, daß sie ihre Mitglieder zu solchen Tätigkeiten in solcher Weise determiniert? Inwiefern ist sie ein Werk von Menschen und nicht nur von Schustern, Schneidern, Politikern, Philosophen?

Nicht anders bei *Descartes*. In seiner Abhandlung gibt er als biographisches Faktum und zugleich als wissenschaftlichen Grundsatz zu Protokoll, daß er nicht daran denke, den Staat umstürzen zu wollen. Gleichzeitig berichtet er aber, wiederum aus seiner Biographie, daß er eines Tages sich vornahm, die herrschende Moral einer grundsätzlichen Überprüfung zu unterziehen und daß er bis zu deren Abschluß sich für sich selbst, ganz privat, eine provisorische Moral zugelegt habe. Zu deren Grundsätzen soll auch unverbrüchliche Staatstreue gehören, der er aber dadurch, daß er sie ausdrücklich einführt, gerade den Boden wegzieht, denn Gehorsam gegenüber dem Staat war im Absolutismus eine Sache, die jenseits aller erwägenden Gedanken sich zu befinden hatte.

Sokrates wie *Descartes* beginnen ihre Philosophie also nicht damit, daß sie anfangen, nachzudenken, sondern indem sie darauf bestehen, in einer bestimmten Weise zu leben, bzw. indem sie auch andere dazu zu bringen suchen zu leben, und zwar nicht nur als Schuster oder Schneider oder Philosophieprofessor, sondern als Mensch, indem sie in all dem, was sie tun, sich als Mensch betätigen wollen, so, wie sie das verstehen, indem sie nämlich ein Menschenwerk, indem sie sich selbst als Menschenwerk hervorbringen wollen - und dadurch mit dem ganzen Gesellschaftssystem, in dem allein sie dies vollziehen können, in Konflikt geraten, weil sie nämlich ihre menschliche Seinsweise nicht irgendwo außerhalb ihres beruflichen Lebens suchen, sondern in diesem selbst, in ihrer gesellschaftlichen Tätigkeit.

Die Konsequenzen, die beide zogen, um den Konflikt zu bewältigen, waren sehr verschieden. Beidemale hatte das die Gestalt von Philosophie. Woraus resultiert deren Verschiedenheit? Weil sie in ihrem Denken und Wollen andersgeartet waren? *Sokrates* und *Descartes* waren schließlich zwei ganz verschiedene Individuen. Oder war es die gesellschaftliche Situation, in die hinein sie zu handeln hatten, die den Unterschied hervorbrachte? Darüber läßt sich lange philosophieren. Wenn wir aber die *Descart*sche Philosophie daraus ableiten, daß sie Ausdruck der Eigenart des Individuums *Descartes* war, und so auch die sokratische, dann kommen wir über Tautologien nicht hinaus. Hingegen wissen wir - Erstens: Die gesellschaftliche Situation beider war wesentlich anders und ist als solche deutlich ausmachbar. Zweitens: Gegenüber ihrer unterschiedlichen gesellschaftlichen Situation gab es etwas, was beide gemeinsam hatten, was sie als ein von ihnen selbst so angesehenes Allgemeines in ihre besondere Lage einzubringen suchten: es ging ihnen um den Menschen, bzw. um das an ihm für wesentlich Gehaltene. Als Menschen betrachteten sie nicht nur sich selbst, sondern - wie auch nicht? - jeden anderen Menschen, wer er auch war, gewesen war oder sein würde, ob nun auf dem griechischen Markt handwerkend oder im 17. Jahrhundert auf der Schulbank eines absolutistischen Staates sitzend. In ihrem Konflikt mit der Gesellschaft ging es ihnen daher um ihre eigene Person, damit zugleich aber um jede andere. Sie nahmen ihr Verhältnis zur Gesellschaft als Widerspruchsverhältnis zwischen Menschen und ihren gesellschaftlichen Verwirklichungsbedingungen wahr. Daher hätte es gar nichts geholfen, daß sie den Konflikt für sich selbst lösten. *Sokrates* hätte mit Duldung der Gesellschaft fliehen können. Damit hätte er sein Leben gerettet, er hätte aber auch den Konflikt annulliert, seine Philosophie wäre in sich zusammengefallen, er wäre nur noch als Individuum übriggeblieben, nicht mehr als Philosoph. Denn Philosoph war er nur solange, wie er sich als Mensch verhielt, wie er in seiner individuellen Existenz das menschlich Allgemeine zu seiner Sache machte - zu einer Sache des Fragens und Denkens nur, gewiß, aber man weiß ja, wohin es führt, wenn die Menschen erst einmal zu denken anfangen.

Nehmen wir noch andere Philosophen hinzu, die sich nicht biographisch dargestellt haben, deren Lebensumstände wir aber zur Genüge kennen, etwa *Hegel, Marx* oder *Nietzsche,* und befragen wir ihre Biographie, so werden wir immer wieder auf diese anfängliche Konfrontation stoßen: Eine allgemeine menschliche Intention nötigt, die angebotene gesellschaftliche Verwirklichung zu befragen und in Frage zu stellen - sei es auch in bereits verdeckter Form, im Medium von Wissenschaft, von Philosophie, abstrahiert zur Beziehung von Denken und Sein. Aber auch die abstrakteste Lehre kann immer noch als Antwort auf die aus der individuellen Grundsituation allgemein aufsteigenden Fragen verstanden werden und ist letztlich nur so wirklich verständlich.

Philosophie, heißt das, ist nicht wahrhaft zu begreifen ohne Einklinken in diesen biographischen Ansatz, nicht ohne die Einsicht, daß der damit gegebene Widerspruch ein Grundwiderspruch ist, der für menschliches Leben so wesentlich ist, daß er gegebenenfalls sogar Philosophie notwendig macht. Der Leser der Dokumente, in denen diese Philosophie sich darstellt, muß diesen Ansatz so ernst nehmen, wie der Philosoph selbst - sonst steht er von vorneherein außerhalb eines möglichen Verständnisses. Das kann er natürlich nur, wenn er in seiner eigenen gesellschaftlichen Grundsituation die allgemeinen menschlichen Intentionen ebenfalls ausspielt - auch auf die Gefahr von Emigration oder Todesurteil hin.

Irgendeine Philosophie zu studieren, heißt also, selbst in einem Konflikt stehend und ihn austragen wollend, dem biographischen Konflikt des herangezogenen Philosophen nachzudenken - so, als wäre es der eigene. Dazu ist Kenntnis der realen Biographie hilfreich, aber nicht unbedingt notwendig. Es geht vielmehr nur um die Konflikt- oder Widerspruchs**struktur**. Und sie ist aus der Philosophie selbst in ausreichender Allgemeinheit rekonstruierbar, wenn wir nur die Lehre als Antwort auf Fragen auffassen, die in der Biographie gründen. Das also soll gemeint sein, wenn wir von einem struktural-biographischen Ansatz in der philosophiehistorischen Interpretation sprechen.

Wenn es in jeder biographischen Grundsituation auf der einen Seite des - wie man ihn nennen könnte - ontogenetischen Grundwiderspruchs immer um dasselbe geht: das menschlich Allgemeine, dann wird man von den Philosophen mindestens erwarten dürfen, daß sie uns sagen, worin dieses Allgemeine besteht. In der Tat: Das Allgemeine ist bevorzugter Gegenstand der Philosophie. Ja, man kann sagen: Philosophie ist Denken des Allgemeinen - und zwar jenes Allgemeinen, das für die Menschen das wichtigste und wesentlichste ist. In der Philosophie gibt es aber fast so viele unterschiedliche Bestimmungen des Allgemeinen, wie es Philosophen gibt. Und wieder stehen wir da und lesen und lernen und fragen: Wem sollen wir glauben?

Wir sollen aber nicht glauben, wir sollen tun, mittun. Wir sollen z. B. mit *Sokrates* auf den Markt gehen. *Sokrates* suchte nach dem Allgemein-Menschlichen, und er wußte, daß es nur in der Berufstätigkeit der befragten Handwerker selbst gewissermaßen drinstecken konnte. Da also war es, man mußte es nur ergreifen, nur begreifen. Es lag vor Augen, aber nicht als Allgemeines, sondern als Einzelnes, als bestimmte Tätigkeit bestimmter Menschen. Soviel war immerhin, wenn nicht zu sehen, so doch aufgrund der Fragen einzusehen, daß dieses Einzelne als Einzelnes nur da war, weil es zugleich Allgemeines war, nur Produktion von Gebrauchswert, weil von Wert, nur individuelle Hervorbringung, weil gesellschaftliche Tätigkeit.

Die griechische Philosophie begriff, auch im Anschluß an die Fragestellungen des *Sokrates*, daß der Mensch naturnotwendig ein gesellschaftliches Lebewesen ist, daß also die Tätigkeit zur Erhaltung seiner Existenz immer gesellschaftliche Tätigkeit sein muß. Hier haben wir eine Allgemeinheit, die die Philosophie doch hätte festhalten können. Wenn aber die Griechen sagen wollten, der Mensch sei ein gesellschaftliches Lebewesen, dann sagten sie, er sei ein *Zoon politikon,* ein Polis-förmiges Lebewesen. Sie identifizierten unversehens die Polis mit menschlicher Gesellschaft überhaupt. Das war, wie heute auf der Hand liegt, irrig.

Indem die griechischen Philosophen ein wesentliches und als wesentlich erkanntes Allgemeines theoretisch fixierten, besonderten sie es zugleich. Für sie selbst existierte diese Besonderung nicht. Sie sahen in ihr nur das Allgemeine und erkannten es in der Tat auch. Wenn wir nun eben diese Besonderung als falsch erkannt haben, was wäre einfacher, als sie von dem Allgemeinen abzutrennen und uns nur noch rein an das als wahr Erkannte zu halten?! Wir könnten demnach festhalten: Die Griechen nannten den Menschen ein *Zoon politikon,* ein wesentlich auf die Polis bezogenes Lebewesen, und erkannten damit, daß er ein gesellschaftliches Lebewesen ist. Woher wissen wir aber, ob nicht in unsere Bestimmung des Menschen als gesellschaftliches Lebewesen ebenfalls eine Besonderung eingeht, die allenfalls nur zeitbedingte Gültigkeit hat? So daß spätere Generationen vielleicht sagen werden: Gewisse hartnäckige Philosophen des 20. und auch schon der vorhergehenden Jahrhunderte nannten den Menschen ein gesellschaftliches Lebewesen. Damit schlich sich bei ihnen ein offensichtlicher Irrtum ein. Immerhin erkannten sie damit ... ja, wenn wir das jetzt schon wüßten, wenn wir wüßten, was wir eigentlich mit dem erkannt haben, was wir erkannt zu haben meinen und möglicherweise auch wirklich haben.

Ist aber etwas dran an der Philosophie des *Sokrates,* des *Descartes* oder auch des *Hegel, Marx* oder *Nietzsche* und haben sie mit ihrer Reflexion auf ein Allgemeines in ihrer biographischen Grundsituation wirklich etwas Wesentliches erfaßt, dann ist nicht einzusehen, warum wir es nicht auch sollten erfassen können. Jedoch wiederum nur auf unsere besondere Weise. Und wenn es auch in unserer Biographie um die Lösung eines Widerspruchs zwischen allgemeiner Intention und besonderer Situation geht, dann ist die Besonderheit, in der wir dieses Allgemeine uns bewußt zu machen suchen, nicht beliebig, sondern es muß jene Besonderheit sein, die uns die Lösung des Konflikts in unserer besonderen Lebenssituation ermöglicht. Die besondere Auffassung des Allgemeinen muß in diesem Sinne also der Besonderheit der Situation gemäß sein.

Danach wäre zu suchen, und dazu brauchen wir Philosophie. Wir werden unseren biographischen Konflikt um so besser lösen können, je mehr wir uns das Allgemeine vor Augen führen, um das es in der besonderen Situation geht. Wir können es nie rein erfassen, aber es tritt unausgesprochen um so mehr hervor, je mehr wir ihm in unterschiedlichen Zusammenhängen immer wieder als demselben begegnen. Dazu verhilft uns auch die Lektüre von philosophischen Texten aus allen möglichen Epochen der Geschichte.

Je mehr wir einzelne Philosophien als unterschiedlichen Ausdruck des wesenhaft Allgemeinen zur Kenntnis nehmen und indem wir sie so studieren, daß wir sie auf den zugrundeliegenden Widerspruch zurückführen, um so mehr gelangen wir zum Bewußtsein des Allgemeinen, um das es bei all dem geht. Und je mehr wir uns, so aufgeklärt, in unsere eigene besondere Situation stellen, um sie in ihrer Widersprüchlichkeit zu bewältigen, um so mehr gelangen wir zu dem heute angemessenen besonderen Ausdruck dieses Allgemeinen.

Damit löst sich auch das Problem, an welche der vielen philosophischen Lehren wir uns zu halten hätten, wenn es uns um Gewinn an philosophischer Erkenntnis geht. Die Antwort kann nur lauten: an alle - oder vielmehr an alle jene, die etwas Allgemeines zu sagen haben, ohne nur allgemein daherzureden, weil sie das zu tun versuchen, was etwa auch *Sokrates* tat, als er Tag für Tag auf dem Markt seiner Vaterstadt Athen die Leute mit seinen Fragen belästigte.

HANS HELMUT ESSER

«Macht euch die Erde untertan!»

I. Ist die jüdisch-christliche Erdbemächtigungsformel eine Erdausbeutungs-Formel?

I

Unser Hauptthema ist Zitat. Wir finden es in der Kurzform «Macht sie euch untertan!» auf dem ersten Blatt der Bibel (Gen 1,28). Im Urtext besteht die Kurzform aus einem einzigen Wort, der Verbindung des Imperativs Plural mit dem angehängten Pronomen.

Aus diesem knappen Teilbefehl soll - so lautet der Vorverweis des Programms dieser Vorlesungsreihe - der christliche Theologe das Verständnis der Inbesitznahme der Erde als «Gottes Auftrag» und ebenso den **Aufweis der «moralischen Grenzen»** dieser Inbesitznahme entfalten. Es versteht sich von selbst, daß dazu in einem engeren wie weiteren Sinne **kontextuell** gearbeitet werden muß. Gefragt ist in dem genannten Programmhinweis nach dem göttlichen **Auftraggeber**, dem menschlichen **Auftragempfänger** und nach dem Inhalt des Auftrags.

Setzen wir bei der knappen Auftrags**formel** zum *Dominium terrae,* zur Herrschaft über die Erde, wieder ein: Diese Formel hat lange Zeit im Schatten einer irrtümlichen wortgeschichtlichen Theorie gestanden (die getragen war vom Vergleich der hebräischen Wortwurzel mit dem Spätarabischen)[1]. Danach meinte man, das hebräische Verbum KBS, welches die deutsche Bibel mit «untertan machen» übersetzt, deuten zu müssen als «den Fuß auf etwas setzen zum Zwecke der Herrschaft» (so noch heute die meisten Lexika und Kommentare). - In dieser Übersetzung fand die **Polemik** gegen die erdausbeuterische Tendenz der westlichen Zivilisation und deren Wurzeln im jüdisch-christlichen Denken einen starken Anhalt. So argumentiert die amerikanische Historikerin *Ly White*: «Unsere derzeitige Naturwissenschaft und unsere derzeitige Technik sind so sehr von einer orthodocen christlichen Arroganz gegenüber der Natur durchsetzt, daß von ihnen alleine keine Lösung unserer ökologischen Krise erwartet werden kann.»[2] Bekannter ist im deutschen Sprachraum die Fortführung dieser Pauschalthese durch *C. Amery*[3] geworden, der dem Christentum die ursächliche Alleinschuld an der Umweltkrise zumißt.

Geistesgeschichtlich unumstritten bleibt, daß spätestens mit dem Heraufziehen der Neuzeit durch die Philosophie *Francis Bacons* (1561-1626) der Impuls auf das europäische Denken und Verhalten ausgeht, ohne Berührungsscheu mit der Natur zu **experimentieren.** *Bacon* beruft sich dabei kräftig auf den 1,28 als Auftragsformel zur wissenschaftlichen und technischen Weltbemächtigung. Noch der Titel seines unvollendeten Hauptwerkes *«Magna instauratio imperii hominis in naturam»* erinnert an diese Formel[4]. - Die Begründung des Siegeszuges empirischer Wissenschaften durch den *Dominium-terrae*-Befehl als Ansporn und Legitimation war schon vorbereitet worden durch *Hugo v. St. Victor* im 12. und *Roger Bacon* im 13. Jahrhundert, die Frühprogramme **experimentellen Zugriffs** auf die Natur entwarfen.

Schon diese knappen Andeutungen zeigen, daß die erwähnte Polemik gegen die Wirkungsgeschichte der *Dominium-terrae*-Formel nicht ohne geschichtlichen Grund ist. Um so wichtiger wird uns die derzeitige **semantische Korrektur** dieser Formel, die sich, statt auf die wortgeschichtliche Herleitung zurückzugreifen, auf den synchronischen Vergleich im Bereich derselben alttestamentlichen Quelle stützt (P)[5]: Die Landnahme-Texte Num 32,22 und 29 und Josua 18,1 erschließen einen **nicht**-totalitären Sinn des Untertanmachens: Beim Fußfassen Israels im verheißenen Land wird der Boden in einen **abhängigen rechtlichen Status** versetzt, wie ein seinem Herrn gehöriger Sklave (vgl. Jer 34,11 u. 16; Neh 5,5). Das schließt die Ausbeutung des Bodens aus, ist er doch die Lebensgrundlage für die Volkwerdung. Er wird genutzt und bewirtschaftet. – Setzen wir für die Texte im ersten Schöpfungsbericht und die gerade genannten Landnahme-Texte die gleiche Autorengruppe voraus, von der wir wissen, daß sie sich generell einer gemünzten Begrifflichkeit bedient, dann ist auch für die sachgemäße Anwendung der *Dominium-terrae*-Formel zu denken an: Ackerbau, Haus- und Städtebau, aber auch an Bewässerung, Erzgewinnung usw. Es geht also darum, den **Erdboden bewohnbar und fruchtbar zu machen.**

II

Was bedeutet die *Dominium-terrae*-Formel an ihrem Entstehungsort, in ihrer Entstehungszeit?

Auch das Verständnis jenes Teilbefehls, welcher der Erdbemächtigungsformel folgt: «Herrscht über die Tiere!» hat in der neueren Interpretation eine Korrektur erfahren. **Früher** wurde dieser Befehl ebenfalls intensiv ausgelegt: «unter die Füße nehmen», «die Kelter treten» oder analog der Despotie eines orientalischen Großkönigs über Fremdvölker. Die **heutige** Auslegung tritt dafür ein – auch mit Verweis auf den zweiten Schöpfungsbericht in Gen 2 und die dortige Benennung der Tiere durch den Menschen –, das **Hegen und Leiten** der Tierklassen und -gattungen «nach ihren Arten» zu betonen und die **Beziehung des Hirten zu seiner Herde** als Analogie für die hier gemeinte Herrschaftsausübung heranzuziehen[6]. – Wie wenig die Tiere menschlicher Willkür freigegeben werden, zeigt sich in dem (an Gen 1,28) anschließenden Speisegebot: Dem Menschen wird in der Urzeit wie den Tieren nur vegetarische Nahrung zugewiesen. Das Herrschen über die Tiere schließt also nach der ursprünglichen Absicht des Schöpfers keineswegs eine Erlaubnis, eine Berechtigung zum Töten, Verspeisen oder gar Ausrotten der Tiere ein[7].

Zusammenfassend läßt sich feststellen: Der Mensch hat sich den Erdboden **so gefügig zu machen** (KBS), daß er zugleich die Lebensmöglichkeit für alle Tiergattungen, selbst Vögel und Fische, gewährleistet und fördert (RDH)[8]. Die gesamte Lebenswelt der Tiere ist der Fürsorge des Menschen unterstellt.

Die **Voraussetzung** für das *Dominium terrae* und seine geschichtliche Kontinuität liegt in der menschlichen **Fruchtbarkeit** und darin, daß die Menschheit durch Vermehrung die **Erde füllt** (Gen 1,28 b). Ein Urzusammenhang zwischen quantitativer und qualitativer Präsenz des Menschen wird hier aufgewiesen, der im Zeitalter einer **überfüllten** Erde ein ganzes Spannungsfeld ethischer Problematik eröffnet: Nur ein **begrenzter** Raum steht im kleinen wie im großen dem Menschen, der Menschheit zur Verfügung und ist mit den übrigen lebendigen Geschöpfen zu **teilen**. Der Mensch ist innerhalb dieses gemeinsamen Lebensraumes verantwortlich für das **Gleichgewicht der Kräfte** im Rahmen der allgemeinen, aber gestuften Abhängigkeit aller Geschöpfe voneinander. – Historische und aktuelle Polarisierungs-Effekte drängen sich auf: eine **zu niedrige Erdbevölkerungszahl**, weit über die Erde verstreut, erschwert und behindert den **Gemeinschaftsauftrag** des *Dominium terrae;* fehlende oder geringe Kommunikation, übermächtige, überraschende Bedrohung durch die Umwelt können daraus folgen. Ebenso führt **zu restriktiv geübte Fruchtbarkeitsreduktion** in Spätkulturen zu einer Kopflastigkeit der Alterspyramide. Das «soziale Netz» wird bis zum Zerreißen strapaziert. – Dagegen stößt

Überbevölkerung der Erde in Verbindung mit allen Maßnahmen eines extensiven und intensiven *Dominium terrae* bald an die «Grenzen des Wachstums»[9]: Die Erde entzieht sich der weiteren Ausbeutung ihrer Ressourcen (Sahel-Zone; Energieknappheit; Dritte-Welt-Hungersnot als Beispiele) durch **Verweigerung, Erschöpfung, Nicht-Regierbarkeit** der Lebensbedingungen. Die bewußten oder unbewußten Herrschaftseingriffe des Menschen mit dem Ziel der **Erhöhung** der menschlichen Lebensqualität bewirken gerade deren **Minderung** oder gar Verlust, weil sie den ausgewogenen Haushalt der Einheit der Schöpfung durch Ausrottung von Tier- und Pflanzenarten, durch Zerstörung des Lebensgefüges der Erde irreparabel schädigen.

Der erste Schöpfungsbericht, entstanden vor rund 2500 Jahren im Babylonischen Exil, gibt von seinem Erfahrungshintergrund und von seiner Aussageabsicht aus durchaus schon jene Interdependenz-Erwägungen her, im Positiven wie im Negativen, die wir gerade versucht haben. Er will universale Perspektiven in knappen katechetisch einprägbaren Formulierungen geben, hat er doch ein eindrucksvolles universales Weltbild vor sich, das babylonische, das es zugleich zu beschlagnahmen und zu entmythisieren gilt. Eine **protologische**, d. h. den Ursprung aller Wirklichkeit erhellende **Belehrung** kann ohnehin nur **universale** Tendenz haben. Die priesterlichen Schreiber dieser Lehrerzählung kennen durch geschichtliche Erfahrung und aufgrund von Offenbarungstradition sowohl die **Gefahren** von Bevölkerungsexplosionen im fruchtbaren Zweistromland an Euphrat und Tigris mit den Folgen des Umherirrens abgesprengter Randsiedler solcher Ballungsgebiete (Große Aramäische Wanderung) als auch den Ausdehnungsdruck der Großmächte in diesen Gebieten. Sie wissen ihr eigenes kleines Land und Volk als Opfer dieses Druckes auf die Landbrücke zwischen Asien und Afrika. Sie erleben nicht nur die **Wohlstand** schaffenden Folgen einer geordneten Wasserwirtschaft im Zweistromland, sie wissen ebenso um die totale **Bedrohung** durch Überschwemmungskatastrophen. Wasser erscheint ihnen als auszugrenzendes lebensbedrohendes Element, solange sie im Zweistromland leben. Aber als Angehörige eines ursprünglichen Halbnomadenvolkes sind ihnen in gleicher Weise die Gefahren der Wüste, der Steppe, einer dünnbesiedelten Landschaft bekannt, die nicht bebaut und wenig bewohnt ist. Sie wissen um verpflichtendes **Brunnenrecht,** um verantwortliches Umgehen mit **kargen Wasservorkommen,** auch in Fürsorge für das Vieh, sogar das Vieh der anderen «hinter dem Horizont». Was sie uns mit hohem Anspruch überliefern in universalistischer Absicht - wenn auch nach unserm historischen Urteil aus partikularer und regionaler Erfahrung stammend -, hat bleibende **existentielle Qualität,** sogar abseits des hohen Anspruchs, den die überliefernde jüdische und christliche Glaubensgemeinschaft damit verbindet.

III

Wie ist die Erdbemächtigungs-Formel von ihrem weiteren Kontext her zu verstehen, vor allem innerhalb der Lehre von der **Gottebenbildlichkeit** des Menschen?

Wir haben bisher die Einzelaufträge an den Menschen im Zusammenhang des Herrschaftsauftrages als **Teilbefehle** behandelt und sie damit einem bloß normativen, gesetzlichen Mißverständnis ausgeliefert. Wichtig ist ihre Einbindung in den **Segen Gottes** («Gott segnete sie und sprach») (Gen 1,28 a). **Der Segen bringt und ermöglicht das Gebotene.** Segen ist das Wirken der Kraft Gottes in den menschlichen Alltag hinein. Der Schöpfungssegen umfaßt alle Menschen. Sie alle haben an den Gaben des Segens teil in ihrer leiblichen Existenz, in der sozialen Aufrechterhaltung der Gemeinschaft und im Weiterleben von einer Generation zur nächsten. - Die Landtiere, die im Unterschied zu den Fischen und Vögeln keinen besonderen Segen empfangen (vgl. Gen 1,22 und Gen 1,25), sind **vermittels des Menschen** an den Segen

Gottes angeschlossen, was sowohl die besondere Nähe **zwischen** Mensch und Landtieren wie auch die besondere Verantwortung des Menschen **für** die Tiere unterstreicht. - Der Segen wird **worthaft** gegeben. Er erweist dadurch die herausragende **Mittlerrolle des Menschen** als des auf das **Wort Gottes angewiesenen Geschöpfes im Hören** und im **Gehorchen** als Entsprechen. Der Segen verwirklicht sich - obwohl zu geschichtlichen Daten erteilt und erneuert (vgl. Gen 1,28 mit Gen 9,1 ff) - als **stetiges Handeln** Gottes «in einem allmählichen Prozeß, wie dem des Wachsens, Reifens und Abnehmens»[10]

Werfen wir einen **Seitenblick** auf den fünfhundert Jahre älteren **zweiten Schöpfungsbericht**[11]. Der zweite Schöpfungsbericht bestätigt auf seine Weise den Doppelbezug des Menschen zum Boden einerseits, zu den Tieren andererseits. Die durch den besonderen Sprachodem (N SAMA) gegebene Gottesbeziehung hebt den Menschen aus seiner Umwelt heraus. Doch stärker noch als im ersten Kapitel wird die Erdhaftigkeit menschlichen Daseins betont. Der Mensch als **Adam** ist eng mit dem Boden, der ADAMA, verbunden. Von ihm genommen und zu ihm zurückkehrend, erhält Adam sein Leben durch dessen Kräfte (Gen 2,7; 3,17-19). Die menschliche Hauptaufgabe besteht darin, den Boden zu bearbeiten (2,6; 3,23), was hebräisch so ausgedrückt wird, daß Adam der Adama «zu dienen» hat («ABD» wie für die Tätigkeit eines Knechtes, aber auch für gottesdienstliches Verhalten). Solcher Dienst geschieht gerade nicht dort, wo auf Eingriffe in die Natur verzichtet wird, sondern durch Roden, Pflügen, Säen, Ernten, also eine **umgestaltende Bearbeitung der Erde**. Durch solches Tun wird die Erde erst ihrer eigentlichen Bestimmung zugeführt.

Wieder erhält die Tierwelt einen völlig anderen Rang. Zwar stellt keine der Tierklassen ein angemessenes hilfreiches Gegenüber, einen gleichberechtigten Partner für den Menschen dar (Gen 2, 18-20), doch Adam benennt in einem göttlichen Auftrag die Tiere und ordnet sie damit seinem Lebenskreis ein. Eine solche «Benamung» führt die göttliche Schöpfung durch eine gesellschaftliche Eingliederung fort und richtet eine gewisse Herrschaft des Menschen über die Tiere - auch und gerade über die **nicht** gezähmten! - auf. Zugleich eröffnet sie die Möglichkeit einer gewissen Kommunikation, erkennt **das Tier als lebendige «Seele»** an, wie es der Mensch auch ist (Gen 2,7,18 ff.). Die Namen für die Tierarten sind **Ruf**namen und prinzipiell von einer begrifflichen Benennung, wie sie etwa Stein, Wasser und Luft zuteil wird, abgehoben.

Die eingangs gestellte Frage nach dem Auftrag**geber** und dem Auftrag**empfänger** des *Dominium terrae* beantwortet konzentriert die **Lehre von der Gottebenbildlichkeit des Menschen,** wie sie der **erste Schöpfungsbericht** bringt. Wir können diese Lehre hier nicht im einzelnen entfalten, sondern nur thesenartig zusammenfassen[12].

Das Bild-Gottes-Sein des Menschen ist «der anerschaffene Herrscheradel» des Menschen[13]. Das läßt sich auch am rein grammatikalischen Bestand des Hymnus verdeutlichen: Die **Einheit** des Menschen als Typos liegt in dem Abbildsein: «Gott schuf **den** Menschen **ihm** zum Bilde, als Bild Gottes schuf er **ihn**» (Gen 1,27). Hier steht jeweils der **Singular.** Die innere **Differenzierung** dieser Einheit liegt in dem Mann- und Frau-Sein: «männlich und weiblich schuf er sie». Hier steht der **Plural.**

Das **Wozu** der Gottebenbildlichkeit macht das Schwergewicht der Aussage aus (2 mal)[14]. Es verwirklicht sich in der Einheit des Typos als Abbild. Die Differenzierung tritt dahinter zurück. Sie ist von der Einheit umschlossen.

Gott		Gott	
	Einheit		Differen-
Mensch	Analogie	Bild	zierung
	der		
übrige	Beziehung	Ähnlichkeit	
Schöpfung			
		männlich-	
		weiblich	

Der Mensch als Bild Gottes soll eine Manifestation Gottes gegenüber der von ihm zu beherrschenden irdischen Welt sein. Er kommt schon auf Grund seiner physischen Ebenbildlichkeit in den Genuß der Kraft, die Götterbildern allgemein eignet; oder: «Auf allem, was Bild heißt, liegt eine Intention, von der her alleine es in seinem Bildsein verstanden werden kann»[15]. Doch die **Macht** des Bildes ist dem Menschen aus freier Gnade übertragen, nämlich durch den **Segen** Gottes (s.o.) (V.28).

Die Fruchtbarkeit des Menschen steht im **Dienst** des Herrschaftsauftrages; denn auf ihn zielt die Fruchtbarkeit hin.

Wir fassen zusammen: Die *Imago-dei*-Aussage ist in erster Linie eine **Bestimmungsaussage**. Der Mensch ist als Geschöpf Gottes bestimmt zum Mandatar und Platzhalter Gottes gegenüber aller nichtmenschlichen Schöpfung. Der Auftrag an den Menschen schließt den Auftrag der Weltbemächtigung ein. Der Mensch ist hier, was er sonst nie ausschließlich sein sollte, Träger einer **Funktion**.

Die *Imago-dei*-Aussage ist nicht zu verstehen als ontologische, habitus-, Substanz- oder Qualitätsaussage; sie ist zu verstehen als **Zusage** an den Menschen, der im bejahenden Vollzug unter dem Segen entsprochen werden soll. Der Mensch kann sie verwirken, vertun, so sehr von Gott aus gesehen die Gabe der *Imago dei* «unverlierbar» ist, die Bestimmung erhalten bleibt. Die Kontinuität der *Imago dei* liegt in der Treue Gottes. Die Gottebenbildlichkeit abseits von der treuen, segnenden Anrede Gottes anderswo zu verdinglichen, hieße des Segens Gottes entraten wollen, auch bei bester anthropologischer und ethischer Absicht. Der Mensch kann abseits vom Hängen am Munde seines Auftraggebers nie von seiner Gottebenbildlichkeit wissen und sie, auf sich gestellt, immer nur verwirken. (Hier liegt der bleibende Beitrag der Reformatoren zur *Imago-dei*-Lehre; das erkannt zu haben, ist ihr theologisches Verdienst.)

In aller *Imago-dei*-Lehre wird es darauf ankommen, sich stets des Erkenntnisgrundes, des Stehens im Glauben, des Bleibens im Bunde mit Gott, bewußt zu sein. Vom Stehen im Bunde aus kann und muß für alle Menschen die Gottebenbildlichkeit geglaubt, für die Anrede an sie und für ihr Tun erhofft und erbeten werden. Eine hamartiozentrische Theologie, mit der Sünde und dem Sündenpessimismus im Mittelpunkt, ist damit ausdrücklich ausgeschlossen.

IV

Welche Impulse gehen von der *Imago-dei*-Lehre aus für die Binnenorientierung des Judentums und der Kirche und für die Orientierung, die beide Glaubensgemeinschaften nach außen hin anzubieten haben? Die geglaubte und gelebte *Imago-dei*-Wirklichkeit leitet Juden und Christen an, in jedem Menschen das Abbild Gottes zu sehen: In dem der anderen Rasse, im Geisteskranken ebenso wie im Verbrecher, im Sterbenden wie im Feind (Mt 25). Rassendiskriminierung und Menschenverachtung jeder Art sind dadurch eindeutig verboten.

Die Geschlechtlichkeit des Menschen, auch das gehört zum Schöpfungsglauben, ist "kein Erdenrest zu tragen peinlich", wie Goethe einmal gesagt hat. Die Geschlechtlichkeit des Menschen ist der höchsten Zusage an den Menschen eingeordnet, und sie ist seiner Platzhalterschaft in der Herrschaft über die Erde fruchtbar dienstbar gemacht. Sie ist Verschiedenheit in der **Einheit** des Bildseins, die beide, Mann und Frau, umschließt. - Auch die negative Abgrenzung gehört dazu: Die Geschlechtlichkeit in einer Apotheose, in einer Vergötzung zu verklären, widerspricht dem biblischen Zeugnis.

Die Vergleichbarkeit der Beziehung, in der sich Gottebenbildlichkeit ereignet und in der sie zugesagt ist, ist eine **Vertikale: Wie** Gott seinem Abbild beherrschend, ordnend und anordnend gegenübertritt, **so** tritt der Mensch, wenn er in diesem Verhältnis bleibt, also wenn er mit Gott in Ordnung ist, der übrigen Schöpfung gegenüber.

Praktizierte Gottebenbildlichkeit des Menschen wird heute den Menschen in seiner unerhörten Machtanhäufung darauf anzureden haben, **von wem** er Auftrag und Voraussetzung zu seinem Tun hat und **wessen Segen** er bedarf, wem er deshalb **Verantwortung** schuldet, soll er nicht das Chaos heraufführen.

V

Wie ist zwischen dem ursprünglichen Sinn des Weltbemächtigungsauftrags und seinem aktuellen Wahrheitsgehalt zu unterscheiden?

Seiner Bestimmung zu schöpfungsgemäßer Welterhaltung und -gestaltung weicht der Mensch seit Uranfang aus und verdirbt dadurch nicht nur das eigene Dasein, sondern die Erde überhaupt[16] Das erste Buch der Bibel setzt voraus, daß der Mensch zwar um seine Bestimmung weiß, ihr aber aus selbstzerstörerischer Eigensüchtigkeit ausweicht. Die ersten Sünden, von denen berichtet wird, der Genuß verbotener Frucht im Garten Eden und die Befleckung der Erde durch den Brudermord Kains, sind nicht nur Vergehen gegen den Willen des Schöpfers, sondern auch Mißbrauch der außermenschlichen Schöpfung. Als **Protagonisten zivilisatorischer Errungenschaften** in der Anfangszeit gelten bezeichnenderweise die **Kainiten**, die Gruppe jenes Mannes, der als exemplarischer «Diener des Bodens» **beginnt** und unstet und flüchtig **endet**, weil ihm eben dieser Boden seine Kraft versagt, der aber dann mit dem Städtebau beginnt wie mit der Metallbearbeitung (Gen 4,12.17.22). Der dämonische Zug menschlicher Technik, den später die Apokalyptik artikulieren wird, wo die Gewaltsamkeit im Umgang mit der außermenschlichen Schöpfung mit der Gewalt gegen **Menschen** parallel gesehen wird, deutet sich hier schon an. Der autonome Mißbrauch technischer Macht kulminiert in der Turmbaugeschichte (Gen 11); Gott stößt den hybriden Versuch, sich kollektiv zu ihm emporzuarbeiten, in die Sprachverwirrung zurück. Eindringlich symbolisiert die vorausgehende Sintflutgeschichte die Abirrung vom göttlichen Auftrag. Sie beginnt mit der Feststellung, daß alles Fleisch -Mensch ebenso wie Tier - seinen je eigenen Weg und damit **die Erde insgesamt** verderbt, mit Gewalt und Unheil (hamas, der hebräische Ausdruck begreift die Tatfolgen ein) erfüllt hatte, so daß Gott seinerseits die Konsequenzen ziehen muß und das Verderben zu Ende führt (Gen 6,11 ff.).

Der Mensch **hat demnach seine Leitungsfunktionen** nicht wirklich wahrgenommen und die Tiere dadurch zum Raubbau verführt. Als «zeitliche Notmaßnahme» konzipiert Gott in Abänderung des Schöpfungssegens von Gen 1 deshalb eine Distanzierung von Mensch und Tier und eine Übermacht des ersteren:

«Furcht und Schrecken vor euch sei über allen Tieren auf Erden und über allen Vögeln unter dem Himmel, über allem, was auf dem Erdboden wimmelt, und über alle Fische im Meer; in eure Hände seien sie gegeben. Alles was sich regt und lebt, das sei eure Speise.» (Gen 9,2 ff.).

Das Verhältnis Mensch - Tier wird nunmehr in einer Weise geordnet, die über den Bezug zwischen Hirte und Herde hinausgeht und Entfremdung und Angst einschließt. Das Vertrauensverhältnis und die Lebensgemeinschaft sind hinfort gestört. Damit der Mensch bestehen bleiben kann angesichts einer von ihm selbst heraufgeführten Wirrsal, wird ihm ein Verfügungsrecht zugestanden, das über die ursprüngliche Absicht des Schöpfers hinausgeht.

Trotz der Kluft, die sich zwischen Menschheit und Tierwelt aufgetan hat, bleibt die Solidarität des Animalischen vor Gott bestehen und sichert Mensch wie Tier einen je eigenen Bezug zum Schöpfer. Die von Gott gesetzte Erhaltungsordnung nach der Sintflut schränkt das hinfort mögliche Nutzen, Ausbeuten und Töten tierischer Wesen durch den Menschen durch eine gewichtige rituelle Kautel ein: «Allein esset das Fleisch nicht mit seinem Blut, in dem sein Leben ist!» (Gen 9,4). Weit mehr als ein archaisches Relikt gilt dem alttestamentlichen Menschen das Bluttabu als das **Zeichen eines letzten Respektes** vor der Verfügungsgewalt Gottes über tierisches Dasein. Deshalb tut sich später die neutestamentliche Urgemeinde schwer, dieses Gebot mit den rituellen und zeremoniellen Gesetzen des Alten Testamentes zugleich abzutun (Apg 15).

Der Begriff der Lebenskraft, meist «Seele» übersetzt (hebr. näfäsch, griech. psyché), spielt in der Bibel eine große Rolle und schließt menschliches wie tierisches Dasein unter einen Oberbegriff zusammen. Grundsätzlich ist dadurch das Tier mehr als eine Sache. Wenn Gott als «Quelle des Lebens» bezeichnet wird, so hat das der Hebräer wohl konkret auf jedes Lebewesen bezogen; dem Tier eignet eine eigene Gottesrelation. Auch Tiere empfangen Gottes Segenszusage (s.o.). Wenn junge Löwen nach Raub brüllen, dann äußern sie auf diese Weise ihr Gebet (Ps 104,21). Obwohl dem Tier keine eigentliche Sprachfähigkeit und volle Personhaftigkeit zukommt, besitzt es doch ein gewisses Eigenrecht, das der Mensch zu respektieren hat. Der noahitische Bund wird ausdrücklich nicht nur mit der gesamten Menschheit, sondern mit der Gesamtheit «von Leben des Lebendigen» aufgerichtet (Gen 9,10-17). Daraus ergibt sich selbstverständlich, daß das Verhältnis des Menschen zum Tier unter sittlichen Forderungen steht: «Der Gerechte erbarmt sich seines Viehs, aber das Herz des Gottlosen ist grausam» (Ps 12,10).

Gerecht ist nach dem Alten Testament, wer sich gemeinschaftsgemäß verhält; zwischen dem Eigentümer und seinem Tier waltet also ein Gemeinschaftsbezug, dessen Sinn über die bloße Verwertbarkeit und Nützlichkeit der Tiere und ihrer Leistung hinausgeht. Tierquälerei ist für die biblischen Autoren zwar kein juristisches, wohl aber ein religiöses Vergehen.

Wo liegt der aktuelle Wahrheitsgehalt der Solidargemeinschaft des Geschaffenen trotz der evidenten Störungen dieser Gemeinschaft?

Unser so hochspezialisierter Umgang, unser sachgemäßer Umgang mit den Sachen muß es wieder lernen, im Gesamt-Zusammenhang der Geschöpflichkeit zu denken auf Zukunft hin und von daher auch nach der **Grund**bestimmung unseres Handelns zurückzufragen. Ganz praktisch: Wie wirkt sich das, was ich hier und jetzt an Eingriffen in die Schöpfung übe, im Allerkleinsten - im Blick auf die Zelle -, im Allergrößten - im Blick auf den Weltraum - und in meiner direkten Umgebung (= Umwelt) aus? Wie wirkt sich das, was ich produziere, auf den Zusammenhang des Geschaffenen und durch diesen Zusammenhang wieder auf mich aus und damit auch auf die Menschheit überhaupt? Das ist die **Grund**frage, die zu stellen wir uns in unserem Ethos jeden

Augenblick neu angewöhnen müssen. «Die persönliche Lebenserfahrung des einzelnen, insbesondere auch die sittliche Erfahrung von Schuld und Vergabeung, darf nicht isoliert werden, sondern wir müssen sie in dem weiten Zusammenhang der Erfahrung von Wirklichkeit überhaupt sehen, an der wir als Menschen unseres Jahrhunderts teilhaben.»[17]

VI

Was bedeutet das angesichts der universalen Gefährdung der Schöpfung durch die Interdependenz von rapidem Wachstum der Erdbevölkerung, Nahrungsmittelknappheit in vielen Teilen der Erde, Energiekrise und Erschöpfung sowie Bedrohung der Lebensgrundlagen? Wir haben hier nur die Spitzen des Eisbergs genannt, mit dem das Schiff der Menschheit auf Kollisionskurs geht oder zu gehen scheint[18].

Die Menschheit hat akut nachzudenken über eine «Ethik der Selbstbegrenzung». Die Ethik der Selbstbegrenzung stellt sich der Antinomie, mit der Freiheit instrumenteller Beherrschung der Erde begabt zu sein, aber zugleich eine «Grenze des Lebens» wahren zu sollen; diese Grenze in Taten begehrender Experimentierlust zu überschreiten - für die Folgen dieser Freiheit aber nicht aufkommen zu können. Die Grundforderungen sind einfach: Die erkannten Gefährdungen abbauen, sie auf das Äußerste verringern, sie für zukünftige Planungen vermeiden. Die Mitwirkung von Naturwissenschaft und Technik wird bei der Wiedergewinnung einer besseren Gesamtlebensqualität auf dieser Erde genauso unerläßlich sein, wie ihre unbedachte Verwendung aus Gründen bloßer Machbarkeit und Wünschbarkeit die heutige Krisensituation mit heraufführte. Die umfassende Dienstleistung, die der Menschheit abseits von Kollektivegoismen abverlangt ist, wurde in der Studie «Global 2000» nach räumlicher und zeitlicher Anstrengung charakterisiert. Benötigt wird der dankbare Dienst am Leben aus Ehrfurcht vor dem Leben in seinem kreatürlichen Gesamtzusammenhang.

VII

Welche ethischen Wertungen und Abwägungen resultieren aus dem jüdisch-christlichen Schöpfungsglauben für das naturwissenschaftlich-technische Zeitalter?

Der biblische Schöpfungsglaube lebt aus der **Gelassenheit,** daß Gott die Schöpfung nicht definitiv der menschlichen Zerstörung überläßt, sondern ihre Erhaltung und Lenkung **gewährleistet.** Aus solcher dankbaren, geduldigen und hoffnungsvollen Gelassenheit wagen Juden und Christen die Entfaltung des Schöpfungsglaubens in **alle ethischen Dimensionen hinein,** auch mit Hilfe einer in Dienst genommenen Vernunft, welche die ökologischen Probleme **ortet, begrenzt** und **ihre Lösung** angeht. Sie entfalten **gegen den Augenscheine eine hoffnungsvolle Zukunftserwartung** inmitten apokalyptischer Umstände. Insgesamt fragen sie unter Aufbietung aller Möglichkeiten ihres Zeitalters nach **dem Tun des Guten im gleichzeitigen Hören auf Gottes ihnen angesagten Willen.** Sie fallen **weder** zurück in eine **Vergottung der Natur,** noch etwarten sie die Behebung der Krise aus einer **harmonischen Wiedereinstimmung in ein allgemein einsichtiges «Urgeschehen».** Ihre ethischen Wertungen und Abwägungen sind von der Überlegung getragen, was dem Überleben der Welt dient, solange Gott diese Welt gütig erhält. Sie sind frei, zu lernen, daß die Einheit der Schöpfungswirklichkeit nicht der Sachwelt zuzuordnen ist - und sie mit ihr nicht selbstgeschaffenen Sachzwängen der von Menschen geschaffenen Zwischenwelt rettungslos ausgeliefert sind, samt der verplanten und verrechneten Zukunft[19].

VIII

Inwiefern bestimmt das Christus-Geschehen den Schöpfungsglauben als Ausdruck gewährter Freiheit und ermöglichter, zu verantwortender Hoffnung?[20]

In Jesus Christus begegnet der Menschheit mehr als die Bestimmung des Menschen zum Ebenbilde Gottes. In ihm begegnet das Ebenbild Gottes selbst. Hier sind Bild und Identität keine Verschiedenheiten mehr, hier sind sie eins. Damit ist auch eine Ausschließlichkeit für die jetzige Weltzeit gesetzt: Nur in ihm sind sie eins (2. Kor 4,4 ff.; Kol 1,15).

Diese Ebenbildlichkeit **Christi** steht im Dienste der Offenbarung, der Selbsterschließung Gottes, nun gegenüber den Menschen so, wie die urtümliche Imago dei des Menschen im Dienste der Selbsterschließung Gottes gegenüber der nicht-menschlichen übrigen Schöpfung stand.

Darin liegt unmittelbar die Voraussetzung, daß die Schöpfung ohne diese Zuwendung Gottes in Christus im Dunkeln liegt, Finsternis ist (2. Kor 4,4), also auch die *Imago-dei*-Bestimmung des Menschen eine nicht realisierte bliebe. (Wir stellen hier im Vorübergehen fest, wie sehr sich paulinische und johanneische Theologie auch an diesem Punkte gleichen; vgl. Kol 1,15 und 2. Kor 4,4 ff. mit Joh 1!)

Die Vorzeitlichkeit und die Schöpfungsmittlerschaft dieses einen Ebenbildes - also sein **unendlicher qualitativer Unterschied** zur ersten *imago dei* - bekunden seine gänzliche Überlegenheit und Freiheit gegenüber der Schöpfung. Sie geht jedoch nicht, wie heutige Anti-Theisten meinen, auf Kosten seiner Solidarität mit den Menschen, sie steht vielmehr an **ihrer Basis** und kommt ihr **zugute**. Darum der Jubel, der Hymnusstil (hier wieder!) beim Bezeugen der Anteilhabe am Glanze dieses Ebenbildes!

Trotz allem liegt hier keine satte *Theologia triumphalis* vor. Die Weise, in der diese Teilhabe wahr ist, ereignet sich in der Ansage und Annahme der neuen Nachricht, des Evangeliums, und in der Selbstbezeugung des **Erhöhten** inmitten menschlicher **Niedrigkeit**. Aber diese Wahrheit geschieht täglich und tatsächlich.

In der Christus-Gemeinschaft in Wort und Sakrament, Glauben und Gehorsam ist die neue Schöpfung schon angebrochen, deren Garant Christus als der Erstgeborene von den Toten ist.

Für ihr angemessenes Leben in der alten Schöpfung wie für ihre jetzige und zukünftige Zugehörigkeit zur neuen Schöpfung sind alle Menschen auf **das eine Ebenbild Gottes angewiesen**.

Dem Christenleben ist dadurch eine irreversible Grundrichtung gegeben, die bestimmt wird durch **progressive Erneuerung**: Der alte Mensch ist abgelegt, der neue ist angezogen; er wird erneuert zur Gottes- und Wahrheitserkenntnis, die sich im neuen Ethos verwirklicht, aber erst futurisch-eschatologisch ans Ziel kommt.

Die gegenwärtige und zukünftige Bestimmung des Glaubenden faßt das NT (R 8,29) unter die **Zielangabe: Gleichgestaltetwerden dem Ebenbild Christi**. Sie beruht - wie die Ebenbildlichkeit Jesu Christi - **nicht auf geschichtlicher Zufälligkeit,** sondern ist begründet in der nicht in Frage stehenden Erwählung von seiten Gottes. Prädestination erscheint hier, wie biblisch allein intendiert, als höchster Ausdruck der Gewißheit desGlaubens. Auch darin ein Rückverweis auf die Gewährleistung der Imago dei in der Treue Gottes!

Die neutestamentliche Christusbotschaft greift die alttestamentlichen Aussagen über die Gemeinschaft des Menschen mit dem Lebendigen überhaupt auf und gibt ihnen eine eschatologische Zielsetzung[21].

Auf dem Hintergrund alttestamentlicher Prophetien vom endzeitlichen Tierfrieden (Jesaja 11, 1-9; 65,25) bringt die allgeschöpfliche Erwartung am klarsten der Römerbrief 8, 19-22 zum Ausdruck:

«**Die ganze Schöpfung wartet sehnsüchtig darauf, daß die Kinder Gottes offenbar werden. Die Schöpfung ist ja der Vergänglichkeit unterworfen - nicht nach ihrem eigenen Willen, sondern durch den, der sie unterworfen hat, - jedoch auf Hoffnung; denn auch die Schöpfung wird frei werden von der Knechtschaft der Vergänglichkeit zur herrlichen Freiheit der Kinder Gottes. Denn wir wissen, daß die ganze Schöpfung bis zu diesem Augenblick gemeinsam seufzt und in Wehen liegt.**»

Wie hier die Gegenwart des Menschen kritisch gesehen wird, so auch seine Umwelt. Aus der Tiefe des Weltalls vernimmt der Apostel unermeßliches Stöhnen. Doch das Ziel der Wege Gottes wird nicht nur die Erneuerung der Menschheit sein, sondern auch der übrigen Schöpfung. Unter Rückgriff auf die alttestamentliche Überlieferung wird die Rückverwandlung des gestörten Mensch-Tier-Verhältnisses (Gen 9,2) in das ursprünglich gewollte Gemeinschaftsverhältnis (Gen 1,28) vorausgesagt. Auch bei solchem eschatologischen Heil bleibt die übrige Schöpfung den Menschen zugeordnet. Ihre Befreiung von ihrer Knechtschaft gehört mit zur herrlichen Freiheit der Kinder Gottes; sind diese zur wahren Freiheit gelangt, wird sich das Verhältnis zur Umwelt notwendig «normalisieren» und aus den zwanghaften Verhältnissen der Zeit herausführen. - Christliches Handeln hat sich nicht der Illusion hinzugeben, ein solches eschatologisches Endziel sei heute und hier zu erreichen. Aber es hat sich an jenem Fernziel zu orientieren und deshalb soviel «Freiheit» wie möglich der nichtmenschlichen Schöpfung zu eröffnen.

Die Christusbeziehung im wortgewirkten Urvertrauen bewährt sich in der **Nachfolge** auch im gestaltenden und sich selbstbegrenzenden Gehorsam der Steuerung von Natur und Kultur. Darin ist der Mensch Mandatar Gottes in der Schöpfung und darf auch im technischen Zeitalter wagen, es zu bleiben[22]

Anmerkungen

*   Überarbeiteter Vortrag aus dem Studium generale der Westfälischen Wilhelms-Universität Münster WS 1982/83 (16.12.82), jetzt in: Schriftenreihe der WWU Münster, Heft 8, Der Mensch nimmt die Erde in Besitz, 1984, S. 81-94. - Die Arbeit setzt den langjährigen Dialog mit dem Jubilar über Grundlagen der Anthropologie während unserer gemeinsamen Berliner Zeit fort. - Für die exegetische und systematisch-theologische Argumentation griff der Vortrag zurück auf **zwei Vorarbeiten** aus der Gemeinsamen Kommission der Deutschen Bischofskonferenz und des Rates der Evangelischen Kirche in Deutschland zur Denkschrift: «Verantwortung wahrnehmen für die Schöpfung» (Gütersloh 1985). - Die gen. Vorarbeiten wurden zusammengefaßt in: 1. *K. Koch:* Gestaltet die Erde, doch heget das Leben! Einige Klarstellungen zum *dominium terrae* in Genesis 1, in: «Wenn nicht jetzt, wann dann?», FS *H.-J. Kraus* zum 65. Geburtstag, Neukirchen 1983, S. 23-36; (vgl. ders., The OT. View of Nature, Anticipation 25,1979, S. 47-52). - 2. *H.H. Esser:* Der Mensch - Bild Gottes. Eine Grundformel jüdisch-christlicher Anthropologie, in: Kirchlicher Dienst und Theologische Ausbildung, FS für Präses Dr. *Heinrich Reiss,* Bielefeld 1985, S. 78-90.

1   Vgl. *Koch, K.:* a.a.O., S. 23-31.

2   *White, L.:* Die historischen Ursachen unserer ökologischen Krise, deutsche Übersetzung in: *Lochmann, M.* (Hg.), Gefährdete Zukunft, Prognosen anglo-amerikanischer Wissenschaftler, 1970, S. 28 f.

3   *Amery, C.:* Das Ende der Vorsehung. Die gnadenlosen Folgen des Christentums.

4   Vgl. *Koch, K.:* a.a.O., S. 23.
5   P = Priesterschrift. Zur Entstehungszeit s.u. S. 55, Abs. 3.
6   Vgl. *Koch, K.:* a.a.O., S. 30.
7   Vgl. *Koch, K.:* a.a.O., S. 31 f.
8   Vgl. ebd.
9   Vgl. den gleichnamigen Bericht des Club of Rome, 1972.
10 S. insgesamt *Westermann, C.:* Theologie des Alten Testaments in Grundzügen, 1978, S. 88.
11 Vgl. *Koch, K.:* a.a.O., S. 36, Anm. 34.
12 Zum folgenden vgl. *Esser, H.H.:* a.a.O., S. 80-83; 86 f.
13 *Jacob, B.:* Das erste Buch der Tora, Genesis, 1934, S. 59.
14 *Calvin* zur Stelle: «Der Verfasser freut sich, die Tatsache berichten zu dürfen, und so berichtet er sie zweimal.» Gen 1,26 u. 28; vgl. auch Ps 8.
15 *Schumann, F.K.:* Imago dei, Festschrift f. *G. Krüger,* 1932, S. 176.
16 Im folgenden n. *Koch, K.:* a.a.O., S. 35 f.
17 *Pannenberg, W.:* Das Glaubensbekenntnis, 1974, S. 43.
18 Vgl. *Birch, CH.:* Schöpfung, Technik und Überleben der Menschheit: ... und füllet die Erde; in: *H. Krüger* (Hg), Jesus Christus befreit und eint, Beiheft Ökumenische Rundschau Nr. 30, 1976, S. 95-111.
19 Vgl. *Steck, O.H.:* Zwanzig Thesen als alttestamentlicher Beitrag zum Thema: «Die jüdisch-christliche Lehre von der Schöpfung in Beziehung zu Wissenschaft und Technik», in: Kerygma und Dogma 1977, S. 299; dort auch weitere Lit. zum Thema; ferner *Steck, O.H.:* Welt und Umwelt (Kohlhammer Taschenbücher. Biblische Konfrontationen, Bd. 1006), 1978; Sekretariat der Deutschen Bischofskonferenz (Hg.), Zukunft der Schöpfung - Zukunft der Menschheit, Erklärung der Deutschen Bischofskonferenz zu Fragen der Umwelt und der Energieversorgung, 1980.
20 Vgl. z. folgendem *Esser, H.H.:* a.a.O., S. 87-89.
21 Vgl. *Koch, K.:* a.a.O., S. 35 f.
22 Vgl. *Esser, H.H.:* a.a.O., S. 90.

GEORG GROTH

Erziehung zum homo faber

1. Erziehung in einer multikulturellen Gesellschaft

Das Spannungsverhältnis von Philosophie, Erziehungswissenschaft und Gesellschaft ist in letzter Zeit wieder zum Problem in der Öffentlichkeit geworden. Dies hängt einmal mit der deutschen Wiedervereinigung zusammen, weil diese nicht nur in Deutschland, sondern weltweit als Triumpf des marktwirtschaftlich-kapitalistischen Systems über den Sozialismus interpretiert wurde, zum anderen ist der Wertewandel und die Ethik in den Sozialwissenschaften ein beherrschendes Thema geworden, wie nicht nur die Gründung der Zeitschrift "Ethik und Sozialwissenschaften" beweist. Die Frage nach den Leitbildern und nach den Werten in der Erziehung wird noch breiter gestellt werden, wenn nach der europäischen Einigung unterschiedliche Bildungssysteme im Wettbewerb sind und Minderheiten verstärkt die Berücksichtigung ihrer Werte und Traditionen fordern.

Das deutsche Schulwesen hat sich dem zu erwartenden Konflikt bisher durch die Öffnung bei den wissenschaftlichen Lehrmeinungen und Differenzierung in Schullaufbahnen und Fächern entzogen. Dieses Pluralismus-Konzept machte formal zunächst die Eltern und dann den Schüler zu Entscheidungsträgern, die mit dem individuellen Curriculum auch über die eigenen gesellschaftlichen Wertmaßstäbe und damit über die Entwicklung der Gesellschaft zu entscheiden haben. Prinzipiell kann sogar antiautoritäre, also die Nicht-Erziehung der Erwachsenen, als Konzept toleriert werden; einige Kinderläden und Privatschulen können als Beleg für diese These gelten. Damit sind die Erzieher jedoch nicht der Verantwortung ledig, die *Platon* und *Schleiermacher* schon am Beispiel des *Sokrates* diskutiert haben (Verteidigung des *Sokrates*), aber gleichzeitig verkommt die schulische Erziehung zur Dienstleistung wie Fensterputzen oder der Fahrschule. Gerade die Diskussion um die multikulturelle Gesellschaft zeigt außerdem, daß selbst diese extreme Pluralismus-Position nicht haltbar ist, weil der Rückzug auf gemeinsame formale Grundwerte nicht mehr möglich ist. Die Zuwanderer aus der dritten Welt und dem islamischen Raum machen ihr Recht auf Selbstbestimmung geltend, obgleich sie gleichzeitig den Konsens durch demokratische Streitkultur ablehnen. Die Asyldebatte und die Ausländerfeindlichkeit sind hierzu das dialektische Gegenstück.

Damit ist die Grundlage aufgekündigt, die überkonfessionell und interkulturell demokratisches Denken geprägt hat und die philosophisch durch die Aufklärung und den *Kant*schen Imperativ bestimmt ist. An die Stelle der rationalen Übereinkunft ist der Markt als wirtschaftlicher Ausgleich der Interessen getreten. Nicht nationale Interessen oder moralische Werte prägen das Zusammenleben, sondern die europäische Wirtschaftsgemeinschaft und die Mark. Bildung wird zur individuellen Beliebigkeit, wenn sie wenigstens die Befähigung zur wirtschaftlichen Teilhabe und zur beruflichen Qualifikation sichert. Der *homo faber* - der Mensch als seiner Zukunft Schmied - ist die letzte Rückzugslinie pädagogischer Wertediskussion. Die Arbeits- und Lebensfähigkeit in der Marktwirtschaft wird zum zentralen Ziel der staatlichen Schule. Die Pädagogik muß jedoch wenigstens dieses Ziel verteidigen, wenn sie nicht ganz auf die Mitbestimmung der europäischen Zukunft verzichten will. Wie schwer dies fallen wird, zeigt ein Rückblick in die Bildungsgeschichte.

Arbeit und Erziehung wurden immer als Gegensatz empfunden. Wer arbeiten mußte, war bei Griechen und Römern unfrei und hatte keinen Anspruch auf Erziehung. Die Erziehung zur Arbeitsfähigkeit wurde eher als Investition angesehen, weniger als Beitrag zur Bildung der Persönlichkeit. Der freie Bürger empfand körperliche Arbeit als entehrend; Sport und körperliche Ertüchtigung im Dienst der Allgemeinheit oder in der Waffentechnik waren dagegen Teil der allseitigen Entwicklung, auch wenn die geistigen Fähigkeiten ähnlich weit zurückblieben wie bei den ärmsten Tagelöhnern. Heute sind die Bürger der westlichen Industrieländer wieder in der Situation, Freizeit und Bildung der eigenen Persönlichkeit zur Hauptsache und die Erziehung zur Arbeit zur Nebensache erklären zu können. Die Industrialisierung und die Verlagerung der körperlichen Arbeit auf Roboter sowie die weltweite Arbeitsteilung haben in den entwickelten Staaten den Aufwand für den Lebensunterhalt und damit den Anteil der Arbeit im täglichen Leben drastisch verringert. Eine Vorbereitung auf die Arbeit, insbesondere eine Erziehung der traditionellen Arbeitstugenden scheint unnötig zu sein.

Es bleibt jedoch zu untersuchen, ob die Erziehung zur Arbeit nicht gerade dann vonnöten ist, wenn in der gesellschaftlichen Umwelt die Bedeutung der Arbeit sichtbar zurückgeht, weil Arbeit und eine vielleicht ungerechte weltweite Arbeitsteilung nach wie vor die Basis unseres Wohlstandes sind. Gleichzeitig ist zu fragen, ob nicht der Mangel an geistiger und körperlicher Arbeit
– der Gesundheit geschadet hat,
– weltweit die politischen und wirtschaftlichen Gegensätze verschärft,
– die allgemeine Bildung des Menschen zu einer harmonischen Persönlichkeit beeinträchtigt *(W. von Humboldt).*

Die Erziehung zur Arbeit muß aus philosophischen Gründen Teil des menschlichen Bildungsprozesses sein; denn nur der arbeitende Mensch kann
– wahrhaft politisch unabhängig sein, weil er sich selbst erhält;
– ein politischer Faktor sein, weil er mit seiner Arbeit die gesellschaftliche Entwicklung beeinflußt und die Lebensbedingungen verbessert;
– die Entwicklung von Technik und Wirtschaft verstehen, weil er selbst die Prozesse der Arbeit kennt.

In einer demokratischen und marktwirtschaftlichen Gesellschaft ist die Unabhängigkeit des Einzelnen die Voraussetzung für den geregelten Willensbildungsprozeß und den Ausgleich der Interessen. Das Bildungsideal des *homo faber* ist gerade dort angemessen, wo der Rückzug auf sich selbst und die eigenen wirtschaftlichen und technischen Möglichkeiten dank weltweiter wirtschaftlicher und gesellschaftlicher Verflechtungen unnötig erscheint. Sich total zu versagen, ist immer noch die beste Form politischer Kritik, wenn eine weitere Beteiligung in Politik und Gesellschaft nicht vertretbar ist. Auch in der Wirtschaft sind die Eigenproduktion und der Streik die einzigen wirklich wirksamen Mittel in der Auseinandersetzung am Markt. Gerade wer die Selbstbestimmung des Menschen in der Marktwirtschaft will, muß zu allererst seine Arbeitsfähigkeit und seine marktwirtschaftliche Kompetenz stärken.

2. Der *homo faber* und der Wandel des Arbeitsbegriffes

Das Ideal des *homo faber* ist vom Beruf des Schmiedes abgeleitet. Der Schmied gehört zu den ersten Berufen, die sich beim Übergang von der Steinzeit zur Bronzezeit bildeten. Der Schmied war in der Lage, mit Hilfe des Feuers aus Stein (Erz) Werkzeuge und Waffen zu gießen und zu schmieden. Gebrauchsgegenstände, Waffen und Kunst wurden unter seinen Händen aus Wachs geformt, mit Lehm umkleidet, gegossen und geschmiedet zum fertigen Stück. Der Schmied ist bis heute der einzige Beruf, der in der Lage ist, seine Werkzeuge selbst herzustellen und nur mit seinen eigenen technischen Kenntnissen gebrauchsfähige Produkte zu schaffen. Wir bewundern heute noch die Härte und Elastizität vieler Bronzewerkzeuge, zumal die Bearbeitungsverfahren und die Vergütungsmethoden verloren gegangen sind.

Mit der Eisenzeit wurden die Schmiede die Vorbilder für die Techniker, weil bei der Produktion von Metallen zum ersten Mal arbeitssparende Techniken eingesetzt und ein weltweiter Austausch der Erfindungen und Produktionsverfahren betrieben wurde. Es war günstiger, dort fertige Metalle zu produzieren, wo man die Erze fand und sie verhütten konnte. Metalle wurden zum Zahlungsmittel, noch bevor aus ihnen Münzen geprägt wurden, weil sie in der bekannten Welt eingesetzt und gebraucht wurden. Sie wurden zum "Geld" vorgeschichtlicher Zeit, weil sie zur Erleichterung der täglichen Arbeit und in der Baukunst ebenso vonnöten waren wie zum Krieg und zur Verteidigung.

Hier liegt der eine Ursprung des *homo faber,* nämlich das Bestreben, Technik zu entwickeln, d. h. sich nicht nur auf die Kunst zu beschränken, sondern auch im täglichen Leben mit Vorrichtungen und einfachen Maschinen, mit dem Einsatz von Feuer, Wind und Wasser, die Arbeit zu erleichtern. Technik diente auch dazu, durch das Sammeln von Erfahrungen, den Austausch von Fachmann zu Fachmann und kontrollierte Experimente die Grundlagen für die naturwissenschaftliche Forschung zu legen (z.B. *Heron von Alexandrien*).

Die Römer waren für die technische Entwicklung von außerordentlicher Bedeutung, weil sie die verschiedenen Erfahrungen und Erfindungen in der damals bekannten Welt zusammengeführt haben. Bei den Werkzeugen und einfachen Maschinen, in der Baukunst und bei der Metallgewinnung sind ihnen die heute noch angewandten Techniken im wesentlichen bekannt. Sie haben die Bedeutung der Infrastruktur entdeckt, den Bau von Straßen und Kanälen vorangetrieben und den wirtschaftlichen Austausch gefördert. Mit den Soldaten, Händlern und Technikern kamen auch die Handwerker aus allen Teilen des Reiches zusammen, und die ersten technischen Bücher wurden geschrieben, insbesondere über die Baukunst.

Diese dienten dem Technicus, dem Lehrer der Kunst, zur Vermittlung der ästhetischen Seite der Arbeit, die die Wohlhabenden kennen mußten, um die Qualität der Arbeit beurteilen zu können; denn die überlieferten Werkregeln erhielten häufig einen mythischen Legitimationszusammenhang, z. B. die Überhöhung der Arbeit der Schmiede in den Göttern Hephaestus und Vulcanus. Was technisch richtig war, wurde auch als schön empfunden. Wer die Arbeit jedoch erlernen wollte, war zu diesem Zeitpunkt der Entwicklung noch auf das Vor- und Nachmachen angewiesen. Der Handwerker wurde vermietet, verkauft oder ausgeliehen, aber er trug sein Wissen über Arbeit und sein Arbeitsvermögen mit sich zum neuen Arbeitsort. Nur wer mit ihm die Strapazen der Arbeit auf sich nahm, konnte durch Absehen, Vor- und Nachmachen die Kunst erlernen. Der homo technicus ist ein unvollkommener Lehrer; denn er unterrichtet nur über das fertige Werk, nicht über den Prozeß der Entwicklung.

Auch im Mittelalter blieben Handwerk und Arbeit von einem mythischen Schleier umwoben. Mit den Zünften wurden die Werkregeln immer perfekter, weil sich die Arbeitsteilung immer stärker herausbildete. Zwar wurde auch jetzt in der Regel die Kunst der Arbeit vom Vater zum Sohn weitergegeben, aber der zufällig erworbene Arbeits- und Erfahrungsschatz mußte in einer Ausbildung bei einem anerkannten Meister erweitert werden; Wanderjahre schlossen sich an, die nicht nur der Erweiterung des Wissens, sondern auch der persönlichen Entwicklung dienten. *Goethe* hat in seinem Entwicklungsroman «Wilhelm Meister» dieser Form des Lernens eine literarische Interpretation gegeben.

Wie schon bei den Römern, so waren auch im Mittelalter das Wissen und die Beherrschung der Arbeitsabläufe das Kapital und die Lebensversicherung der Handwerker. Der mythische Schleier der Legenden und Götter wurde ersetzt durch eine Fachsprache und die Dokumentation der Arbeitsabläufe in Zeichnungen und Arbeitsanweisungen, die nur der Fachmann versteht. So sind in einigen Fällen Bearbeitungsverfahren verloren gegangen, die zwar auf Bildern und in Schriften der Mönche beschrieben wurden, aber ohne Fachwissen nicht mehr rekonstruierbar sind (vgl. einige Darstellungen in *Diderot,* Enzyklopädie).

Bis zum Ende des Mittelalters blieb bei der Erziehung zur Arbeit die Einheit von Theorie und Praxis erhalten, d. h. durch das Mitarbeiten im Rahmen einer vorgeschriebenen Arbeitsteilung lernte der Jugendliche die einfachen Handreichungen, die Fachbezeichnungen der Werkzeuge und die Arbeitsvorgänge kennen. Dennoch brachte die Aufgliederung in Zünfte und die Abgrenzung der Stände untereinander eine Arbeitsteilung mit sich, die keinen Platz für neue Entwicklungen ließ. Obgleich man durch die Kreuzzüge und die italienischen Kaufleute von anderen Kulturen auch neue Produkte und Arbeitsverfahren kennenlernte, fanden Neuerungen keinen Eingang in die Arbeitswelt. Religiöse Motive mögen eine Rolle gespielt haben, Arbeit nicht zu erleichtern und effizienter zu gestalten; aber die Einheit der Arbeit vom Entwurf bis zur Ausführung hat auch dazu beigetragen, weil eine Spezialisierung erzwungen wurde, die letztlich zur Starrheit führte. Vergleicht man mit der römischen Zeit, so trugen die schlechte Infrastruktur, die Unsicherheit auf den Straßen und die Mängel in der Hygiene und die Angst vor Krankheiten und die Behinderung des freien Warenverkehrs noch dazu bei, sich auf Regionen zu beschränken und neue Ideen auszugrenzen.

Erst die Renaissance und die Rückbesinnung auf die Arbeits- und Lebensformen der Klassik brachten die Lösung von der christlich geprägten mittelalterlichen Arbeitsorganisation, die als von Gott gewollt hingenommen wurde. So wurde durch das Auffinden der Schriften von *Marcus Vitruvius Pollios* («de architectura», entstanden 33-14 v.Chr., gedruckt von *C. Cesariano,* Mailand 1521) in einem wichtigen Bereich eine Alternative zur zünftlerischen Bauplanung der Bauhütten eröffnet und damit die Trennung von Planung und Ausführung ermöglicht. Aus dem technicus wurde nicht nur der Lehrer, sondern auch der Planer und Koordinator, der Architekt und Ingenieur, der zwar nicht in der Lage ist, einzelne Arbeitsgänge durchzuführen, wohl aber entwerfen, dem Kunden veranschaulichen und den Arbeiter anweisen und kontrollieren kann. Dies war nur möglich durch die Entwicklung gedruckter Bücher, mit deren Hilfe man Regeln, Muster und erprobte Entwürfe kennenlernen und gleichmäßig anwenden konnte. Bücher ermöglichten auch den regelmäßigen Austausch der Erfahrungen, ohne daß man reisen mußte und persönlich bekannt war. Sie ersetzten lokale Normen und persönliche Erfahrungswerte, sofern sie praxisorientiert waren. Durch Bücher konnte die vertikale Arbeitsteilung in eine horizontale umgewandelt werden. Während im Mittelalter ein Mönch ein ganzes Buch abschrieb oder eine Arbeitsgruppe (Bauhütte) einen Turm baute, konnten jetzt Architekten ein ganzes Gebäude in Zeichnungen und Beschreibungen entwerfen, mit dem Bauherren diskutieren, ändern, neu berechnen und dann mit den Arbeitern ausführen. Freilich barg der Dualismus von Planung und Ausführung auch die Gefahr in sich, gegeneinander zu arbeiten oder Herrschaft auszuüben; die Geringschätzung körperlicher Arbeit hat hier sicherlich eine späte Ursache. Aber die horizontale Arbeitsteilung hat auch dazu beigetragen, die Kooperation im Arbeitsablauf zu institutionalisieren. Bei der Trennung in Planung und Ausführung kann kein Bereich ohne den anderen arbeiten. Kritik und Verbesserung sowie theoretische und praktische Kontrolle wurden notwendig. Die Erziehung zur Arbeit blieb zwar Berufsbildung, weil sich jeder für einen gesellschaftlichen Bereich qualifizieren muß, aber sie kann sich nicht wie im Mittelalter von der Öffentlichkeit abgrenzen und als Standeserziehung die jungen Menschen nur auf die Ehre der Gruppe oder der Kaste verpflichten. Nur mit der Kraft des Wortes und der Zeichnung gelang es den Humanisten wie *Leon Batista Alberti* (z.B. «de re aedificatoria», Firenze 1485), die mittelalterliche Gesellschaft, die Wirtschaftsformen, die Arbeits- und Berufswelt aufzubrechen, obgleich ihnen nur die Kenntnis und die Erfahrungen der Römer zur Verfügung standen.

Die Humanisten erkannten schon, daß mit der Aufgliederung in Planung und Ausführung, in Kunst und Können, in Theorie und Praxis, noch nichts gewonnen war. *Leonardo da Vinci* hat in seinen überlieferten Beiträgen darauf hingewiesen, daß die Erfahrungen der Alten systematisch überprüft und in Experimenten verglichen werden müssen (s. *Richter*). Seit dieser Zeit haben wir die Aufgliederung der Arbeit in Forschung, Planung (dispositive Arbeit) und Ausführung (ausführende Arbeit).

Seit dieser Zeit sind auch die Methoden und Formen der Berufsausbildung unterschiedlich: die Forschung setzt eine wissenschaftliche Ausbildung voraus, die im wesentlichen Arbeit als Formen des Denkens, Sammelns und Vergleichens ansehen, also die Methoden des Lernens zum Gegenstand haben. Die Planung konzentriert sich auf das Sammeln und Auswerten von Informationen sowie der Rationalisierung von Entscheidungsprozessen. Die Ausführung ist heute wie im Mittelalter noch im wesentlichen kaufmännische und gewerblich-technische Berufsarbeit, die durch praktische Berufsausbildung erlernt wird.

Allen Formen der Berufsausbildung ist gemeinsam, daß sie sich von den anderen Bereichen nicht völlig isolieren können, wenn sie erfolgreich sein wollen. Gleichfalls durchdringen sich die Verfahren des Lernens: keine Berufsausbildung kommt ohne Theorie und keine ohne praktische Überprüfung aus. Schließlich sind alle Ausbildungsformen der Rationalität verpflichtet, d. h. die Überlieferung muß sich auf Gründe und letztlich naturwissenschaftliche Kausalketten zurückführen lassen. Diese auf *Kant* zurückgehende Verfahrensweise hat den *homo faber* zum Ideal jeder Berufsbildung gemacht, auch wenn die Kritik der Psychologen, Soziologen und Literaten an dieser einseitigen rationalistischen Begründung nicht verstummt ist.

In der Berufsarbeit wird die wirtschaftliche und gesellschaftliche Umwelt gestaltet und erst eine menschenfreundliche Welt geschaffen. Gleichzeitig ist die Arbeit Voraussetzung und Mittel der persönlichen Bildung, wenn der Mensch sich seiner technischen Möglichkeiten bewußt wird, im Austausch mit anderen seine Arbeit optimal einsetzt und seine Beziehungen zu anderen offen und rational gestaltet. Der Austausch der Arbeit setzt Spezialisierung und die Akzeptanz wirtschaftlicher Verhaltensweisen voraus, die offene Gestaltung menschlicher Beziehungen, die rationale Ermittlung von praktikablen Normen des Zusammenlebens.

Deshalb kann der *homo faber* heute Ziel der Erziehung sein, weil
- technisches Grundverständnis und die Achtung der Arbeit anderer aufgrund unterschiedlicher Interessen, Vorbildungen und Erfahrungen die Voraussetzung industrieller Arbeitsteilung sind;
- die wirtschaftliche Verwertung von Arbeit am freien Markt die Voraussetzung für die Verringerung der Arbeit durch die optimale Allokation der Produktionsfaktoren bleibt und in einer multikulturellen Gesellschaft der praktische Vorteil des durch Arbeit geschaffenen allgemeinen Wohlstandes die einzige rationale Norm ist.

Sieht man die Entwicklung Europas realistisch, so ist der wirtschaftliche Vorteil eines freien Arbeitsmarktes und der ungehemmte Austausch der Produkte der wichtigste Grund, warum Katholiken und Moslems, Italiener und Deutsche, Marxisten und Liberale friedlich zusammenleben. Ähnlich ist das Verhältnis von Arbeit und Gesundheit in der heutigen Welt zu sehen. Auch hier kann man sich nur auf die rationale Argumentation verlassen, nämlich auf die nachgewiesenen Schäden und quantifizierbare Gefahren in jedem einzelnen Fall und unter den jeweilig spezifischen Arbeitsbedingungen. Die ökologische Diskussion und die Unterscheidung zwischen natürlichen Gefahren und denen der Industriegesellschaft führen wieder in die mythologische Vergangenheit zurück.

3. Der *homo faber* als Bildungsideal

Der *homo faber* ist das Ergebnis der europäischen Bildungsgeschichte und der europäischen Aufklärung. Die Erziehung zum homo faber will bewußt alle Bereiche zurückdrängen, die der Rationalität nicht zugänglich sind, zumindest nicht im rational bestimmten Dialog dargestellt werden können. Unter technischem Gesichtspunkt ist es die Bedeutung der praktischen Arbeit für den Menschen, weil die unmittelbare Herstellung von Gebrauchswerten für sich und - im Austausch - für andere Unabhängigkeit sichert. Praktische Arbeit ist auch nötig, um Wissenschaft und Theorien auf die Probe zu stellen und ihre Praktikabilität in der Wirklichkeit der Arbeitswelt zu überprüfen. Insofern hilft auch dort praktische Arbeit, wo Maschinen und anderes technisches Gerät bzw. die preiswerte Produktion des Weltmarktes schon längst gute Produkte liefern. Insofern ist der im *homo faber* auch verborgene homo technicus angesprochen, weil nur mit der praktischen Erprobung die Lehre der Kunst und der Technik ihren Abschluß findet.

Schließlich entspricht der *homo faber* auch den ökonomischen Zielsetzungen der Marktwirtschaft, die im Bildungsideal des homo oeconomicus zusammengefaßt werden. Der *homo oeconomicus* bietet dort seine Arbeitskraft und sein Kapital an, wo er seine Ziele am besten realisiert, insbesondere wo er den höchsten Gegenwert dafür bekommt. Auch hier wird verlangt, daß die emotionalen oder ideologischen Vorurteile überprüft und rationale Entscheidungen getroffen werden. Wie die wirtschaftswissenschaftliche Theorie *(Adam Smith)* nachgewiesen hat, ist der *homo oeconomicus* als Bildungsideal auch sozialverträglich, weil er den Aufwand an für den Lebensunterhalt nötiger Arbeit senkt zugunsten des diskretionären Bereiches, in dem der Produzent und Konsument willkürlich und von ökonomischen Zwängen frei entscheiden kann. Insbesondere werden Investitionen und Infrastruktur durch diese Rationalisierung mehr gestützt als durch zentrale Planung, weil die ökonomischen Interessen der Beteiligten stabiler sind als die politischen Willensbildungsprozesse und schwankende Mehrheiten.

Damit ist die Frage gestellt, ob der *homo faber* auch Ziel der politischen Bildung sein kann. Insbesondere wird kritisiert, daß die Förderung des egoistischen homo oeconomicus zu Lasten der Gemeinschaft geht. Richtig ist daran, daß die Vertretung der Einzelinteressen durch Personen oder Verbände, aber auch durch Parteien Minderheiten in Abhängigkeiten drücken und demokratische Rechte beschneiden kann. Aber die Interessenvertretung als solche ist noch nicht negativ zu sehen, weil sie der Ausgangspunkt der rationalen Diskussion ist. Aus der Geschichte Europas wissen wir, daß die großen Ideen und politischen Bewegungen mehr Zerstörung angerichtet und häufiger Menschenrechte verletzt haben als egoistische Interessenvertretung unter ökonomischen und politischen Voraussetzungen. Auch für die Politik hat die von den Humanisten geforderte Rationalität und die Drohung des Einzelnen, sich auf seine Privatinteressen zurückzuziehen und seine Unterstützung zu versagen, eine größere Bedeutung als die große politische Idee. Dies gilt insbesondere für das Verhältnis von Arbeit und Gesundheit; denn das Interesse an der eigenen Gesundheit muß höher gewertet werden als kollektive Normen oder Ansprüche, z. B. sich im Interesse eines Arbeitgebers, einer Industrie oder der Nation großen Gefahren oder gesundheitlichen Risiken auszusetzen. Damit wird nicht gegen große Ideen wie Solidarität, Nächstenliebe, nationale Identität oder christliches Abendland gesprochen; sie haben jedoch keine praktische Chance, von allen Menschen so akzeptiert zu werden wie die Menschenrechte, insbesondere die Freiheitsrechte.

4. Pädagogische Umsetzung

Bei der Erziehung zum *homo faber* muß die praktische Arbeit auch methodisch im Mittelpunkt stehen, um dem educandus einerseits nicht die körperliche und geistige Auseinandersetzung mit der Wirklichkeit zu ersparen, um ihn andererseits aber auch von der Führung und Lenkung durch den Erzieher unabhängig zu machen. Schon *Rousseau* hat für die negative Pädagogik plädiert, um den educandus der wohlmeinenden Herrschaft des Erziehers zu entziehen, der einen Menschen nach seinem Bilde formt. Es sei viel einfacher, den jungen Menschen dem Druck der Notwendigkeiten und der Sachen zu überlassen («Emile ou de l´éducation», *Garnier* 1964, p. 71), als auf die Vorbildwirkung der Erzieher zu vertrauen oder gar nationale Ideale an die Stelle der Rationalität des *homo faber* zu setzen.

Für Kinder der Armut und der dritten Welt ist dieses viel leichter als in Industriestaaten. Jene müssen schon in einem Alter ihren Lebensunterhalt verdienen, auf den Feldern arbeiten oder in den Vierteln der Reichen betteln, bevor sie lesen oder schreiben gelernt haben; die Kinder, die eine sorgfältige und langandauernde Erziehung erhalten, bleiben häufig bis ins Mannesalter von der Arbeit anderer abhängig; für sie muß die Arbeit Teil des Unterrichts und der Erziehung sein, damit sie Arbeit beurteilen und unabhängig werden können.

Damit soll nicht der Kinderarbeit in der Schule das Wort geredet werden, wohl aber der Berücksichtigung von erzieherischen Einstellungen, Unterrichtsinhalten, Unterrichtsmethoden und Medien, die ein Verständnis der heutigen und der zukünftigen Arbeitswelt ermöglichen. Die wissenschaftlich geprägte Arbeitswelt der Industriegesellschaft muß so vereinfacht werden, daß sie dem Erfahrungsbereich und dem Fassungsvermögen der Kinder und Jugendlichen entspricht, und gleichzeitig muß eine Modellsituation entwickelt werden, die einen Zugang zur Wissenschaft erlaubt. Ein Weg ist die Rationalität des *homo faber,* die auf die Situation des *Educandus,* d. h. des noch nicht zum rationalen Denken Fähigen transformiert und in ein Erfahrungsfeld verlagert wird, das seinen Fähigkeiten entspricht. Die Kinder tun dieses selbst im Spiel. Im Spiel wird die Welt der Erwachsenen vereinfacht und in eine Traum- oder Märchenwelt transformiert.

Die Stufen der Erziehung orientieren sich an der Organisation von Schule und Unterricht, die die Stufen der Kindheit, der allgemeinbildenden und der berufsbildenden Jugendschule vorsieht; in Deutschland sind es die Jahrgangsstufen 5-10, 11-15 und 16-18 Jahre. Ihnen werden in der Arbeitserziehung die Stufen «Robinson», mittelalterliche Arbeitsteilung und industrielle Arbeitsteilung zugeordnet.

Entsprechend erhalten die erzieherischen Absichten eine alters- und situationsspezifische Ausformung, die für den Entwicklungsstand angemessen ist, ohne daß hier psychologische Lernstufen oder empirisch ermittelte Verhaltensweisen zugrunde gelegt werden.

Das rationale Verhalten des *homo faber* setzt die Beobachtungsfähigkeit voraus, wie sie bei der Arbeit nach bestimmten Prinzipien, etwa dem Arbeiten unter dem Gesichtspunkt der Sparsamkeit oder der Zweckmäßigkeit (dem Kausalprinzip) entwickelt wird. Erst wenn man gelernt hat, sich selbst zu beobachten und die eigene Verantwortlichkeit für das Tun entdeckt hat, ist man auf der nächsten Stufe in der Lage, mit anderen zu kooperieren, ohne die eigenen Interessen aufzugeben. Kooperation setzt Vereinbarungen voraus, die die Ziele der Arbeit bestimmen und der Kontrolle der Zusammenarbeit und des Ergebnisses dienen. In einer letzten Stufe führt dieser Wechsel der Selbst- und Fremdeinschätzung dazu, für den persönlichen Bereich eine Planungsfähigkeit zu entwickeln. Die Planung für den eigenen Lebenslauf, die eigene Berufsausbildung, Gesundheit und Familie, setzt voraus, daß man sich selbst einschätzen kann, eine gewisse Selbstsicherheit erworben hat, aber auch seine gesellschaftliche Situation richtig beurteilt und zu Beginn gesellschaftlicher Wirksamkeit die Möglichkeiten der wirtschaftlichen und politischen Beeinflussung realistisch einschätzt. «Systemadäquates Verhalten» verlangt nicht die Akzeptanz oder gar die Unterstützung des Wirtschafts- und Gesellschaftssystems, wohl aber die Berücksichtigung seiner Existenz bei den eigenen Strategien.

Bei den Unterrichtsthemen orientieren sich die hier gemachten Vorschläge an den Bedingungen in Deutschland. Im frühkindlichen Alter (Kindergarten, Grundschule) hat die Montessori-Pädagogik Materialien und Verfahren entwickelt, die den Mechanismus von eigener Aktion und Veränderung der Situation, von Ursache und Wirkung beispielhaft lehren. Etwas komplexer sind die Anforderungen im Schulgarten oder bei der Pflege von Tieren. In der DDR mußten Nutzpflanzen angebaut werden; Gemüse und Blumen wurden an die Betriebe oder an private Händler verkauft. Aus den Erträgen konnten die Schüler unmittelbar ablesen, wie produktiv sie waren und welche Fehler bei der neuen Aussaat und Anlage der Beete vermieden werden konnten. Ähnlich kann bei der kontinuierlichen Pflege von Fröschen oder anderen Tieren erfahren werden, wie Fehler zum Absterben einer ganzen Zucht führen können. Gleiches gilt für die Herstellung einfacher Gebrauchsgegenstände aus Holz, Plastik, Garn oder Textil: Auch hier erkennen die Schüler im Vergleich untereinander oder beim Gebrauch, welche Mängel auftreten, und sie können überlegen, wie diese beim nächsten Versuch vermieden werden können.

Auf der 2. Stufe, der handwerklichen Arbeitsteilung, wird dagegen verlangt, daß in Lehrbücher oder Nachschlagewerken zuerst die der Aufgabe angemessenen Methoden erarbeitet, die richtigen Werkzeuge und Maschinen ausgewählt und der Arbeitsprozeß mit Berechnungen, Skizzen und Teilzeichnungen in technischer, wirtschaftlicher und arbeitsablaufmäßiger Sicht geplant werden, bevor mit der Arbeit begonnen wird. In der Regel sollte auf dieser Altersstufe auch nicht mehr für den eigenen Bedarf, sondern für einen Auftraggeber gearbeitet werden, mit dem die Normen und die Qualitätsstufen abgesprochen werden. Entscheidend ist die Auswahl der Vorprodukte und Werkzeuge, die sicher zum Ziel führen und die auch ökonomisch vertretbar sind. Alle praktischen Arbeiten sind sinnlos, die letztlich zu einem Gebrauchsprodukt führen, das besser und billiger zu kaufen ist. Insofern orientiert sich die Produktion auf dieser Stufe schon an der nächsten, der industriellen Arbeitsteilung.

Auf dieser Stufe wird die industrielle Produktion analysiert nach den erforderlichen Qualifikationen, die sich aus dem Zusammenspiel technischer Systeme und den ökonomischen Anforderungen weltweiter Arbeitsteilung ergeben. Hier lernt der Schüler, die heutige Arbeitssituation auf die Zukunft zu beziehen, zu erkunden, welche Bedürfnisse in der Zukunft auftreten werden, wie sich die Lage der Familien und Haushalte verändern wird und welche Berufsgruppen von diesen Veränderungen am meisten profitieren werden.

Im Vergleich zur letzten Stufe stehen hier die Analyse und Planung der Berufsausbildung und die Haushaltsplanung im Mittelpunkt, also nicht die Planung und Durchführung einer konkreten Produktion.

Wie bei den Intentionen und den Inhalten bauen die eingesetzten Unterrichtsmethoden auf den Kenntnissen und Erfahrungen früherer Lebensjahre auf. Gleichzeitig sollen sie aber so ausgewählt werden, daß sie dem Erziehungsziel des *homo faber* und den herrschenden wissenschaftlichen Denkstrukturen entsprechen und somit auf sie vorbereiten (*Bruner, Jerome:* The process of education, Harvard, Cambridge/Mass.).

Auf der Stufe des Robinson steht das Lernen durch Probieren, durch Versuch und Irrtum, im Mittelpunkt. Der Unterricht muß sich hier darauf konzentrieren, die Versuche in Experimente zu überführen, d. h. zu systematischen Versuchen, bei denen die Ursachen für Veränderungen des Ergebnisses eindeutig bestimmbar sind. Die Montessori-Pädagogik zeigt, daß dies auch schon bei kleinen Kindern möglich ist, wenn man ihnen genügend Zeit läßt und Irrtümer nicht sofort korrigiert. Zwar sollte man bei der Pflege von Tieren Quälereien vermeiden, aber der Schüler wird nur dann in seinem Verantwortungsbewußtsein gestärkt, wenn auch zugelassen wird, daß z. B. Kinder und Tiere Hunger haben, weil die Nahrungsmittel nicht beschafft wurden oder

Pflanzen eingehen, weil nicht gegossen wurde. Damit werden nicht nur Arbeitshaltungen angebahnt, sondern die rationalem Verhalten immanente Verantwortung im Sinne des *Kantschen Imperativs* gestärkt. Auf der Stufe der handwerklichen Arbeitsteilung wird zunächst die Unterordnung unter Regeln und technische Normen bzw. wirtschaftliche Form- und Rechtsvorschriften nötig, weil erst die Beherrschung der zu einem konkreten Arbeitsvorgang vorhandenen Erfahrungen eigenständige Kritik und Verbesserungen ermöglicht. Das letztere wird jedoch nur dann erreichbar sein, wenn es sich um neue Materialien oder Aufgabenstellungen handelt, die vom durchschnittlichen Handwerk noch nicht wahrgenommen werden oder wenn politisch bedeutsame neue Arbeitsmethoden erprobt werden sollen, z. B. im Umweltschutz.

Die dritte Stufe ist der Aufgabe gewidmet, den Jugendlichen als späteren Familienvater oder -mutter auf die Situation der industriellen Arbeitswelt vorzubereiten, also die Anforderungen von Berufen zu erläutern, deren wirtschaftliche Möglichkeiten aufzuzeigen und die Lebensbedingungen zu erläutern, auf die die Arbeits- und Wirtschaftswelt zusteuert.

Um die möglichen Konfliktsituationen zu verdeutlichen, werden die Rollen- und Planspiele eingesetzt, die exemplarisch zukünftige Konfliktsituationen aufzeigen, z.B. Arbeitszeitgestaltung, bezahlte Berufsausbildung oder Lernen in der Freizeit, Entwertung von Erfahrungen und Berufswissen durch Automation.

Beim Praxisbezug ist zu beachten, daß die eingesetzten Unterrichtsmedien einerseits den Unterrichtszielen entsprechen, andererseits nicht mit der Erfahrung und der Realität in Konflikt geraten. Es ist zwar im beschränkten Maße möglich, die Schulwelt gegen die gesellschaftliche und politische Wirklichkeit zu setzen, um Vergleiche und Kritik zu ermöglichen, aber als Lehrer muß man wissen, daß die gesellschaftliche Praxis sich letztlich durchsetzen wird und damit Recht bekommt (*Erich Weniger*, Theorie und Praxis in der Erziehung, in: Eigenständigkeit, S. 20). Deshalb sollte die Selbständigkeit des Kindes dort geübt werden, wo die Aufmerksamkeit der Öffentlichkeit gering ist, z. B. im Schulgarten oder im Werkunterricht. Hier ist die Praxis zugleich Anstoß und Kontrolle der Experimente.

Im gewissen Sinne gilt dies auch noch für die systematische Aufarbeitung der Erfahrungsregeln im Werkstattunterricht der 2. Stufe, der selbst jedoch durch Betriebserkundungen und Marktbeobachtungen kontrolliert wird. Der Dialog mit Meistern und Wirtschaftlern ist nur aufgrund von eigenen Erfahrungen zu führen, gleichzeitig ist die Beobachtungsfähigkeit durch eigene Experimente geschärft.

Die Praxiserfahrung der 3. Stufe dient der Anschauung und Anregung in mehrfacher Weise:
- Der Jugendliche kann kontrollieren, ob diese von ihm erfahrene Wirklichkeit als seine Zukunft akzeptabel ist.
- Er kann mit Hilfe der Lehrer und von Experten des Betriebes lernen, die zukünftige Entwicklung des Betriebes und der beobachteten Arbeitsplätze zu prognostizieren.
- Er lernt gesellschaftliche Praxis zu beurteilen und politisch dagegen Stellung zu nehmen. Diese Stellungnahme kann auch darin bestehen, daß man einen anderen Beruf ergreift oder das Land verläßt.

5. Die Erziehung zum *homo faber* - eine Utopie

Die Erziehung zum *homo faber* kann sich auf den Auftrag der Schule stützen, alle Schüler wissenschaftlich richtig und praxisnah zu erziehen. Sofern sich jedoch der Unterricht auf die gesellschaftliche Praxis bezieht, wie das bei der Berufsausbildung notwendig ist, muß die Schule mit Kritik von Schülern, Eltern, Politikern und Wirtschaftsvertretern rechnen.

Diese Konflikte können nicht auf dem Rücken der Schüler ausgetragen werden; dies ist auch gar nicht nötig, weil der Jugend die Zukunft gehört und sie zu gegebener Zeit entscheiden wird, wie die Gesellschaft aussehen soll. Aber mit dem praxisbezogenen Unterricht und der demokratischen und auf Selbstkontrolle gerichteten Beratung der Schüler werden sie zu einer Selbständigkeit geführt, die es ihnen ermöglicht, auch unter schwierigen Umständen mit Würde zu überleben. Der *homo faber* ist sicherlich eine Utopie, aber es genügt für den Anfang, die Schüler in der Schule die Freude am Werk und am aufrechten Gang des selbständigen Menschen erleben zu lassen. Auch hier ist der Weg das Ziel.

Literatur

Alexandrien von, Heron: s. Hero Alexandrinus. opera omnia ..., in: Bibliotheca scriptorum Graecorum et Romanorum Teubneriana, Leipzig 1914

Diderot, Denis: Encyclopédie ou Dictionaire des sciences, des arts et des métiers, 1782-1777, Auszüge und Bildtafeln Südwestverlag München o.J.

Frisch, Max: homo faber, Frankfurt/Main (suhrkamp) 1957

Groth, Georg; Kledzik, Ulrich J.: Arbeitslehre 5-10, Weinheim 1983

Neuburger, Albert: Die Technik des Altertums, Leipzig 1919, reprint Leipzig 1977

Richter, Irma A.: Notebooks of Leonardo da Vinci, Oxford University Press 1977

Richter, Jean Paul: Literary Works of Leonardo da Vinci, Oxford University Press 1939

Weniger, Erich: Die Eigenständigkeit der Erziehung in Theorie und Praxis, Weinheim 1957

KURT HARTUNG

**Erziehung zur Gesundheit
eine permanente Aufgabe von Pädagogik und Pädiatrie**

Heute setzt sich mehr und mehr die Einsicht durch, daß jeder einzelne für seine Gesundheit selbst verantwortlich ist, und daß diese Eigenverantwortung geweckt und gestärkt werden muß. Dies hängt im wesentlichen damit zusammen, daß wir heute erheblich mehr über Ätiologie und Folgen solcher Krankheitszustände wissen, die in der Hauptsache aufgrund falscher Verhaltensweisen entstehen. Für Informationen über die Bedeutung einer gesundheitsorientierten Lebensweise und Anleitungen zu ihrer Umsetzung im Alltag besteht somit ein permanenter, großer Bedarf.

1. Pädiatrie und Gesundheitserziehung

Kinderheilkunde und Gesundheitserziehung gehören eng zusammen, denn bei der täglichen Arbeit des Pädiaters geht es ja nicht nur um die Behandlung und Heilung von Krankheiten, sondern ganz wesentlich auch um deren Prävention sowie um die Einleitung von Maßnahmen der allgemeinen Förderung des Kindes. Solange es die Kinderheilkunde als selbständige medizinische Disziplin gibt, haben es die Kinderärzte als ihre Aufgabe angesehen, jede Elterngeneration erneut über Fragen der Kindergesundheit zu informieren und sie darüber hinaus zu motivieren, für ihr Kind gesundheitsfördernd tätig zu werden. Diese frühe Erziehungsaufgabe des Kinderarztes wurde bereits 1906 von *Czerny* pointiert herausgestellt, der damit beispielgebend für den Bereich der Gesundheitserziehung im pädiatrischen Konzept gewirkt hat.

Gesundheitserziehung im schulischen Kontext

Späterhin hat die Schule als gesellschaftliche Institution den Auftrag, Kinder und Jugendliche zu kompetenten, produktiven und gesunden Mitgliedern der Gesellschaft heranzubilden. Dabei soll sie nicht nur die kognitiven Fähigkeiten fördern, sondern auch zu einer Steigerung der personalen und sozialen Kompetenz beitragen. Es liegt daher nahe, Gesundheitsförderung und Programme der primären Prävention in den Rahmen der Schule zu integrieren, um ein möglicherweise vorhandenes gesundheitsriskantes Verhalten abzubauen und eine gesunde Entwicklung zu fördern. Ein weiteres positives Argument ist, daß mit schulischer Gesundheitserziehung alle Kinder und Jugendlichen während ihrer entscheidenden Entwicklungsphase erreicht werden können, und daß dort durch das Angebot von realistischen Möglichkeiten zu hygienischem Verhalten, Ernährungsverhalten, körperlicher Betätigung etc. wichtige Voraussetzungen für den Aufbau gesundheitsrelevanter Verhaltensweisen gegeben sind (*Hesse u. Hurrelmann*).

Gesundheit - ein lebenslanger Handlungsbedarf

Auch in den späteren Lebensjahren ist unsere Gesundheit von einer Vielzahl von Faktoren abhängig, so daß eine lebenslange Bemühung um ihre Erhaltung erforderlich ist. Im Hinblick auf die vielfältigen Stör- und Belastungssituationen im Alltag, im Bereich des Arbeitslebens, im zwischenmenschlichen Interaktionsbereich, bei Freiheit und Erholung, im Straßenverkehr, im Zusammenhang mit Umweltrisiken, im dritten Lebensabschnitt sowie in verschiedenen kritischen Lebensphasen setzt eine auf die Gesundheit orientierte Lebensführung somit einen lebenslangen Bildungsprozeß voraus, eine stetige Hinterfragung des Warum und Wozu des erstrebten Lebenskonzeptes, woraus dann letztendlich eine Verbesserung von Lebenschancen und Lebensqualität resultiert.

Schwerpunkte der Gesundheitserziehung

- Entsprechend der wissenschaftlichen und gesellschaftlichen Entwicklungen hat der Themenkatalog der Gesundheitserziehung ständige Veränderungen und Erweiterungen erfahren.
- Da sind einmal die klassischen Themen der Hygiene, der gesunden Ernährung, des richtigen Lebensrhythmus, der Psychohygiene;
- weiter die präventiven Maßnahmen wie Rachitisprophylaxe, Kariesprophylaxe und Schutzimpfungen, von denen die letzteren erheblich zur Senkung der allgemeinen Morbidität und Mortalität beigetragen haben;
- die Palette der Früherkennungsuntersuchungen von der Schwangerschaft an über die Kindervorsorgeuntersuchungen bis hin zu denen des Erwachsenenalters;
- Unfallverhütung;
- Prävention von Herz-Kreislauferkrankungen durch gesundheitskonforme Lebensweise bereits vom Kindesalter an;
- Partnerschaft und richtiger Umgang mit der Sexualität;
- Umgang mit Behinderten und chronisch Kranken;
- Prävention berufs- und altersbedingter Erkrankungen;
- Zusammenleben mit anderen ethnischen Gruppen u.a.m.

Eine besondere Herausforderung zu gesundheitspädagogischer Aktivität ergibt sich aktuell für die folgenden sieben Bereiche, auf die dann auch näher eingegangen werden soll:
- Umweltrisiken und Umweltschutz;
- Drogen- und Alkoholprävention;
- AIDS-Prävention;
- Streß-Prävention am Arbeitsplatz;
- die zunehmende Zahl arbeitsloser und teilzeitbeschäftigter Menschen;
- die inzwischen verschobene Altersstruktur der Bevölkerung mit der Versorgung einer zunehmenden Zahl meist multimorbider Personen;
- Die besondere Problematik in den neuen Bundesländern.

Risiken durch und für die Umwelt

Bei einer zeitgemäßen Gesundheitserziehung geht es nicht nur darum, den einzelnen zu verantwortlichem Handeln gegenüber der eigenen Gesundheit zu motivieren, auch die Umwelt muß heute in die gesundheitsrelevanten Überlegungen einbezogen werden. Ziel muß es sein, daß sich jeder der Bedeutung der allgemeinen Umweltbedingungen für die Zivilisationsgemeinschaft in ihrer Wirkung auf die aktuelle Gesundheit sowie in den Auswirkungen auf die Zukunft bewußt wird und die richtigen Konsequenzen daraus zieht.

Durch die rasanten chemischen, physikalisch-technischen Entwicklungen und die sich dabei ergebenden Abfallprodukte ist unsere Umwelt gesundheitsgefärdender, aber auch selbst gefährdeter als früher. In den letzten Jahren häufen sich die Nachrichten über Umweltkatastrophen und die Zerstörung vieler Lebensbereiche; um nur einige zu nennen:
- die Zerstörung der Ozonschicht durch freigesetzte Spurengase wie Fluorchlorkohlenwasserstoff. Als direkte Auswirkung ist z. B. ein deutlicher Anstieg von Hautkrebs und schweren Augenerkrankungen zu erwarten;
- die Verschmutzung des Wassers durch Industriechemikalien, Pflanzenschutzmittel und Überdüngung;
- die Verschmutzung der Luft durch industrielle Emissionen, Kraft- und Fernheizwerke;
- die Belastung der Böden durch Schwermetalle, Chemikalien, Säuren und Säurebildner.

Alle diese Faktoren führen insgesamt gesehen zu gesundheitlichen Belastungen des Menschen.

Es ist müßig, Abhilfe ausschließlich von den Verursachern oder vom Gesetzgeber zu verlangen. Die aktuelle Aufgabe der Gesundheitserziehung liegt darin, möglichst viele Menschen für ein umweltgerechtes Verhalten zu sensibilisieren, wobei man sich klar zu machen hat, daß aktiver Umweltschutz zugleich auch ein Beitrag zur allgemeinen Gesundheitsförderung ist. Nicht weniger wichtig ist die Aufgabe einer sachgerechten Information, um den Gefährdungen richtig begegnen zu können.

2. Zur Prävention

Drogen- und Alkoholprävention

Die Prävention von Drogen- und Alkoholmißbrauch war trotz beträchtlicher Anstrengungen bislang nicht eben erfolgreich. Wenn bei den Jugendlichen heute entsprechende Risikoverhaltensweisen zunehmen, so ist dies ein Signal dafür, daß sie Schwierigkeiten mit der Bewältigung ihrer Entwicklungsaufgaben haben. Durch die stark veränderten familialen Bezüge, verlängerte Ausbildungszeiten und den oft schwierigen Zugang zur Berufsarbeit ist es für viele Jugendliche heute schwer, den eigenen sozialen Standort auf dem Weg in den Erwachsenenstatus zu bestimmen. So ist der Drogenkonsum eine problematische Form der Realitätsverarbeitung insofern, als damit ein Weg der Manipulation der psychischen, sozialen und physischen Befindlichkeit eingeschlagen wird, der mittel- und langfristig zur Abhängigkeit führen kann (*Hurrelmann*). Dies umso mehr, als allgemein die Toleranz, Schwierigkeiten durchzustehen, sehr gering geworden ist, weil man als Kind «Wunschversagen» nicht mehr gelernt hat.

Die Gesundheitserziehung könnte sich der Vermittlung von Konfliktlösungs-Strategien im zwischenmenschlichen Bereich annehmen, damit die Bewältigung von Spannungs- und Krisensituationen auch ohne den Einsatz von Alkohol und Drogen gelingt.

AIDS-Prävention

Zu den Themen, die dringend behandelt werden müssen, gehört auch die AIDS-Problematik. Trotz aller Anstrengungen der Pharmaforschung ist auch in nächster Zeit weder mit einem Impfstoff noch mit einem Medikament zur Krankheitsbekämpfung zu rechnen; deshalb hilft nur das Eine: sich vor Ansteckung zu schützen. «Informierte Solidarität» ist die Grundvoraussetzung, um mit einem langfristig angelegten Strategieprogramm die Ausbreitung von AIDS zu verhindern. Dieses Ziel ist nur durch immer wiederkehrende Information zu erreichen, die jeden Bürger anspricht. Da die AIDS-Prävention in erster Linie auf Verhaltensänderung in Intim- und Tabu-

Bereichen zielt, muß sie, wenn sie wirksam sein soll, die Schranken des Üblichen durchbrechen; globale Aussagen reichen also nicht aus (*Deutscher Bundestag*). Einerseits muß eine generelle Aufklärung über die Massenmedien mit Nennung der Hauptrisiken und der wichtigsten Schutzmöglichkeiten erfolgen. Abgestimmt hierauf sollte eine spezifische Ansprache der verschiedenen Zielgruppen in Gang gesetzt werden, wobei Jugendliche nicht ausgespart bleiben dürfen, weil die ersten sexuellen Beziehungen heute schon sehr früh aufgenommen werden.

Eine zusätzliche gesundheitspädagogische Aufgabe ergibt sich hinsichtlich des psychosozialen Umganges mit AIDS-Kranken wie auch mit HIV-infizierten Kindern, damit Diskriminierung und gesellschaftliche Ausgrenzung vermieden werden.

Streß-Prävention am Arbeitsplatz

Kennzeichnend für das moderne Arbeitssystem ist, daß die sogenannte «Schwerstarbeit» immer weniger anfällt, die Anforderungen an Leistung und Konzentration sich jedoch erheblich erhöhen. Hinzu kommt, daß in Verbindung mit der Rationalisierung die soziale Isolation am Arbeitsplatz zunimmt, was wiederum die Bewältigung erhöhter Belastung erschwert. Es besteht kein Zweifel daran, daß anhaltend hohe Streßbelastungen ein gesundheitliches Risiko darstellen, das in Zusammenhang mit dem Auftreten von Herz-Kreislauf-Erkrankungen gebracht werden kann.

Zur Streß-Prävention ist sozusagen ein sozial-ökologischer Ansatz notwendig, d. h. daß neben der Ermittlung und Eliminierung der betrieblichen Ursachen auch die - oft verborgenen - Ängste der Beteiligten zur Sprache kommen müssen, um ein günstigeres zwischenmenschliches Klima aufzubauen (*Friczewski*) - eine lohnende Aufgabe für die Gesundheitserziehung.

Risikofaktor zunehmende Arbeitslosigkeit

Zu diesem Problemfeld ist zu sagen, daß Berufstätigkeit ein starker bestimmender Sozialfaktor ist - für den Betreffenden selbst wie auch für die gesamte Familie -, der sich auf Lebenslage, Lebensgefühl und Lebensperspektiven auch der Kinder auswirkt. Mit zunehmendem Alter verstehen sie sehr genau die soziale Anerkennung, die Lebensqualität und die Ordnungsfunktion, die aus elterlicher Erwerbstätigkeit erwachsen: ihre persönliche Identität ist weitgehend Reflex der Identität ihrer Eltern. Tritt nun Arbeitslosigkeit ein, werden sämtliche Funktionen der Arbeit für die individuelle, soziale und ökonomische Lage der Familie in Frage gestellt. Durch die Zahlung von Arbeitslosengeld und Arbeitslosenhilfe kann die materielle Versorgung, wenn auch auf deutlich niedrigerem Niveau, zwar aufrecht erhalten werden; doch die übrigen Funktionen regelmäßiger Erwerbstätigkeit lassen sich nicht ersetzen. Hier liegt die Wurzel für die vielfältigen psychosozialen und psychosomatischen Probleme, die mit längerfristiger Arbeitslosigkeit für die gesamte Familie auftreten können. Insbesondere die Kinder werden dann oft mit Erwartungen und Problemsituationen konfrontiert, die ihre seelischen und intellektuellen Kräfte weit überfordern (*Zenke*).

Für alle helfenden Angebote muß daher gelten, daß sie sich an die Familie als Ganzheit richten. Je konstruktiver die Eltern die Krise der Arbeitslosigkeit bewältigen, je weniger Angst, Aggression oder Flucht in Drogen in der Familie um sich greifen, desto geringer wird auch die Leidenserfahrung der mitbetroffenen Kinder.

Geänderte Altersstruktur der Bevölkerung

Ein neues Aufgabenfeld der Gesundheitserziehung ergibt sich auch durch die inzwischen verschobene Altersstruktur unserer Bevölkerung mit einer zunehmenden Zahl multimorbider älterer Personen. So ist in den letzten 32 Jahren die Zahl der 60- bis 69-Jährigen um 30 % angestiegen, bei den 70- bis 79-Jährigen hat sie sogar um 1500 % zugenommen. Hinzu kommen die gesellschaftlichen Veränderungen mit der Auflösung von Familienstrukturen und zunehmender Vereinsamung. Die sich hieraus ergebenden Probleme drängen auf eine Regelung.

Menschen über 65 Jahre vereinen nicht selten fünf und mehr Diagnosen auf sich, womit über den Grad der subjektiven Belastung noch nichts ausgesagt ist. Jede neue ärztliche Diagnose, jede subjektiv erfahrene Körperveränderung kann eine Erschütterung des Selbstbildes und des Selbstkonzeptes nach sich ziehen. Hieraus wiederum können sich Veränderungen der relevanten Objektbeziehungen ergeben. Häufig durchlaufen ältere Menschen eine schleichende soziale Desintegration, derer sie selbst weniger gewahr werden. Diese soziale Vulnerabilität kann durch zusätzlich eintretende seelische Belastungen verstärkt werden.

Bei multimorbiden älteren Personen gibt es im wesentlichen zwei psychologisch relevante Arbeitsfelder: die psychotherapeutische Behandlung neurotischer oder funktionaler Störungen sowie die Hilfe bei der Integration und Bewältigung der sich verändernden Körperlichkeit. Die Erfahrung hat gezeigt, daß durch eine gesundheitserzieherisch betreute Vorbereitung auf diese Altersphase manche schwierigen Prozesse besser zu meistern sind.

Psychosoziale Probleme in den neuen Bundesländern

Ein besonderes Maß an gesundheitspädagogischer Betreuung wird zweifellos auch für viele Bevölkerungsgruppen in den neuen Bundesländern notwendig. Der abrupte Wechsel der Systeme und Lebensmaximen, die Fülle der neuartigen Aufgaben, für die es in der Geschichte kein Vorbild gibt, bedeutet ein Umorientieren, dem mancher primär nicht gewachsen sein dürfte, so daß es zu Einbrüchen im personalen Gefüge kommen kann. Hier ergeben sich völlig neue Aufgaben personaler Hilfestellung.

Prävention im Gesundheits-Reformgesetz

Man muß es in der Zusammenschau all dieser dringenden Aufgaben als einen großen Fortschritt ansehen, daß mit dem 1990 wirksam gewordenen Gesundheits-Reformgesetz die Prävention eine besondere Aufwertung erfahren hat. Damit stehen auch die Krankenkassen auf Präventionskurs, so daß auch auf diesem Wege das Vorsorgeverhalten der Bevölkerung befördert wird.

Ganz entscheidend ist hierbei das Sozialgesetzbuch V, in dem die Aufnahme der Gesundheitsförderung in den gesetzlichen Auftrag der Krankenkassen festgelegt ist. Dieses ist als der wesentlichste Ausdruck für den Versuch einer Neuorientierung vorsorgender Gesundheitspolitik zu interpretieren. Nach den Paragraphen 1 und 20 sind die Krankenkassen verpflichtet, bei den Versicherten auf eine gesunde Lebensweise hinzuwirken; hieraus ergibt sich ein breites Spektrum potentieller Aufgaben und Ansatzpunkte zur Förderung gesunder Lebensweisen. In diesem Zusammenhang sind kompetente Partner gefragt, sowohl zur Fundierung des eigenen Know-how, als auch zur didaktischen Umsetzung konkreter Gesundheitsprogramme in die Praxis. Ein solcher Prozeß erfordert eine enge Kooperation und Abstimmung auf unterschiedlichen Ebenen, d. h. zwischen Ärzten, Pädagogen, Apothekern, Spitzenverbänden der Gesundheitserziehung, Spitzenverbänden der Krankenkassen, Einrichtungen auf kommunaler Ebene, Selbsthilfe-Initiativen etc.

3. Zur Methodik der Gesundheitserziehung

Die traditionelle Gesundheitserziehung

beschränkte sich jahrzehntelang in erster Linie auf das Vermitteln von Basisinformationen über Anatomie und Physiologie des menschlichen Organismus sowie auf das Erlernen hygienischer Regeln, z. B. «Vor dem Essen - Händewaschen nicht vergessen». Man ging davon aus, daß mit dem Wissen zugleich auch gesundheitsgerechtes Verhalten induziert wurde.

Eine andere Vorgehensweise war die Pädagogik des erhobenen Zeigefingers und des «fear-appeals», dessen Prinzip darin besteht, mit den Folgen falschen Gesundheitsverhaltens zu drohen und damit Angst und Schuldgefühle zu erzeugen. Derartige Furchtappelle erfolgten vor allem im Zusammenhang mit der Besprechung der Folgen von Nikotinabusus, Alkoholmißbrauch und Geschlechtskrankheiten. Dabei besteht jedoch die Gefahr, daß aufgrund der emotionalen Blockierung eine sachliche Auseinandersetzung mit dem Problem unterbleibt. Ebenso sind Abwehrreaktionen denkbar, die den Sachverhalt bagatellisieren. Von der Motivationsforschung konnten hierzu allerdings noch keine detaillierten Ergebnisse vorgelegt werden.

Eine zeitgemäße Gesundheitserziehung

vollzieht sich unter anderen Aspekten. Die Basis bildet eine Neubestimmung des Gesundheitsverständnisses, bei dem über die statischen Begriffe «gesund» und «krank» hinaus das Funktionale der Gesundheit in das Konzept einbezogen wird. Nach einer solchen funktionalen und dynamischen Auffassung ergibt sich Gesundheit im wesentlichen als das Produkt des eigenen Verhaltens. Daraus folgert, daß es keinen situationsunabhängigen gesundheitlichen Normalzustand gibt; vielmehr muß sich jeder einzelne ständig um seine eigene Gesundheit wie auch um die Verbesserung der gesundheitsbezogenen Umweltverhältnisse bemühen. Im Prinzip geht es also darum, die Eigenverantwortlichkeit, sich gesundheitsrelevant zu verhalten, zu wecken und zu fördern.

Gesundheit stellt sich somit als permanentes Handlungsziel dar

In diesem Sinne ist das Gesundheitsverhalten als integraler Bestandteil des Gesamtverhaltens eines Menschen zu bewerten. Da es Teil des gesamten Lebensstils ist, können Veränderungen auch nicht durch bruchstückhafte, spezifische Ansätze erreicht werden, sondern nur durch Bemühungen, die den gesamten Lebensstil betreffen; daher muß Gesundheitserziehung als Teil der Gesamterziehung gesehen werden (*Staeck*).

Information allein ist noch keine Gesundheitserziehung

Verstanden als Erziehung zu verantwortlichem Handeln gegenüber der eigenen Gesundheit wie auch gegenüber gesundheitlichen Problemen der Gesellschaft, muß sie über die reine Wissensvermittlung hinausgehen. Die früher als erfolgreich angesehene Aufeinanderfolge von Wissen zu Einsicht und weiter zu Verhaltensänderung ist inzwischen mehrfach widerlegt worden (*Staeck*). Gerade im gesundheitlichen Bereich tritt die Diskrepanz zwischen Wissen und Handeln sehr deutlich zutage: die meisten Raucher wissen sehr wohl über die schädlichen Folgen des Rauchens Bescheid, aber nur sehr wenige sind bereit, das Rauchen aus diesem Grunde aufzugeben. Der Appell an die Einsicht ist also weniger brauchbar.

Vielmehr bedarf es einer mehr emotionalen Zuwendung

Aus der Verhaltensforschung wissen wir, daß die stärkste Motivation im menschlichen Verhalten nicht vernünftigen Überlegungen entstammt, sondern emotionalen Antrieben (*Affemann*). Als besonders wirksames Instrument der Gesundheitserziehung ist daher der persönliche Kontakt zu werten. Deshalb müssen die Botschaften, die vormals nur durch Printmedien vermittelt wurden, heute in eine ganz andere Form gekleidet werden: gefragt ist die personale Kommunikation im Gespräch, unterstützt durch das persönliche Beispiel (*Franke*). Didaktisch geht man am besten von typischen Alltagssituationen mit möglichst persönlichem Bezug aus. Hierdurch ist eher ein Risikobewußtsein zu wecken und damit auch die Motivation zur Prävention.

Das Einbeziehen praktischer Übungen in das Gesamtkonzept

Praktische Übungen, z. B. Gewichts- und Größenbestimmung, Messen von Puls, Atemfrequenz und Blutdruck, haben sich als besonders effektiv erwiesen (*Müller-Ortstein*). Auf diese Weise wird ein besserer Bezug zum eigenen Körper hergestellt und eine größere Bereitschaft zu Interventionen gegenüber Risiken geschaffen (*Hellbrügge u. de Paulis*).

4. Zielsetzungen heutiger Gesundheitserziehung

Zusammenfassend geht es heute aktuell darum,

- daß gesundheitsrelevante Informationen sachgerecht und zeitnah vermittelt werden,
- daß der einzelne als Basis einer selbstgestalteten Gesundheitsvorsorge bestimmte körperliche Grundgrößen am eigenen Körper kennenlernt,
- daß er möglichst frühzeitig zu einer kritischen Reflexion über das eigene Gesundheitsverhalten gelangt,
- daß er motiviert wird, gesundheitsriskantes Verhalten aktiv zu identifizieren, es allmählich abzubauen und durch gesundheitsfördernde Gewohnheiten zu ersetzen, so daß die für unsere Zivilisation charakteristischen selbstverschuldeten Krankheiten verhütet werden,
- daß er sich über die Bedeutung der Risiken unserer modernen Zivilisationsgesellschaft in ihrer Wirkung auf die Gesundheit bewußt wird und Wege zu ihrer Reduzierung kennt,
- daß er in Übertragung der ökologischen Denkweise «alles hängt mit allem zusammen» auf den Gesundheitsbereich seinen Blick dafür schärft, daß Gesundheitsförderung und Umweltschutz eng miteinander verknüpft sind.

Barrieren für gesundheitliche Selbstverantwortung

In der Praxis stößt man allerdings an Grenzen, denn gesundheitliche Selbstverantwortung ist keineswegs selbstverständlich.

- So sehen vor allem junge Menschen ihre Gesundheit als einen Zustand an, für dessen Erhaltung es keinerlei Anstrengung bedarf. Im Gegenteil wird nicht selten gesundheitsriskantes Verhalten geradezu provoziert.
- Der Wohlstandsbürger von heute neigt allzu leicht dazu, die Verantwortung für seine Gesundheit auf die Allgemeinheit abzuschieben und bei Krankheiten der «Gesellschaft» und dem «sozialen Umfeld» die Schuld zuzuschreiben. Die meisten Krankheiten unserer Zeit

werden jedoch durch individuelles Fehlverhalten verursacht: nicht «die Gesellschaft» ist schuld daran, wenn zu fett, zu süß, zuviel gegessen wird, wenn der Bio-Rhythmus durchbrochen und ein Übermaß an Genußmitteln konsumiert wird. Daher kann nicht nachdrücklich genug auf die Kausalität einer risikoorientierten Lebensweise für das Auftreten von Hypertonie, Arteriosklerose, koronarer Herzkrankheit, Adipositas, Diabetes, Krebs und anderes mehr hingewiesen werden.

- Weiterhin hat der Ausbau der sozialen Sicherung, die heute die medizinische Versorgung großer Teile der Bevölkerung garantiert, mit dazu geführt, daß vielen die Sorge um die eigene Gesundheit so gut wie überflüssig scheint, weil schon bei geringfügigen Störungen ärztliche Hilfe in Anspruch genommen werden kann.
- Ein weiteres Handicap gesundheitlicher Selbstverantwortung ist schließlich die Annahme vieler Menschen, daß nahezu jede Krankheit heute medizinisch beherrschbar sei. Sie verlassen sich darauf, daß diese oder jene Methode ihnen helfen wird, anstatt ihre Lebensgewohnheiten zu ändern, was aber oft die einzige, wenn auch unbequeme Chance ist, die Krankheit zu überwinden, beziehungsweise erst gar nicht krank zu werden.

Ausblick

Solche Einschränkungen dürfen uns jedoch nicht davon abhalten, auch in Zukunft präventive Gesundheitsfürsorge zu praktizieren. Unsere moderne freiheitliche Gesellschaftsordnung hat in den Mittelpunkt ihres Konzeptes den selbstverantwortlich handelnden Menschen gestellt. Aufgabe von Pädagogik und Pädiatrie ist es daher, die Bereitschaft des einzelnen zur Übernahme von persönlicher Verantwortung auch in Gesundheitsfragen zu stärken.

Literatur

Affemann, R.: Erziehung zur Gesundheit. Kösel, München (1978)
Czerny, A.: Der Arzt als Erzieher des Kindes. Deuticke, Leipzig/Wien (1906)
Deutscher Bundestag,Ref. Öffentlichkeitsarbeit (Hrsg.): AIDS; Fakten und Konsequenzen, S. 139, Bonn (1988)
Franke, M.: Prävention des Drogenmißbrauchs in der Bundesrepublik Deutschland. Sozialpädiatrie 5, 406-411 (1983)
Friczewski, F.: Streß am Arbeitsplatz - Bedingungen für eine betriebliche Streßprävention, in: Bundesverein. f. Gesundh.Erz. (Hrsg.): Risiken für unsere Gesundheit - einschätzen und handhaben. S. 29, Bonn (1991)
Hartung, K.: Gesundheitserziehung als Anliegen der Schule aus der Sicht des Arztes, in: Schorb, A.O. u. Simmerding, G. (Hrsg.): Lehrerkolleg Schule und Medizin. S. 10-33, TR-Verlagsunion, München (1979)
Hartung, K.: Gesundheitserziehung - sozialpädiatrische Aspekte. Sozialpädiatrie 4, 469-470 (1982)
Hartung, K.: Kinderarzt und Gesundheitserziehung - alte Aufgaben neu gesehen. der kinderarzt 15, 668-671 (1984)
Hellbrügge, Th., de Paulis, G.: Zur Präsentation der ersten Stufe des «Kenne-Deinen-Körper-Programms». Sozialpädiatrie 6, 210-212 (1984)
Hesse, S., Hurrelmann, K.: Gesundheitserziehung in der Schule - ein Überblick über inländische und ausländische Konzepte und Programme. Prävention 14, 50-57 (1991)

Hurrelmann, K.: Gesundheitsrisiken und Risikoverhalten im Jugendalter - Konsequenzen für präventive und fördernde Maßnahmen, in: Bundesverein. f. Gesundh.Erz. (Hrsg.): Risiken für unsere Gesundheit - einschätzen und handhaben. S. 29, Bonn (1991)

Müller-Ortstein, H., Hellbrügge, Th., Glaser, R., de Paulis, G., Wynder, E., Harmann, B.: Zur Notwendigkeit prophylaktischer Cholesterinbestimmungen bei Kindern. Sozialpädiatrie 10, 800-806 (1988)

Staeck, L.: Zeitgemäßer Biologie-Unterricht. Metzler, Stuttgart 3. Aufl. (1982)

Zenke, K.G.: Elterliche Arbeitslosigkeit bedroht die Gesundheit der Kinder. Sozialpädiatrie 12, 326-327 (1990)

WALDEMAR MOLINSKI SJ

Kirchliche Heimerziehung[1]

Anmerkungen zu den anthropogenen und soziokulturellen
Voraussetzungen der Heimbewohner

Bei den in den Heimen Betreuten treten - wenn ich richtig informiert bin - gegenwärtig besonders drei Probleme auf, denen eine Erziehung aus christlicher Verantwortung Rechnung tragen muß.

In den Heimen befinden sich viele Betreute, die irgendwie verlassen sind. Ihre Eltern sind zwar vorhanden[2], aber diese Eltern fallen wegen Zerrüttung der Familienverhältnisse oder Erziehungsunfähigkeit oder -unwilligkeit zeit- oder teilweise als Eltern faktisch aus. Gleichgültigkeit der Eltern oder Elternteile sind häufig anzutreffen. Das bedeutet keineswegs, daß zwischen Kind und Eltern keine oder nur negative Beziehungen bestehen. Oft ist im Gegenteil festzustellen, daß die Familienmitglieder - zumindest unter dem als Bedrohung empfundenen Zugriff der Jugendhilfe - mit hoher Emotionalität aneinander hängen.

Die die Familie desavouierenden Prozesse sind häufig schon eingeleitet, bevor es zur Gründung dieser konkreten Familie kam. Häufig nämlich entstammen ein oder beide Elternteile selbst einer vorbelasteten Tradition, die nun fortgesetzt wird. Zwar gehört der größte Teil von ihnen der untersten Unterschicht an, jedoch ist in den zurückliegenden Jahren auch zu beobachten, daß die untere und mittlere Mittelschicht ebenfalls in der Heimerziehung wiederzufinden ist. Hier sind teilweise die Kinder Opfer einer exzessiven Konsumhaltung geworden, aus der heraus zwar für das Geld, nicht aber verantwortlich für den Nachwuchs gesorgt wurde.

Hand in Hand damit geht, daß viele Betreute behindert, besonders verhaltensauffällig und - wenn sie strafmündig wären - sogar straffällig sind. Aggressives bzw. ausweichendes Verhalten ist in der Regel das Standardverhalten solcher verhaltensgestörter Kinder und Jugendlichen.

Die Reaktionen, die sich aus jahrelanger Erfahrung mit Mangelerscheinungen herangebildet haben, äußern sich in einer großen Spannbreite von Symptomen. Sie reichen von kleinen und nur sporadisch auftretenden bis zu massiven und zur Gewohnheit gewordenen Handlungen; und ebenso, wie es kleine und seltene gibt, gibt es auch kleine und gewohnheitsmäßige bzw. massive und seltene Unregelmäßigkeiten im Verhalten.

Inhaltlich sind sie etwa so zu beschreiben: Angefangen von Tics und Rückschritten auf überwundene Entwicklungsabschnitte des Lebens (Regression) bis hin zu inkriminierten Taten; dazwischen liegen Leistungsversagen (im Sinne von Nicht-Können und Nicht-Wollen), Insich-Zurückziehen («keinen ranlassen»), exzessiver Lebensdrang (erlaubt ist, was gefällt und nicht auffällt»), kleine und größere Diebereien, Gewalt gegen sich selbst und/oder andere. Man darf nicht behaupten, diese jungen Menschen hätten keine Werte und Normen; sie haben andere als die üblichen. Diese haben sie in aller Regel entwickelt, weil es zu Hause so vorgemacht wurde und weil sie dort zu sehr unter emotionalen Mangelerlebnissen gelitten haben. Das Fehlverhalten ist so etwas wie eine Überlebenstechnik[3].

Es ist unter diesen Umständen zu erwarten, daß viele dieser Kinder und Jugendlichen mit der Welt der Religion und des Glaubens weithin überhaupt nicht oder nur unter negativen Vorzeichen in Beziehung kamen. Man muß davon ausgehen, daß ein großer Teil der

Heimbewohner religiös ungebildet oder sogar geschädigt sind. Außerdem sind auch in den konfessionellen katholischen Heimen zahlreiche anderskonfessionelle, andersgläubige und religionslose Kinder und Jugendliche.

Altersmäßig sind am stärksten die älteren Kinder (11 bis 14 Jahre), die Jugendlichen (15 bis 18 Jahre) und junge Erwachsene, die teilweise bis zu 30 % der Betreuten darstellen. In den hiesigen Heimen sind mehr als 50 % der Heimbewohner Jugendliche bzw. Volljährige. Seit ein paar Jahren werden wieder mehr Säuglinge und Kleinkinder in den Heimen untergebracht.

Insgesamt gilt, daß Jungen häufiger als Mädchen in Heimerziehung kommen. Anscheinend liegt der Proporz bei etwa 7:3. Die vermutlich richtige Begründung ist: Jungen neigen in Konfliktsituationen eher als Mädchen zu aggressivem Verhalten. Sie sind von daher «störender» als Mädchen, deren Konfliktlösung mehr in einem Sich-Entziehen (von der Schule, der Familie, dem Freundeskreis) oder in einer Flucht in (voreilige) Zuwendungen oder Ersatzhandlungen besteht.

1. Sozialisations- und Erziehungsziele

Angesichts dieser Situation bemühen sich die katholischen Heime aufgrund des Verständnisses vom Menschen, das ihrer Konzeption zugrunde liegt, nicht nur um eine möglichst gute Versorgung der vom Leben benachteiligten und ihnen anvertrauten Kinder und Jugendlichen, sondern sie streben vor allem auch sehr gezielt und reflektiert ihre Sozialisation und Erziehung an. Im Unterschied zur Schule steht dabei im Heim die funktionale Sozialisation gegenüber der intentionalen Erziehung im Vordergrund. Das heißt, die Erziehung erfolgt hauptsächlich durch das konkrete Zusammenleben, durch die Art, wie es konzipiert und organisiert ist, dadurch wie Alltag und Feiertag gestaltet werden, wie jeder bestimmte Aufgaben zu lösen hat, durch die Möglichkeiten der individuellen Lebensgestaltung, die eröffnet werden, und vor allem durch die Art, wie man miteinander umgeht und auf Fehlverhalten reagiert.

Daneben und in Ergänzung dazu spielt aber zu Recht die intentionale Erziehung eine Rolle, die zunehmend durch gezielte therapeutische Arbeit und Ausbildung unterstützt wird.

Ziel dieser Sozialisation und Erziehung ist nach christlichem Menschenverständnis die möglichst ganzheitliche und ausgewogene Entfaltung der Persönlichkeit jedes einzelnen. Der junge Mensch soll lernen, sich selbst und seine Umwelt aufgeschlossen wahrzunehmen, realistisch einzuschätzen und sich selbst und den Nächsten zu lieben und sich durch all das für das Wirken Gottes zu öffnen und ihm in Liebe zu begegnen. Es geht also - im Rahmen des Möglichen - um die Heranbildung warmherziger, lebensbejahender, liebenswerter und liebesfähiger und liebesbereiter Menschen, die sich darum bemühen, ihr Leben aus dem Glauben zu verstehen und zu gestalten, kurz um die möglichst weitreichende Befähigung zur Verwirklichung des Ersten und Zweiten Gebotes.

Abstrakter ausgedrückt heißt das: Es geht um die Heranbildung selbstbestimmter und sozial angemessen engagierter Persönlichkeiten, die sich demnach durch Verantwortlichkeit und angemessene Bindungsfähigkeit und Bindungswilligkeit auszeichnen.

Die pädagogische Zielsetzung schließt gerade bei den unter vielen Zwängen stehenden und unter Entfremdung Leidenden das Bemühen um eine fortschreitende Befreiung, um eine Emanzipation aus Fremdbestimmung und falschen Vorurteilen ein. Aber: das Ziel ist nicht der aus allen Bindungen herausgelöste Mensch, sondern der mündige Mensch, der in der Lage ist, seine Freiheit sinnvoll zu nutzen zur Erfüllung zunächst von kleinen und dann von immer größeren Aufgaben im Dienste der Selbstentfaltung durch Öffnung für Aufgaben und schließlich zu Bindungsfähigkeit und Bindung.

Der Verband Katholischer Einrichtungen der Heim- und Heilpädagogik formuliert in seiner Denkschrift «Heimerziehung in Einrichtungen der Caritas» näherhin folgende Erziehungsziele:

Durch Erziehung und Bildung soll der junge Mensch befähigt werden, als selbstverantwortliche Persönlichkeit sein Leben in der Welt zu gestalten. Er soll dabei lernen, sich für alle wichtigen Lebensbereiche die erforderlichen Kompetenzen (Ich-, Sach- und Sozialkompetenz) anzueignen. Der junge Mensch soll insbesondere befähigt werden:
- seine motorischen, kognitiven, affektiven und sozialen Fähigkeiten optimal zu entwickeln und dadurch zu seiner eigenen Identität zu gelangen;
- sich positive Einstellungen und Werthaltungen anzueignen und sie auch in außergewöhnlichen Situationen für verbindlich zu halten;
- humanes Leistungsverhalten aufzubauen, seine Leistungen objektiv einzuschätzen und Mißerfolge ohne wesentliche Beeinträchtigung seines Selbstwertgefühls zu ertragen;
- sich in seinen körperlichen, seelischen und geistigen Möglichkeiten, aber auch in seinen Begrenztheiten anzunehmen;
- seine Umwelt kritisch zu sehen und seine Rolle darin zu bejahen;
- sich selbst einen persönlichen Bereich zu schaffen und einen solchen auch bei anderen zu respektieren;
- seine eigenen Interessen einzubringen und bei der Verwirklichung der Erziehungsziele mitzuwirken;
- Mitverantwortung für andere zu übernehmen, Andersdenkende und Minderheiten zu schützen sowie sich für die Verbesserung der gesellschaftlichen Verhältnisse zu engagieren;
- Konflikte angemessen zu lösen und auf physische und psychische Gewalt zu verzichten;
- in der Kultivierung menschlicher Bedürfnisse, in der Begegnung, in der Geborgenheit, im Erfolg, im Erlebnis des Schönen und Transzendenten glücklich zu sein;
- seine eigene Geschlechtlichkeit und die der anderen zu akzeptieren, geeignete Formen der Partnerschaft zu entwickeln, sich auf Ehe und Familie vorzubereiten, das Recht auf Leben zu achten;
- seine persönliche Beziehung zu Gott aufzubauen, um zu erfahren, daß dadurch die Möglichkeit zu einem erfüllten Menschsein, aber auch zu einem friedlichen und gerechten Zusammenleben in der Gesellschaft besteht.[4]

2. Didaktische Zielsetzung

Angesichts der konkreten Probleme der Heimbewohner wird man diese pädagogischen Ziele inhaltlich und somit didaktisch mittels der Verwirklichung folgender konkreter Aufgabenstellungen zu verwirklichen versuchen:
• Man wird versuchen, aus einer diakonischen Motivation nach vernünftigen pädagogischen Prinzipien soweit wie möglich familiennah und soweit wie nötig heimspezifisch zu erziehen.
• Man wird versuchen, aus einer gläubigen diakonischen Motivation heraus nach religionspädagogischen Einsichten die Kinder und Jugendlichen zur Bewältigung ihrer diesseitigen sittlichen Aufgaben zu befähigen und sie gleichzeitig im Rahmen des Angemessenen und Möglichen zu evangelisieren.

2.1. Familienorientierte Erziehung

Die familienorientierte Erziehung bezweckt nach den Erfordernissen des Subsidiaritätsprinzips:
• Die Rückkehr des Kindes oder Jugendlichen in die eigene Familie. Wenn das nicht möglich oder nicht angebracht ist:
• Vorbereitung der Erziehung in einer anderen Familie oder familienähnlichen Lebensform. Wenn das nicht möglich oder nicht angebracht ist:
• Die Verselbständigung des Jugendlichen. Letztes gilt insbesondere für bereits ausgegrenzte Kinder und Jugendliche, die nicht mehr in Familien integriert werden können und für die deshalb das Heim anstelle der Familien treten muß.

Diese Zielsetzung orientiert sich an der christlichen Vorstellung, daß im Normalfall die Familie der natürliche und erste Ort für Sozialisation und Erziehung der Kinder ist. Diese Vorstellung ist von unserem Staat und der Gesellschaft übernommen worden[5]. Danach soll für die Kinder, die zeitweilig oder dauerhaft nicht in der eigenen Familie leben können, nach den Regeln des Subsidiaritätsprinzips eine Lösung gefunden werden, die so familiennah und dezentral wie möglich und so familienfern und zentral wie nötig gestaltet wird.

Aufgrund dieses Vorverständnisses ist die Heimerziehung als eine die Familie im Rahmen des Nötigen und des ihr Möglichen ersetzende Institution anzusehen. Sie ist so weit unersetzlich, wie die Familie und familiennähere Einrichtungen nicht in der Lage sind, den in den Heimen zu Betreuenden besser zu helfen als das im Rahmen der Heimerziehung möglich ist.

Es ist unter diesen Umständen im Interesse der Kinder und Jugendlichen, denen am besten im Rahmen einer angemessenen familiennahen Erziehung geholfen werden kann, erforderlich, daß sorgsam geprüft wird, inwieweit in den bestehenden Einrichtungen noch familiennäher gearbeitet werden kann, und inwieweit die drastische Reduzierung der Heimplätze, die besonders für die 70er Jahre charakteristisch ist, im Interesse der betreuungsbedürftigen Kinder und Jugendlichen begrenzt werden sollte. Auf den für die Erhaltung oder Schließung der Heime Zuständigen ruht jedenfalls eine beachtliche Verantwortung, unbefangen und unbestechlich dafür Sorge zu tragen, daß Heimerziehung nur im angemessenen Ausmaß und - wenn sie erforderlich ist - angemessen familiennah erfolgt. Das bedeutet aber gleichzeitig, daß die Entscheidungsbevollmächtigten für das angebrachte Ausmaß der unersetzlichen Heimerziehung unbedingt Sorge tragen sollten, um so die Verwirklichung des Rechts auf Erziehung einer besonders benachteiligten Gruppe junger Menschen sicherzustellen und dadurch auch unsere Solidargemeinschaft vor Gefahren zu schützen, denen sie ohne Erfüllung dieses Erziehungsauftrags ausgesetzt wäre.

Diese differenzierte Aufgabenstellung bringt zum Ausdruck, daß eine Rückkehr in die Herkunftsfamilie nur unter der Voraussetzung sinnvoll ist, wenn damit sowohl dem Kind als auch seinen Eltern und gegebenenfalls der ganzen Familie hinreichend gedient wird.

Da die Ursache der Heimunterbringung häufig eine tiefgreifende Störung der familiären Verhältnisse in der Herkunftsfamilie ist, kann die Zielsetzung der Rückführung der Betreuten in die Herkunftsfamilie nur unter der doppelten Voraussetzung verwirklicht werden. Es muß nämlich gelingen,
1. die familiären Verhältnisse hinreichend zu sanieren,
2. das Kind bzw. den Jugendlichen dazu zu befähigen, sich in seiner Herkunftsfamilie wenigstens ebensogut entfalten zu können wie in einer anderen aufnahmebereiten Familie oder im Heim.

Falls das nicht möglich ist, sind die beiden anderen Alternativen in der genannten Reihenfolge anzustreben. Für den Fall, daß die Beibehaltung der Heimerziehung die angemessenere Alternative ist, muß diese die Verselbständigung des Jugendlichen anstreben.

2.2. Im Rahmen des Möglichen und Angemessenen Erziehung auf Glauben hin

Als Vertiefung und Ergänzung der familienorientierten humanistischen Erziehung wird in den katholischen Heimen darüber hinaus als didaktische Aufgabe konsequent eine Erziehung aus dem Glauben und auf Glauben hin gestaltet, die sich darum bemüht, den vom Schicksal getroffenen und aus den natürlichen familiären Bindungen herausgerissenen Kindern und Jugendlichen eine religiöse Sinnorientierung zu erschließen, die es ihnen ermöglicht, ihr Schicksal offenen Auges anzunehmen und im Vertrauen auf Gott mutig zu gestalten und daher zu der Zuversicht der Kinder Gottes zu finden. Die kirchlichen Heime verstehen sich nämlich als sogenannte Tendenzbetriebe mit einem eindeutigen diakonischen und im Rahmen des Möglichen und Angemessenen mit einem evangelisatorischen Auftrag.

Es kann kein Zweifel bestehen, daß die kirchlichen Heime zunächst und vor allem einen diakonischen Auftrag zur Versorgung und weltlichen Erziehung ihrer Betreuten haben[6]. Aber Diakonie ist Wahrnehmung einer weltlichen Aufgabe aus einer gläubigen Motivation. Sie erfolgt deshalb nicht nur im kirchlichen Auftrag, sondern ist die Wahrnehmung einer kirchlichen Aufgabe. Sie will den Menschen, die nach menschenrechtlicher und christlicher Überzeugung einen absoluten Wert haben, dazu helfen, daß sie sich in jeder Hinsicht menschenwürdig entfalten können. Diese Dienstbereitschaft, aus Glaubensüberzeugung am Wohl der Mitmenschen mitzuwirken, schließt notwendig im möglichen und angemessenen Ausmaß die Bereitschaft zur Evangelisierung mit ein, weil die Gläubigen ja davon überzeugt sind, mit der recht verstandenen Evangelisierung ihren Mitmenschen einen großen und in verschiedener Hinsicht unersetzlichen Dienst für ihre ganzheitliche menschliche Entfaltung zu erweisen.

Deshalb erwarten die kirchlichen Einrichtungen von ihren Mitarbeitern zu Recht, daß sie sich in zumutbarem Ausmaß mit dem kirchlichen Auftrag identifizieren, der sich seinerseits an den Erfordernissen des Evangeliums orientieren muß. Es kann in diesem Zusammenhang offen bleiben, wie dieses zumutbare Ausmaß näherhin zu bestimmen ist. Darüber wird gegenwärtig bekanntlich temperamentvoll diskutiert. Konsensfähig ist jedoch wohl die Feststellung: Weil die weltliche Erziehung in den kirchlichen Heimen unmittelbar nach vernünftigen, allgemein zugänglichen pädagogischen Prinzipien erfolgt, ist es durchaus möglich, daß sich nicht kirchlich gebundene Mitarbeiter an der Wahrnehmung der diakonischen Aufgabe dieser Heime vollwertig beteiligen können, sofern sie ihre erzieherischen und sonstigen weltlichen Aufgaben befriedigend erfüllen und die kirchliche Zielsetzung der Einrichtung bejahen sowie im Rahmen ihrer begrenzten Möglichkeit fördern und nicht bloß tolerieren. Andernfalls sind sie ein Fremdkörper in der Einrichtung und hindern die Einrichtung eher an der wirksamen Wahrnehmung ihrer Aufgabe, statt sie dabei zu unterstützen.

Wenn demnach diakonische Einrichtungen durchaus von einer Anzahl kirchlich nicht gebundener Mitarbeiter verantwortlich mitgetragen werden können, würden diese Einrichtungen jedoch ihren Sinn als diakonische verlieren, wenn ihre Gesamttätigkeit nicht beseelt wäre vom lebendigen Glauben ihrer Mitarbeiter, durch den die Einrichtung eine unverkennbar christliche Prägung erhält. Eine solche Tätigkeit schließt selbstverständlich jegliche Versuche von Proselytenmacherei aus.

Falls es nicht möglich ist, eine kirchliche Einrichtung deutlich wahrnehmbar aus christlichem Geist zu gestalten, sollte sie deshalb ehrlicherweise in weltliche Trägerschaft überführt werden, es sei denn, es finden sich keine anderen Träger, die die Einrichtung im angemessenen Ausmaß weiterführen können und wollen. Das gilt gerade auch dann, wenn sie genauso und genauso erfolgreich wie andere weltliche Einrichtungen wirkt. Als solche Einrichtung könnte sie - sofern das erforderlich und möglich ist - kirchlich unterstützt werden, vor allem aber sollten einzelne

Christen in ihnen aus gläubiger Motivation und somit in einer diakonischen Orientierung wirksam werden. Die Kirche aber sollte sich in erster Linie solchen diakonischen Aufgaben widmen, die zwar vordringlich sind, aber von weltlichen Kräften nicht in ausreichendem Ausmaß wahrgenommen werden. Gleichzeitig sollte die Kirche ein lebendiges Interesse daran haben, daß ihre eigenen Einrichtungen sich durch ihre Tätigkeit als unverkennbar christlich ausweisen. Andernfalls wäre sie mitverantwortlich dafür, daß Einrichtungen, die tatsächlich nicht unverkennbar christlich sind, als christlich etikettiert werden. Das aber könnte die gute Wahrnehmung ihres ureigenen Auftrags kompromittieren.

Der lebendige Glaube, der in den kirchlichen Einrichtungen greifbar werden sollte, schließt nach dem kirchlichen Selbstverständnis selbstverständlich auch Bereitschaft zur Kritik an Fehlformen kirchlicher Lebensgestaltung und zu ihrer Reform ein. Aber diese Bereitschaft muß immer geformt und getragen sein von einem lebendigen *sentire cum ecclesia*, von einem warmherzigen Empfinden mit der Kirche.

Diese Bereitschaft verlangt angesichts der schwierigen und in mancherlei Hinsicht defizitären Situation der Kirche in unserer Gegenwart und speziell in unserer Region von den kirchlichen Mitarbeitern ein beachtliches Maß an gläubiger und kirchlicher Reife, die sie in die Lage versetzt, an der notwendigen Reform der Kirche im Lichte des Evangeliums und der Nachfolge unseres Herrn mitzuwirken. Aber so ist der kirchliche diakonische Dienst gerade jetzt nicht bloß eine herausfordernde, sondern auch eine begeisternde Aufgabe. Gerade in unseren diakonischen Einrichtungen und speziell in unseren Heimen wird ja besonders deutlich, daß nicht nur die Kirche, sondern ebenso oder sogar viel mehr unsere Gesellschaft reform-, ja erlösungsbedürftig ist. Darum ist ja unsere Diakonie so vordringlich. Sie erleben tagtäglich, wie sehr Kinder und Jugendliche unter den Fehlentwicklungen unserer Gesellschaft leiden, wie sehr sie warmer menschlicher Zuwendung und der Erziehung zu wahrer Menschlichkeit bedürfen.

3. Konzeptionelles Vorgehen

3.1. Elternarbeit

Die Verwirklichung des vorrangigen Zieles, die Rückführung in die Herkunftsfamilie, hängt keineswegs ausschließlich und häufig nicht vor allem von den Erfolgen der Heimerziehung ab. Dazu sind vielmehr oft sehr unterschiedliche Bemühungen verschiedener Instanzen nötig. Die für die Heimerziehung Verantwortlichen müssen deshalb versuchen, das ihnen Mögliche dazu beizutragen, daß diese verschiedenen für die Familienförderung und -sanierung zuständigen Instanzen ihre Aufgaben effektiv wahrnehmen und rationell koordinieren. Aber die für die Heimerziehung Verantwortlichen müssen sich ebenso bewußt sein, daß die Verwirklichung des vorrangigen Zieles der möglichst weitreichenden Rückführung der Kinder und Jugendlichen in die Familie immer auch entscheidend von den entschlossenen Bemühungen der Heimerziehung abhängt.

Tatsächlich intensivieren diese Einrichtungen diese Bemühungen seit geraumer Zeit beachtlich, unter anderem besonders auch durch den Ausbau der Elternarbeit. Für Erzieher wird angestrebt, daß sie in ihrer Parteilichkeit für das Kind, mit dem sie täglich leben, Verständnis und Akzeptanz gegenüber den Eltern erlangen.

3.2. Öffnung nach außen

Auch die Öffnung der Heime für Freunde und Verwandte ebenso wie die Besuche, Freizeiten und Ferien außerhalb des Heimes, die möglichst weitreichende Integration der Heimbewohner in die bürgerliche Gemeinde und in die Pfarrgemeinde und das sonstige gesellschaftliche und gesellige Leben dienen für die Vorbereitung des Lebens außerhalb des Heimes, für die Zeit danach. Gewisse Einschränkungen werden nur vorgenommen, wenn das nötig ist zum Schutz vor zu befürchtenden Gefährdungen und zur Sicherung des zeitweilig erforderlichen Schonraums.

3.3. Gruppenarbeit

Die gegenwärtig für die Heimerziehung charakteristische Konzentration auf Gruppen entspricht den Erfordernissen des Subsidiaritätsprinzips und somit den Erfordernissen geordneter Verwirklichung von Solidarität. Das besagt aber noch nicht ohne weiteres und in jedem Fall, daß die gegenwärtige Zusammensetzung der Gruppen, nämlich 8 bis 12 Kinder und 3 bis 4 Erzieher, und ihre gegenwärtige Arbeitsweise in jeder Hinsicht festgeschrieben werden sollte. In der Hinsicht wird ja erfreulicherweise viel reflektiert und experimentiert. Hier soll nur kurz auf einige grundlegende Einsichten über die Gruppenarbeit hingewiesen werden, die schon der Altmeister der Sozialpsychologie *Kurt Lewin* hervorragend charakterisiert hat:

a) Die Gruppe ist der Boden, auf dem eine Person steht. Die Schnelligkeit und Bestimmtheit, mit der eine Person vorwärtsgeht, ihre Bereitschaft zu Kampf oder Nachgiebigkeit und andere wichtige Kennzeichen ihres Verhaltens hängen von der Festigkeit des Bodens ab, auf dem sie steht, und von ihrer allgemeinen Sicherheit. Die Gruppe, der eine Person angehört, ist einer der wesentlichen Bestandteile dieses Bodens. Ist sich eine Person über ihre Zugehörigkeit nicht im klaren oder ist sie innerhalb ihrer Gruppe nicht gut aufgehoben, wird ihr Lebensraum die Kennzeichen eines unfesten Bodens aufweisen.

b) Die Gruppe als Mittel. Eng verbunden damit ist die Tatsache, daß die Gruppe für den einzelnen oft die Bedeutung eines Mittels hat. Von früher Kindheit an ist der Einzelne gewohnt, eine Gruppenbeziehung, z. B. seine Beziehung zu seiner Mutter oder zu seiner Familie, als Mittel zur Erreichung verschiedener physischer und sozialer Ziele zu benutzen. Später ist der Vorrang, den eine Person aufgrund ihrer Zugehörigkeit zu einer bestimmten Gruppe, Familie, Universität, Vereinigung usw. erwirbt, eines der wichtigsten Hilfsmittel seiner Leistungen: von dem Außenstehenden wird er als Teil dieser Gruppe behandelt.

c) Die Person als Teil einer Gruppe. Die Veränderung in den äußeren Umständen eines einzelnen geht zu einem wesentlichen Teil direkt auf eine Veränderung in der Situation der Gruppe zurück, von der er ein Teil ist. Ein Angriff auf seine Gruppe, ein Steigen oder ein Fallen seiner Gruppe bedeutet einen Angriff auf ihn, ein Steigen oder ein Fallen seiner Position. Als Mitglied einer Gruppe hat er gewöhnlich die Ideale und Ziele, die man in dieser Gruppe hat.

d) Die Gruppe als Lebensraum. Schließlich ist die Gruppe für den einzelnen ein Teil des Lebensraunes, in dem er sich bewegt. Innerhalb dieser Gruppe einen bestimmten Rang oder eine bestimmte Stellung zu erlangen und zu bewahren, ist eins der lebenswichtigsten Ziele des einzelnen. Sein Rang in der Gruppe, die Größe des freien Bewegungsraumes in ihr und ähnliche Gruppeneigenheiten bestimmen den Lebensraum des einzelnen maßgeblich.[7]

Eine der maßgeblichen allgemeinen Eigenschaften einer sozialen Gruppe ist demnach ihr Charakter als Boden, auf dem der einzelne steht. Ist dieser Boden nicht fest, wird sich der einzelne unsicher fühlen und in einen Zustand der Spannung geraten. Die Menschen sind im allgemeinen selbst dem geringsten Nachlassen der Festigkeit ihres sozialen Bodens gegenüber sehr empfindlich.

Es braucht in diesem Zusammenhang nicht näher auf die Chancen und Probleme der Gruppenarbeit eingegangen zu werden, die der Gegenstand der täglichen Erfahrung und Reflexion aller an der Heimerziehung Beteiligten ist. Nur zwei Hinweise seien in diesem Kontext gestattet, in dem die Notwendigkeit der Beachtung des Subsidiaritätsprinzips für eine erfolgreiche solidarische Erziehungsarbeit gerade in den Heimen so stark unterstrichen wird.

a) Ein ausreichender Raum freier Bewegung innerhalb einer Gruppe ist eine Voraussetzung für die Befriedigung der Bedürfnisse, die der einzelne hat, und für die Anpassung an die Gruppe. Ein unzulänglicher Raum freier Bewegung führt zu Spannung. Wieviel an privater Sphäre nötig ist, hängt von dem Charakter des Betreffenden ab. Es hängt auch von der Bedeutung ab, die die Gruppe in den Lebensräumen des Betreffenden hat. Je weniger bedeutsam die Gruppe für das Leben des Betreffenden ist, desto mehr an privater Sphäre braucht er gegenüber der Gruppe, der er angehört[8].

b) Je weniger die einzelnen Gruppen in der Lage sind, die in ihnen zutage tretenden pädagogischen und sonstigen Probleme selbst zu lösen, desto mehr sollten sie die Möglichkeit haben und die Bereitschaft entfalten, die die Gruppen übersteigenden pädagogischen und sonstigen Dienste in Anspruch zu nehmen und mit ihnen partnerschaftlich zusammenzuarbeiten.

Selbstverständlich können die Gruppen in den Heimen die Familie nicht ersetzen, wohl aber einzelne Elemente des Familienlebens. Das zeigt sich öfters eindrucksvoll, wenn die Heimerzieher noch lange nach dem Heimaufenthalt als Berater und Helfer aufgesucht und erreicht werden. Dennoch besteht vielleicht der wichtigste Unterschied zwischen einer Heimgruppe und einer Familie darin, daß das Eltern-Kind-Verhältnis zeitlich nicht begrenzt ist und daß auch nach Verlassen des elterlichen Haushalts die Solidargemeinschaft von Eltern und Geschwistern weiter besteht.

Außerdem haben die Erzieher zu ihren Heimkindern eine distanziertere Einstellung als Eltern. Das ermöglicht ihnen aber auch eine professionelle Erziehung. Aufgrund dieser können sie nicht nur das Eigenverhalten, sondern auch das der von ihnen Betreuten objektiver beurteilen und Fortschritte und Fehler besser registrieren sowie sachkundiger in den Dienst der Erziehung stellen.

4. Hinführung zu Verantwortlichkeit und Bindungsfähigkeit

Eine besondere Aufmerksamkeit muß bei dieser Gruppenarbeit selbstverständlich auf die Förderung von Verantwortlichkeit und Bindungsfähigkeit gelegt werden.

Ein großes Problem stellt in diesem Zusammenhang die Tatsache dar, daß die Gruppe sich ständig ändert. Neue Kinder kommen hinzu, andere scheiden aus. Dies und die unterschiedliche Sozialisationsgeschichte bestimmen Gruppenprozesse und die Entwicklungsmöglichkeiten von einzelnen in der Gruppe. Je intensiver und kontinuierlicher Erzieher nach Möglichkeit mit Kindern unterschiedlichen Alters und Geschlechts zusammenarbeiten können, desto hilfreicher wird Heimerziehung sein können.

Will man unter diesen Bedingungen Verantwortlichkeit und Bindungsfähigkeit fördern, geschieht das am natürlichsten und wirksamsten durch Vorleben. Das geschieht aber nicht nur wegen der starken Fluktuation, sondern auch wegen der Defizite der Erzieher nur begrenzt.

Es wäre unter diesen Umständen grundverkehrt, die Defizite des verantwortlichen Handelns gegenüber den Zöglingen und der Bindung an sie scheinheilig zu verbrämen. Das wird schnell durchschaut und enttäuscht wegen der Scheinheiligkeit zusätzlich und äußert sich in der bitteren und teilweise zynischen Kritik, mit der uns von kirchlichen Einrichtungen Enttäuschte gelegentlich konfrontieren.

Wir müssen vielmehr einerseits unsere eigenen Defizite anerkennen; das heißt nicht, wir sollten trotzig und rechthaberisch zu ihnen stehen, sondern wir sollten - soweit das aktuell wird - sie ehrlich als solche anerkennen, verständlich machen, warum sie bestehen und wieweit wir sie nicht ändern können und deshalb selber unter ihnen leiden. So schaffen wir nämlich bereits eine uns mögliche Atmosphäre der Verantwortung und der Verbindlichkeit.

Darüber hinaus müssen wir andererseits auf verschiedene Weise immer wieder deutlich machen, warum wir das Bemühen um diese Werthaltungen für so wichtig halten, und deshalb trotz aller entgegenstehenden Hindernisse im Bemühen um ihre stets bessere Verwirklichung nicht resignieren. Viele werden sich während ihres ganzen Lebens weitgehend der gleichen Defizite und des gleichen Versagens anklagen müssen, aber die Anerkennung dieser Grenzen hält das Bemühen um ihre Überwindung in Schwung und so die Hoffnung auf die Verwirklichung einer besseren Welt am Leben.

5. Das Proprium der religiösen Erziehung

Gerade angesichts der großen Schwierigkeiten der Heimerziehung bietet die Integration der religiösen Erziehung in sie besondere Chancen, den in mancherlei Hinsicht benachteiligten Heimbewohnern auch dort noch kompensatorische Möglichkeiten zur besseren Bewältigung für ihr Geschick zu eröffnen, wo die rein weltliche Erziehung vielleicht nicht mehr weiter weiß. Damit das gelingt, dürfen Religion und Glaube freilich nicht gewissermaßen als Droge verabreicht werden, durch die zwar die Schmerzen über das eigene Geschick mehr oder weniger betäubt, aber gleichzeitig auch der Wille zur Selbstbefreiung aus der eigenen entfremdeten Situation geschwächt wird. Gerade bei der Heimerziehung kommt es vielmehr entscheidend darauf an, daß Religion und Glaube nicht gewissermaßen von außen aufgepfropft und mehr oder weniger gewohnheitsgemäß praktiziert sowie als sanftes Mittel zu repressiver Anpassung benutzt wird. Man würde auf diese Weise dem Willen der Träger sicher nicht gerecht werden, die auf die religiöse Sinngebung der katholischen Heime so großen Wert legen und dafür einen beachtlichen materiellen und vor allem ideellen Einsatz leisten.

Es kommt vielmehr entscheidend darauf an, die anthropologische Wende, die in der Theologie und in der Religionspädagogik im Gefolge des Konzils zwischenzeitlich allgemein vollzogen wurde, im Bereich der religiösen Heimpädagogik nachdrücklich zur Geltung zu bringen. Das bedeutet, die anthropologischen Zielsetzungen der weltlichen Erziehung müssen für ihre religiöse Tiefendimension erschlossen werden. Anders als in den Heimen früherer Zeiten geht es heute demnach nicht primär um eine religiöse Erziehung, die sich vor allem darauf konzentriert, die Kinder zur Gottesfurcht und zum Heil zu führen, sondern im Gefolge der sogenannten anthropologischen Wende der Religionspädagogik geht es auch bei der kirchlichen Heimerziehung darum, die menschliche Erziehung durch die religiöse zu untermauern, zu erweitern und zu bereichern. Es geht um weltliche und menschliche Befreiung und in sie integriert und auf ihr aufbauend um religiöse Erlösung. Gerade bei den in vielerlei Hinsicht benachteiligten und verunsicherten Kindern und Jugendlichen, die in die Heime eingewiesen werden, erweist sich die religiöse Sinndeutung des Lebens und die gläubige Lebensgestaltung als besonders segensreich, vorausgesetzt freilich, daß die religiöse Erziehung methodisch in einer Weise durchgeführt wird, die der besonderen Situation der Heimbewohner entspricht.

Die Diakonie darf sich aber nicht auf einen dienenden Beitrag zur Weltgestaltung beschränken, es sei denn, daß diese Diakonie nur unter der Bedingung des Verzichts auf Evangelisierung verwirklicht werden kann und doch erforderlich ist; sie muß vielmehr, soweit das möglich ist, auch Evangelisierung bezwecken, allerdings ohne den anvertrauten Kindern und Jugendlichen Unrecht zu tun oder ohne ihnen etwas aufzustülpen versuchen, zu dem sie nicht fähig sind. Wenn man selbst von seinem christlichen Glauben wahrhaft erfüllt ist, hat man spontan das Bedürfnis, dieses Geschenk mit denjenigen zu teilen, für die man da ist und die man lieb hat. Das Problem dabei ist nur, daß man den Glauben nur soweit mitteilen kann, wie der andere dafür aufnahmefähig und -bereit ist. Wenn man den Glauben in einer für ihn mißverständlichen Weise zu vermitteln versucht, kann man ihm damit sogar großen Schaden zufügen. Tatsächlich werden die meisten von uns die konkrete Glaubensvermittlung nicht ausschließlich als ein beglückendes Geschenk erfahren haben, sondern im Namen des Glaubens auch manche Entfremdung und Verwundung erlitten haben. Konkrete Glaubensvermittlung ist nämlich häufig bis zu einem gewissen Grad zweideutig. Das ist immer dann der Fall, wenn im Namen des Glaubens nicht bloß das Heil, sondern auch menschliche Vorurteile, Borniertheit, Zwang und sogar Gewalt verbreitet werden. Die Kirchengeschichte lehrt uns leider nachdrücklich auch dies.

Das bedeutet, daß das Bemühen um Evangelisierung in gewissem Umfang in propädeutischer und therapeutischer Weise und somit behutsam geschehen muß. Diese Art des Vorgehens sollte uns aber nicht daran hindern, möglichst weitgehend die ansteckende Freude und die befreiende und erlösende Kraft des Evangeliums und die Geborgenheit einer fürsorglichen und geschwisterlichen Kirche zu vermitteln. Natürlich sollten wir im Rahmen des Möglichen auch die Wahrheit und den Anspruch des Glaubens unverkürzt zur Geltung bringen und mutig verteidigen. Aber das muß heutzutage mehr denn je zuvor ohne Überheblichkeit und Besserwisserei in der aufrichtigen Bescheidenheit geschehen, die die Sicherheit und Gewißheit des Glaubens vermittelt[9].

Die bereits zitierte Denkschrift des Verbandes der Heim- und Heilpädagogen erwähnt folgende Aspekte der religiösen Erziehung als für unsere Zeit vordringlich:

Die Beantwortung der Sinnfrage des Lebens, bei deren Erörterung es besonders wichtig ist, die jungen Menschen erfahren zu lassen, daß sie erwünscht, geliebt und angenommen sind. «So sind der mitmenschliche Kontakt, die Beratung und Führung, das Vertrauen und Annehmen, das Verzeihen und Ermutigen im Alltag ein Abbild des Dialogs mit Gott. Die mitmenschlichen Begegnungen und die Begegnungen mit Gott werden immer wieder motiviert und realisiert in der kirchlichen Gemeinschaft der Glaubenden. In der Kirche werden dem jungen Menschen Modelle gelebten Glaubens vorgestellt und Hilfen zum Nachvollzug des Lebens Jesu gegeben.»

Die Verantwortung füreinander im Alltag und die Erziehung zu sozialem und demokratischem Verhalten.

Die humane Gestaltung von Arbeit und Freizeit. Dabei muß die wesentliche Funktion der Arbeit für die Persönlichkeitsentwicklung erkannt und herausgearbeitet[10], andererseits auch eine sinnvolle Gestaltung der wachsenden Freizeit gefördert werden.

Das Eintreten für soziale Gerechtigkeit und Frieden und dabei speziell die «Förderung der Sensibilität für Recht und Unrecht; sachliche Auseinandersetzung mit anderen; sich versöhnen lernen, das heißt Bereitschaft, sich zu entschuldigen und Entschuldigungen anzunehmen, nicht nachtragend zu sein; Großmut und Geduld miteinander; Ertragen von Spannungen und Ungewißheiten.»[11]

6. Anmerkungen zur richtigen Einstellung der Erzieher gegenüber den ihnen anvertrauten Hilfsbedürftigen

Voraussetzung für eine solche Erziehung aus christlicher Verantwortung ist vor allem, daß die Erzieher - insbesondere die Heimerzieher - eine starke und reife Liebe zu den ihnen anvertrauten Kindern verwirklichen und den Kindern vermitteln. Das aber können sie nur, wenn es ihnen gelungen ist, sich selbst unbefangen zu bejahen und zu lieben. Nur so kann man sich nämlich gegenüber den einem anvertrauten Hilfsbedürftigen mit der wirklichen Kraft, aber eben auch mit den Grenzen seiner eigenen Persönlichkeit zuwenden, und nur wenn man sich den einem Anvertrauten so zuwendet, wird man fähig, sie in ihrer eigentlichen Subjektivität wahrzunehmen und zu fördern. Nur wer sich selbst ehrlich liebt und sich selbst gegenüber aufrichtig wohlwollend ist, kann auch andere ehrlich lieben und ihnen gegenüber gerade dann wohlwollend bleiben, wenn sie einen enttäuschen und man sie fest anpacken muß anstatt sie fallen zu lassen.

Die Zielvorstellung von solch einer partnerschaftlichen Zusammenarbeit von Helfern und Hilfsbedürftigen beruht auf der Vorstellung, daß beide gleichwertig sind. Christlich begründet wird diese Gleichwertigkeit damit, daß die allen Menschen gleichermaßen eigene Menschenwürde letztlich nicht auf ihren unterschiedlichen guten und schlechten Taten beruht, für die sie mehr oder weniger selbst verantwortlich sind, sondern auf der gleichen Annahme aller Menschen durch Gott. Das heißt, die Menschenwürde beruht - christlich gesprochen - darauf, daß wir alle gleichermaßen Kinder Gottes sind.

Tatsächlich aber gibt es viele Gründe, die es einem immer wieder schwer machen, die in verschiedener Hinsicht geschädigten und andersartigen Hilfsbedürftigen unbefangen anzunehmen. Nur zu oft und unvermeidlicherweise geben sie immer wieder Anlaß zu Enttäuschungen.

Man darf deshalb anläßlich der Betonung ihrer Gleichwertigkeit nicht die Abwehrhaltung gegenüber ihrer Andersartigkeit verdrängen, die man ihnen gegenüber spontan hat, wie die empirische Sozialforschung nachdrücklich belegt[12]. Man läuft sonst nämlich Gefahr, einerseits die Hilfe ihnen gegenüber auch dann als liebende Selbstlosigkeit zu interpretieren, wenn man in Wirklichkeit von unbewußten Allmachtsphantasien und von einem ebenso unbewußten Machtstreben geleitet ist. Aufgrund dieser Einstellung, die *W. Schmidtbauer* bekanntlich als Helfersyndrom beschreibt[13] neigt man dann andererseits dazu, die Hilfsbedürftigen objektiviert wahrzunehmen und sie unter einen Integrations- und Anpassungsdruck zu setzen, der den eigenen Vorstellungen von ihrer objektiv notwendigen Integration und Anpassung entspricht, die subjektiven Möglichkeiten des Sich-Öffnens und Sich-Entfaltens der Hilfsbedürftigen aber nicht genug berücksichtigt.

Man muß sich aber gerade im professionellen Umgang mit den Heimbewohnern davor hüten, diese objektiviert wahrzunehmen; man muß vielmehr versuchen, sie auch in ihrer durch ihren Werdegang gewachsenen Subjektivität gelten zu lassen, die ihre Andersartigkeit einschließt. Man erliegt dann auch nicht der Versuchung, sie mit den zwar nötigen und in gewissem Ausmaß möglichen Ansprüchen an ihre Integration zu überfordern, und verbessert so gleichzeitig die Chancen, daß die Außenseiter ihren Helfern ihre Situation selbst erschließen und ein partnerschaftliches Verhältnis mit ihren Helfern anbahnen. Gerade die Heime sollen ja privilegierte Orte sein, in denen den Heimbewohnern für ihre subjektive Entfaltung ein Schonraum eröffnet wird, wie er anderwärts aus pragmatischen Gründen nicht gewährt werden kann[14].

Wenn trotz der zahlreichen unvermeidlichen Enttäuschungen bei der Heimerziehung und trotz der eigenen Schwäche der Erzieher die gerade bei den Heimbewohnern unbedingte Zuwendung immer wieder gelingen soll, ist es demnach sicher außerordentlich hilfreich und eigentlich nötig, daß man sich beständig um eine Spiritualität bemüht, die für die Einmaligkeit, die jedem zutiefst innewohnende Güte und das Geheimnis der Person, insbesondere auch des geschädigten Menschen, sensibilisiert und gleichzeitig die Bereitschaft zur Achtung der Andersartigkeit fördert.

Eine wertvolle Hilfe, mit Enttäuschungen mit anderen fertigzuwerden, ist sicher auch, daß man sich seiner eigenen Abgründigkeit hinreichend bewußt wird, diesen seinen eigenen Schatten annimmt und in seiner Persönlichkeit liebevoll integriert.

Über das Bemühen des einzelnen Mitarbeiters hinaus müssen aber die kirchlichen Heime insgesamt - ganz gleich, ob sie von Welt- oder Ordensleuten geführt werden - ständig eine Spiritualität eines befreiten und erlösten Lebens und Zusammenlebens ermöglichen, vertiefen und erneuern. Es reicht nicht, daß diese Häuser materiell und personell hinreichend ausgestattet sind und solide verwaltet werden. Es genügt auch nicht, daß in ihnen nach aufgeklärten und aufgeschlossenen Grundsätzen gerecht und professionell erzogen wird. Das eigentliche Erkennungszeichen muß vielmehr sein, daß in diesen Häusern eine Atmosphäre der Befreitheit und Erlöstheit herrscht, die einen gläubigen Optimismus und Zuversicht ausstrahlt. Nur so können wir den Bewohnern wenigstens ansatz- und schrittweise zunehmend ein Gefühl der Geborgenheit vermitteln, das sie mehr als alles andere brauchen. Mehr noch als bei anderen Kindern wird bei Heimkindern der Erfolg aller Erziehungsbemühungen entscheidend davon abhängen, inwieweit es gelingt, bei ihnen das Gefühl und das Bewußtsein des Vertrauens und der Geborgenheit zu wecken und zu fördern. Genau dazu aber kann eine Spiritualität der Befreiung und der Erlösung und somit der Freiheit der Kinder Gottes unverwechselbare und nachdrückliche Impulse geben.

Das alles ist nur möglich, wenn in den kirchlichen Einrichtungen der Glaubenserneuerung und -vertiefung sowie der Weiterbildung im Glauben und in der Religionspädagogik hinreichend Raum eingeräumt wird und wenn wir vor allem viel Phantasie und Energie dafür verwenden, in diesen Häusern eine deutlich wahrnehmbare und anziehende christliche Atmosphäre zu schaffen.

Anmerkungen

1 Vortrag anläßlich der Mitgliederversammlung der Arbeitsgemeinschaft Katholischer Einrichtungen der Heim- und Heilpädagogik in der Erzdiözese Köln am 17.4.1991.
2 Nur weniger als 1 % der Kinder in den Einrichtungen der Caritas sind Waisenkinder.
3 Diese Ausführungen lehnen sich eng an an: *Breul, Th.*: Kinderheime - Heime der Jugendhilfe. In: *Nordhues, P.* (Hrsg.), in Verbindung mit *Becker, J., Bornmann, P.*: Handbuch der Caritas-Arbeit. Paderborn 1986, 377-385, insbes. 379-380 sowie an Hinweise von *H. Perschke*, Caritas-Verband Köln 1991.

4	Denkschrift des Verbandes Katholischer Einrichtungen der Heim- und Heilpädagogik. In: Jugendwohl 64 (1983), 229-269, hier: 234; s.a. die vorausgegangene Denkschrift: Das Heim als Erziehungshilfe. In: Jugendwohl 54 (1973), Heft 12, 5-47.
5	Die Infragestellung dieser Zielsetzung durch einen Teil der Bevölkerung und der sich vollziehende tiefgreifende Umbruch des Familienlebens und -verständnisses macht es erforderlich, der Bedeutsamkeit dieses Umbruchs für die künftige Heimerziehung verstärkt Rechnung zu tragen, so daß diese sich nicht an einem überholten und irrealistischen Familienverständnis orientiert.
6	*Molinski, W.*: Weltliche Erziehung als Glaubensauftrag, in: Politische Studien 286, 37 (1986), 177-194.
7	*Lewin, K.*: Die Lösung sozialer Konflikte. Bad Nauheim 1953, 130-131.
8	*Lewin, K.*: a.a.O.,k 139-142.
9	s. a. *Molinski, W.* SJ: Der Richtungsstreit um den Religionsunterricht, Donauwörth 1990.
10	Johannes Paul II: Enzyklika «Laborem exercens», Kap. II: Die Arbeit und der Mensch.
11	a.a.O., 235-236.
12	s. vor allem: *Jansen, G.W.*: Die Einstellung der Gesellschaft zu Körperbehinderten. Rheinstätten 1972.
13	Die hilflosen Helfer. Hamburg 1977.
14	*Heimbrock, H.-G.*: Pädagogische Diakonie - Beiträge zu einem unvergessenen Grenzfall. Neukirchen-Vluyn 1986, darin: Nächster oder Fremder? Überlegungen zu einem nichtgesetzlichen Umgang von Nichtbehinderten und Behinderten, 56-72.

C. WOLFGANG MÜLLER

Von der wohltätigen Wirkung didaktischen Handelns

Walter Heistermann hat aus Anlaß meines sechzigsten Geburtstages, eine antike Lehrfabel des *Protagoras* interpretierend[1] darauf hingewiesen, daß technischer Verstand, Gebrauch des Feuers, Beherrschung von Sprache und Ausformung von Bewußtsein schon im klassischen Griechenland als wichtige werkzeughafte Fertigkeiten galten, durch die Menschen sich von anderen Lebewesen separierten und ihre natürliche «Nacktheit» kompensieren konnten.

Von *Protagoras* über *Marx* bis auf *Leontjew* und unsere Tage gilt bewußter Werkzeug-Gebrauch als Privileg des *homo faber*. «Eine Spinne verrichtet Operationen, die denen des Webers ähneln, und eine Biene beschämt durch den Bau ihrer Wachszellen manchen menschlichen Baumeister. Was aber von vornherein den schlechtesten Baumeister vor der Biene auszeichnet, ist, daß er die Zelle in seinem Kopf gebaut hat, bevor er sie in Wachs baut.»[2]

In den traditionell betriebenen Geisteswissenschaften galten lange Zeit Intuition und Assoziation - allenfalls noch hermeneutische Interpretation -, nicht aber Konstruktion als bevorzugte Werkzeuge der Stoff-Bearbeitung. Die Vorlesungen und Seminare zur europäischen Kulturgeschichte, die ich während meines Berliner und Basler Studiums in den vierziger und fünfziger Jahren besuchte, ähnelten dem beschaulichen Schlendern durch eine gut assortierte Gemälde-Galerie. Wir bestaunten die Exponate und sagten uns gegenseitig mit gewählten Worten, wozu sie uns anmuteten und wie wir sie fänden. Instrumente zum sachkundigen Begreifen und Zerlegen hat uns niemand gezeigt. «Technische Weisheit» im Sinne des *Protagoras* war uns verpönt - wir waren doch Kunstliebhaber und keine Blech-Schneider.

Ausgestattet mit solcherlei unbefriedigenden Erfahrungen begann ich Ende der fünfziger Jahre ein post-doktorales Studium der Erziehungswissenschaft an der renommierten Pädagogischen Hochschule Berlin. Dort lernte ich im sogenannten «didacticum» zum ersten Mal (für mich) ein handliches Instrument zur wissenschaftlichen Einschätzung und Bewertung schulischer Unterrichtsstunden kennen in Gestalt des «Strukturmodells lerntheoretisch orientierter Didaktik» von *Paul Heimann* und *Wolfgang Schulz*[3]. Ich begann zu begreifen, daß Lehren, Unterrichten und Erziehen zwar eine Kunstfertigkeit ist, daß sie aber wie jede Kunst auf Materialbeherrschung fußt (also auf Handwerk), und daß sich Lehrer und Erzieher über ihre Absichten und Wirkungen ebenso Klarheit verschaffen müssen wie über die Gegenstände und Medien, mit denen sie ihren Absichten zur Wirkung verhelfen wollen. An der Hand von *Paul Heimann, Wolfgang Schulz, Gunther Otto* und anderen Berliner Didaktikern entwickelte ich mich so vom Künstler zum Handwerker, vom einfallsreichen Alleinunterhalter zum zurückhaltenden Moderator. Ich lernte, fremden Unterricht sachkundig zu zergliedern und eigenen Unterricht hoffnungsvoll zu planen.

Anderes lernte ich an nordamerikanischen Universitäten - etwa bei *Gisela Konopka,* als ich nach Minneapolis kam, um zu schauen, wie dort Gruppenpädagogen ausgebildet würden. Hatte die Aneignung technischen Sachverstands in Berlin gewissermaßen am Reißbrett stattgefunden, so geschah die amerikanische Methodenausbildung, bildlich gesprochen, auf der Baustelle. Wir zogen Gummistiefel an und stapften, uns selbst und andere beobachtend, durchs Gelände. Später erzählten wir einigen unserer Hochschullehrerinnen (sie hießen Praxisanleiterinnen und Supervisoren), was wir gemacht und gefühlt hatten und wie wir es bewerteten. Sie hörten uns aufmerksam zu und ermutigten uns zum Erörtern alternativer Verfahrensweisen. So lernte ich in der Sozialen Arbeit «methodisch zu arbeiten». Ich mußte mir dabei einen Begriff von «Lernen» anbequemen, den ich bis dahin nicht für voll genommen hatte. Beispielsweise wurde mir zugemutet, eine Reihe von Sachen zu verlernen, auf die ich stolz gewesen war: Ich mußte verlernen, in der Jugendarbeit der bessere Jugendliche zu sein. Ich mußte verlernen, als Supervisor der bessere Sozialarbeiter zu sein. Ich mußte lernen, an meiner Konfliktscheu zu arbeiten, auf die Leistungen anderer stolz zu sein und nicht (nur) auf die eigenen. In der Körpersprache territoriale Grenzen zu beachten und in aggressiv aufgeladenen Situationen nicht zu überschreiten...

Das alles war wichtig. Es verfeinerte meinen Umgang mit dem wichtigsten, weil jederzeit greifbaren didaktischen Medium, über das wir Pädagogen verfügen: die eigene Person.

Ich habe bei anderer Gelegenheit auf die Neigung von Pädagogen, insbesondere von Sozialpädagogen hingewiesen, mit der eigenen Person als Werkzeug didaktischen Handelns auf eine sehr sorglose Weise»[4] umzugehen: »Wir kleiden uns schlampig, wir sprechen nicht deutlich und verständlich, sondern nuscheln vor uns hin. Viele von uns sehen sich außerstande, ihre Stimme über Zimmerlautstärke hinaus zu erheben. Wir machen immer wieder dasselbe Gesicht, immer wieder dieselben abgehackten Bewegungen mit den ungepflegten Händen ... Wir sind halt so, wie wir sind, und unsere Klienten müssen sich damit abfinden.«[5] Die frühen sechziger Jahre waren in den USA eine Hoch-Zeit gruppendynamischer Erziehungslehren, welche die Bedeutung der eigenen Person und ihrer unausgesprochenen Botschaften für andere Menschen als Interaktionspartner betonten. Meine jugendlichen Berufswünsche als Dramatiker und Regisseur und mein tatsächlicher Erstberuf als Journalist haben mir geholfen, einen sorgfältigen Umgang mit der eigenen Erscheinung nicht als oberflächlichen Schnickschnack zu begreifen, sondern als unterstützenden Teil der tatsächlichen Botschaften.

Systematische Zergliederung von Unterrichtsprozessen und deren antizipatorische Konstruktion, das Verlernen unbegriffener Routinen und die Aneignung neuer Darstellungs- und Handlungs-Profile - das waren wesentliche Erträge meines postdoktoralen Studiums als *Harkness Fellow* in Deutschland und den USA. Durch meine intensive Beschäftigung mit der «Gruppenpädagogik»[6] kam etwas hinzu, was sich befreiend auf mein pädagogisches Bild von Menschen ausgewirkt haben muß.

Mein Bild vom typischen Pädagogen war in den vierziger und fünfziger Jahren durch Erscheinungen und Erfahrungen geprägt und verdunkelt, denen ich in einem nationalsozialistischen Realgymnasium ausgesetzt worden war. Sie waren mir mit wenigen Ausnahmen als abschreckende Beispiele für eine sich omnipotent dünkenden Schulmeisterei in Erinnerung. **Das** wollte ich niemals werden. Und **so** wollte ich niemals werden.

Im Gegensatz zu jener, sich omnipotent dünkenden Schulmeisterei, für die «Schüler» nur als defizitäre Wesen denkbar waren, stand das Menschenbild, das handlungsanleitende Prinzipien der Gruppenpädagogik transportierten, wie ich sie bei *Gisela Konopka* in Minneapolis kennenlernte und wie «Haus Schwalbach» sie in Deutschland lehrend verbreitete[7]. Diese Prinzipien waren keineswegs so «inhaltlich unbestimmt» und «unbefragte Selbstverständlichkeiten» enthaltend, wie *Jürgen Henningsen* sie 1959 als hartleibiger Vertreter traditioneller bildungstheoretischer «Didaktik»[8] etikettiert hat. Es ist die Rede von der Notwendigkeit, mit den Stärken von Kindern, Jugendlichen und Erwachsenen zu arbeiten und nicht mit ihren Schwächen, nicht von eigenen Voraussetzungen für bildende Lehr-Lern-Prozesse auszugehen, sondern dort anzufangen, «wo die Gruppe steht und sich mit ihr in Bewegung zu setzen», Raum für Gruppenentscheidungen zu geben und nicht den gesamten Gruppenprozeß zu planen, Zusammenarbeit und nicht Konkurrenzkampf zu pflegen und sich als Gruppenpädagoge «überflüssig zu machen».[9]

Die prinzipiellen Unterschiede zwischen traditioneller Schulpädagogik und zeitgenössischer Gruppenpädagogik haben sicherlich ihren Grund in der Unterschiedlichkeit ihrer «Lern-Orte». Die traditionelle Schule ist nicht die eigentliche Lebenswelt von Kindern und Jugendlichen, sondern ein kunstvoll und künstlich für sie zubereiteter Raum. Sie sind dort nur «zu Gast». Eine naturwüchsige, «informelle» Jugendgruppe hingegen gehört zum originären Lebensraum von Kindern und Jugendlichen. Auch wenn die «Jugendbewegten» sie als Lern-Ort für Selbsterziehungsprozesse entdeckt haben, sind Pädagogen in diesen Gruppen **die eigentlichen Gäste**. Sie müssen sich nicht «überflüssig machen» - das müssen sie **auch** -, sie müssen zunächst erst einmal nachweisen, daß sie von Nutzen sein können. Das geschieht in der Regel über ihren Beitrag zur Programmgestaltung. Gruppenpädagogen wirken nicht nur durch ihre Person, sondern hoffnungsvollerweise durch ihre Moderatorentätigkeit, die der Gruppe hilft, das zu machen, was die Gruppe (oder ein Teil der Gruppe) will.

Von der Handlungsabstinenz deutscher Universitäten

Ich gehe davon aus, daß wir alle unsere Kenntnisse und Erkenntnisse auf dem Weg vom erlebten, aber unbegriffenen Besonderen zum erkannten und begriffenen Allgemeinen gewinnen und daß dieser Weg weder kreisförmig verläuft, noch als Strahl, sondern als Spirale, auf der wir den von uns bearbeiteten und angeeigneten Gegenständen immer wieder aufs Neue begegnen.

Ich habe bisher den Versuch gemacht, den Entdeckungszusammenhang nachzuzeichnen, in dem ich mir besondere Teile einer Allgemeinen Didaktik durch die Arbeit in und mit Gruppen und durch die Rezeption von Elementen gruppenpädagogischer Lehre angeeignet habe. Damit besitze ich noch keine allgemeine Theorie sozialpädagogischer Interaktionen innerhalb eines gestalteten didaktischen Environmentes im Sinne des Schlüsselsatzes von *Klaus Mollenhauer*: Sozialpädagogik sei die Gesamtheit der institutionellen Mittel und Maßnahmen, welche Industriegesellschaften zunehmend bereitstellen (müssen), um Lücken, welche durch die Unzulänglichkeit traditioneller Erziehungsleistungen entstanden oder durch veränderte und gesteigerte Sozialisationsanforderungen als neue Erziehungsbedürfnisse aufgetaucht sind[10] zu schließen. Eine solche Theorie haben *Mollenhauer,* vorher auch *Hans Scherpner* und nachher *Christoph Sachsse* und *Florian Tennstedt* versucht, allerdings immer vom eher sozialwissenschaftlichen Interesse an der Analyse der gesellschaftlichen Bedingungen ausgehend, welche Sozialpädagogik als Institution und Prozeß notwendig gemacht haben und nicht vom eher didaktischen Interesse an den Gesetzmäßigkeiten der Konstruktion, Implementation und Evaluation solcher sozialpädagogischen Prozesse in ihrer Feinstruktur[11].

Darauf werden wir wohl noch einige Zeit warten müssen. Das hängt unter anderem mit der Handlungs-Abstinenz deutscher Universitäten zusammen, die sich in den letzten Jahrhunderten in den geistes- und kulturwissenschaftlichen Disziplinen vehement gegen das Ansinnen gestemmt haben, eine wirklich qualifizierende akademische Berufsausbildung zu betreiben. Lediglich in den Berufen, die in den Staatsdienst führen oder deren Ausübung staatlich lizensiert wird, sorgten staatliche Auflagen für ein Minimum an berufsorientierenden Praktika (Medizin) oder öffneten Nischen für kommerzielle Institute, die jene Fertigkeiten gegen Bares vermittelten, welche zu pflegen die Hochschulen sich für zu fein hielten (Recht). In den Geistes- und Kulturwissenschaften bewirkten Lehrerstudium und Staatsexamen eine Öffnung des historisch-philosophisch-philologischen Fundamentums im Vorlesungsangebot für Probleme des Berufsfeldes und der Berufsausübung von Lehrern. Diese Öffnung war in den letzten siebzig Jahren die Aufgabe der Pädagogischen Hochschulen. Mit ihrer Integration in die «richtigen» Universitäten hätte sie in ihnen dauerhaft und verantwortlich verankert werden müssen. Aber die Universitäten tun sich auch heute noch schwer mit der, in ihrem Selbstverständnis fremdkörperhaften Lehre und Forschung auf dem Gebiet berufsorientierender Didaktik. Allenfalls haben sie einen bildungstheoretischen Begriff von «Didaktik» akzeptiert, der sich auf Theorien der Bildung und der bildenden Unterrichtsgegenstände beschränkt[12]. **Deshalb** konnte *Jürgen Henningsen* der Gruppenpädagogik «inhaltliche Unbestimmtheit» vorwerfen und ihr den Charakter einer «Pädagogik im Vollsinn» absprechen - weil nach seinem bildungstheoretischen Verstande «die **Didaktik** als die Lehre von den Bildungsgehalten der **Methodik** als der Lehre von den Bildungsformen» vorangehe[13]. Auf diese Weise reservierten Theologen, Philosophen und andere Wörterdeuter die Entscheidung über die bildnerisch wertvollen Gegenstände des Unterrichts **für sich** und delegierten die Aufsicht über die zu praktizierenden Vermittlungsformen an Lernpsychologen und verdiente Lehrer/innen, die (wenn es gut ging) als Fach-Didaktiker/innen im Gefolge von Fachwissenschaftlern Einführungsveranstaltungen in die Lehre vom Unterricht abhielten.

An den späteren Fachhochschulen für Sozialarbeit und Sozialpädagogik wurde diese unheilvolle Spaltung der Allgemeinen Didaktik in eine Didaktik als Inhaltslehre (Didaktik im engeren Sinne) und eine Methodik als Vermittlungslehre fortgesetzt. Dort verwalten Soziologen, Psychologen, Philosophen und Politologen sozialpädagogische «Inhalte», auch wenn sie diese Inhalte und deren problemhaltige Implikationen nur von Hörensagen kennen. Sozialpädagogische Methodenlehre hingegen wird von «lehrenden Sozialarbeitern» betrieben, denen ein Aufstieg in «wirkliche» Hochschullehrer-Positionen weitgehend verwehrt worden ist.

Nun ist die Sozialpädagogik eh schon immer ein zugelaufenes Kind an deutschen Universitäten gewesen. Ihre leiblichen Eltern hat sie nie gekannt. Sie ist bei Pflegeeltern und Tagesmüttern groß geworden. Oder - aus dem Bild gesprungen - Sozialpädagogik wurde in den zwanziger Jahren in Deutschland innerhalb der unterschiedlichsten Disziplinen bearbeitet: In Münster und München bei der Psychiatrie, in Bonn bei der Gerichtsmedizin, in Hamburg bei der Kriminalistik, in Köln bei der Sozialpolitik und in Frankfurt bei der Nationalökonomie. Einzig Göttingen verankerte sie durch *Herman Nohl* bei der Allgemeinen Pädagogik. Aber auch er tat sich schwer mit der Etablierung von Handlungs- und Berufsorientierung im akademischen Studium, denn «der Student soll sich auf der Universität vor allem besinnen»[14]. Um Studierende dennoch in Berührung mit den ihnen fremden Lebenswelten proletarischer Kinder und ihrer Familien zu bringen, schlug er die Teilnahme Studierender an Jugendgerichtssitzungen vor, die Mitarbeit in Jugendheimen und Kinderhorten, die Zulassung zu Sprechstunden im Jugendamt, Einsicht in die Akten, Teilnahme an Hausbesuchen von Familienfürsorgern und in der Schutzaufsicht, Übergabe eines Kindes in Einzelbetreuung und so fort[15]. Bei der Aufbereitung der solchermaßen gewonnenen Erfahrungen durch die Universität war *Nohl* hilflos, «weil die Universitäten nicht auf solche Aufgaben vorbereitet sind, und es ist doch auch nicht jeder tüchtige Praktiker geeignet, Universitätslehrer zu werden»[16]. Bei dieser Erkenntnis stehen wir noch heute.

Die Nordamerikaner haben sich von solchen Skrupeln frei gehalten. Ihre Universitäten waren von vornherein berufsqualifizierende Ausbildungsstätten zur Bearbeitung des unterbesiedelten Landes (und zur «Domestizierung» seiner Ureinwohner) und zur Hebung des zivilisatorischen Niveaus der Städte und Gemeinden. Sie haben von vornherein die Berufsausbildung von Sozialarbeitern und Sozialpädagogen in eigenständigen Fakultäten (*schools*) ihrer Universitäten betrieben und dabei der «Methodenlehre» (*methods of social work*) eine zentrale curriculare Bedeutung angemessen. Von den «klassischen Methoden der Sozialen Arbeit» wurde zuerst und kurz nach der Jahrhundertwende *social case work* in das Fundamentum des nordamerikanischen Universitäts-Curriculums aufgenommen, 1946 folgte *social group work*[17] und gut zehn Jahre später *community organisation and social action*. Inzwischen tendieren auch nordamerikanische Universitäten entweder zu einer Verallgemeinerung der unterschiedlichen Methoden-Traditionen[18] in Gestalt einer «Methodenintegration» oder sie treiben die Spezialisierung weiter als bisher in Richtung auf unterschiedliche Berufsfeld-Erfordernisse und Anstellungsträger-Interessen.

Die Berliner Schule der Didaktik und die sozialpädagogische Methodenlehre

Wenn es nun richtig ist, daß deutsche Universitäten unwillig und unvorbereitet sind, in ihren Lehrveranstaltungen handlungsanleitende Prinzipien für sozialpädagogische (wie auch für anders-pädagogische) Prozesse zu lehren und in die Praxis repräsentierenden oder sie simulierenden Feldern zu trainieren, dann sollten wir doch das mühsame Geschäft der Einübung von Jungakademikern in die Routine ihrer Berufe der «beruflichen Wirklichkeit» selber überlassen - so wie eh und je. Noch habe ich die Klagen mehrerer Generationen von Absolventen unseres Instituts für Sozialpädagogik im Ohr, «in der Praxis sei dann alles doch ganz anders gewesen» und «die Praxis habe unübersehbar gezeigt, wo es lang geht».

Das klingt vernünftig - wenn auch mit einem Hauch von Resignation. Es **wäre** vernünftig, wenn es da nicht eine fatale Beziehung zwischen «praktischer Arbeit» und «schlechter Routine» gäbe, die jedem noch so gut gemeinten und noch so bescheidenen Fortschritt in der Erziehung entgegen steht. *Niklas Luhmann* hat eine Liste der defizitären Handlungsprofile zusammengestellt, die wir alle zeigen, wenn wir unvorbereitet unter Handlungs- und Zeit-Druck geraten: «Die Bevorzugung des schon Bekannten, der eingefahrenen Denkbahnen, der Informationen, die man hat, vor denen, die man erst suchen muß, eine Bevorzugung der Kommunikationspartner, mit denen man sich rasch verständigen kann, vor solchen, mit denen zeittraubende Verhandlungen erforderlich wären...»[19] *Diethelm Wahl* hat die eher durch Nachdenken gewonnenen Argumente von *Niklas Luhmann* durch eine, 1991 veröffentlichte empirische Untersuchung von angehenden Lehrern in konkreten Lehrsituationen unterstützt. Ausgangspunkt seiner Untersuchung war die Beobachtung, daß angehende Lehrer in der konkreten Unterrichtssituation nicht auf wissenschaftliche Erkenntnisse zurückgriffen, die sie gerade im Seminar gelernt hatten, sondern auf ihren «alltäglichen Menschenverstand». Dieser Menschenverstand aber mußte in all jenen Situationen und Dimensionen versagen, wo angemessenes professionelles Handeln nicht der Alltags-Routine entspricht, sondern **gegen sie** entwickelt werden muß. Ich komme zurück auf meine anfänglichen Bemerkungen über die **attitudionalen Lernprozesse,** denen ich mich in den USA ausgesetzt habe, als ich beispielsweise lernen mußte, in der Körpersprache territoriale Grenzen zu beachten und in aggressiv aufgeladenen Situationen nicht zu überschreiten. Ich erinnere mich noch sehr gut an die Situation in Minneapolis, die mich zu dieser Bemerkung veranlaßt hat. Wir hatten im Seminar von *Gisela Konopka* einen Film gesehen, in dem ein Jugendlicher auf der Flucht mit einem Jugendpfleger zusammentraf, der ihn zur Rückkehr bewegen wollte. Der Jugendpfleger faßte den sich in Abwehr wegdrehenden Jugendlichen am Arm, offensichtlich, um begütigend auf ihn einzuwirken. *Gisela Konopka* unterstrich die Notwendigkeit dieser begütigenden, nicht-verbalen Gebärde als Signal eines pazifizierenden Waffenstillstands. Ich machte damals geltend, daß dieser Körperkontakt von dem Jugendlichen genauso gut als aggressiver Übergriff gedeutet werden könnte, der zu Gegenwehr oder beschleunigter Flucht verführe. Es ist mir nicht wichtig, wessen Interpretation «die bessere» ist. Der Fortgang des Filmes gab *Gisela Konopka* recht. Sie ist eine Frau. Mir geht es um die Verdeutlichung der Erfahrung, daß wir alle **in der Situation** dazu neigen, zu handeln, wie wir immer handeln: Wir treten vor oder gehen zurück, wir öffnen die Hand oder ballen die Faust, wir brüllen los oder wir verstummen. Jede dieser Handlungen mag «richtig» oder «falsch» sein. Das ist nicht mein Punkt. Mein Punkt ist: Wir können sie in der Situation selbst nicht mehr steuern. Denn wir stehen unter Handlungsdruck. «Handeln unter Druck» heißt auch das Buch, das *Diethelm Wahl* nach seiner empirischen Untersuchung des Lehrerverhaltens im Unterricht geschrieben hat. Dieses Handeln unter Druck, so *Wahl,*
- erschwert das Lernen,

- verleitet zum oberflächlichen Lösen von Problemen,
- schränkt die Suche nach Informationen ein,
- verleitet zu vorschnellen Schlußfolgerungen und Entschlüsseln,
- befördert die Tendenz zur dogmatischen Verschanzung der eigenen Auffassung - kurz gesagt: die Tendenz zur Unbelehrbarkeit und zur Rechthaberei[20].

Ich denke deshalb, daß Wissenschaften, die nicht nur fremdes Handeln analysieren und bewerten, sondern eigenes Handeln konstruieren und verstetigen sollen, nicht an der Notwendigkeit vorübergehen können, eine universitäre Handlungslehre zu entwickeln, zu praktizieren und zu trainieren, welche fortgeschrittene Formen professionellen Handelns nicht nur (aber auch) in der Meta-Sprache der Begriffe deutet und in der Umgangs-Sprache beschreibt, sondern auch im Medium situativen Handelns übt und trainiert. Ich verwende an dieser Stelle bewußt (und mit Genuß) den Begriff des «Trainings», weil er für geisteswissenschaftlich orientierte Pädagogen alter Prägung eine provokative Wirkung hat. Die Bildung der Feinmotorik hat für sie einen ähnlich untergeordneten Stellenwert wie die Bildung der Gefühle und die Bildung des Geschmacks. Dieses Training ist für mich hingegen von Bedeutung, weil in allen wirklich existentiellen Konfliktsituationen pädagogischer und sozialpädagogischer Einflußnahme die von der zeitgenössischen Fachliteratur für sinnvoll gehaltenen Interventionen den alltäglichen Erfahrungen und Routinen des «gesunden Menschenverstandes» **widersprechen**. Sie können deshalb auch nicht einfach verbal gelernt werden, weil sie beim Handeln unter Druck sofort wieder den eingeschliffenen Handlungsmustern des Alltagsverstandes weichen würden. Sie müssen in Ernstsituationen (oder ernst-ähnlichen Situationen) trainiert werden - wie der alpine Skilauf und das Tennisspiel auch.

Universitäten und Fachhochschulen, die sich nicht dieser Mühsal aussetzen wollen, sollten künftig auf die Ausbildung von Pädagogen und Sozialpädagogen verzichten. Die Universitäten und Fachhochschulen aber, die hochschuldidaktisch mehr wollen als vom hochbeinigen Schiedsrichterstuhl am Rande des Tennis-Courts den Ausgang des World Cups zu verkünden, werden sich auf ein Arrangement einlassen müssen, das kognitive Verarbeitung handlungsrelevanter Vorerfahrungen von Studierenden, theoriegeleitete Lehrveranstaltungen zum Aufbau einer neuen kognitiven Struktur, explorierende und routinisierende Praktika in Feldern Sozialer Arbeit mit experimentellen Möglichkeiten und gleichzeitigem Ernstcharakter und anschließende supervisionierende Aufarbeitung der gemachten Erfahrungen mit dem Ziel vorsichtiger Handlungskorrekturen und der Anbahnung von Handlungsalternativen umfaßt.

Das wäre ein anspruchsvolles Programm. Solange wir es nicht angepackt haben, steht es uns nicht gut an, uns über die pragmatische Methodenausbildung an amerikanischen Universitäten und die bodenständige Methodenunterweisung an deutschen Fachhochschhulen zu mokieren.

Die Berliner Schule der Didaktik, welche die (künstliche) Trennung in Inhaltslehre und Methodenlehre zugunsten einer Didaktik im weiteren Sinne[21] überwunden hat, könnte ein anschlußfähiges Modell für die Weiterentwicklung und Verallgemeinerung der «klassischen Methodenlehre der Sozialen Arbeit» sein. Die Arbeit von *Ernst Martin*[22] weist ermutigend in diese Richtung.

Nachbemerkung

Als ich 1965 auf einen Lehrstuhl für Sozialpädagogik an die Pädagogische Hochschule Berlin berufen wurde, war mir nicht klar, in welcher systematischen Beziehung Pädagogik und Sozialpädagogik stehen würden und welche Bedeutung die Weiterentwicklung sozialpädagogischer Methodenlehre ihrer Anbindung an eine Allgemeine Erziehungswissenschaft werde abgewinnen können.

Heute bin ich mir da sicherer. Ich halte heute sozialpädagogisches Handeln innerhalb und außerhalb von sozialpädagogisch genannten Institutionen für eine Besonderung allgemeiner Lehr- und Lern-Prozesse - und deshalb auch für anschlußfähig an eine allgemeine Theorie menschlichen Lehrens und Lernens. Ich halte heute «methodisches Arbeiten» in der Sozialen Arbeit für eine Besonderung von Prinzipien der allgemeinen Didaktik. Bei dieser Entwicklung, die ich positiv einschätze, hat mir die Pädagogische Hochschule Berlin entscheidende Hilfen gegeben. Ich war ihr post-doktoraler Student zwischen 1962 und 1964. Ich war einer ihrer Professoren zwischen 1965 und 1980. *Walter Heistermann* war ihr letzter Rektor. Ich habe ihn in guter und kämpferischer Erinnerung.

Anmerkungen

1   *Walter Heistermanns* Aufsatz «Der Mythos des Protagoras. Eine Lehrfabel der Antike» ist in dem Sammelband «Es kamen härtere Tage» enthalten, den *Gunther Soukup* und *Reinhard Koch* aus Anlaß meines sechzigsten Geburtstages 1988 herausgegeben haben.

2   *Marx* (1867) 1972, 193.

3   *Schulz* 1969, 63.

4   Ich habe diese sorglose Weise des Umgang mit der eigenen Person in karikierender Absicht als «Rumpelstilzchen-Syndrom» bezeichnet, weil sie die Unkenntlichkeit der eigenen Identität zum Prinzip erhoben hat.

5   *Müller* 1990, 38.

6   Meine gruppenpädagogische Karriere begann eher spontan. Als «Jugend-bewegter» der post-nationalsozialistischen Pionierzeit erfand ich zunächst bestimmte gruppenpädagogische Prinzipien ebenso, wie die «alten» Jugendbewegten sie um die Jahrhundertwende erfunden haben mochten (siehe *Müller* 1988a, 148-175).

7   Einige Mitarbeiterinnen von «Haus Schwalbach» bestreiten die enge Verwandtschaft zwischen der nordamerikanischen Social Group Work und der Schwalbacher Gruppenpädagogik. Mir erscheint diese Verwandtschaft immer noch plausibel, zumal die «Schwalbacher Hefte» und insbesondere die didaktischen Schriften von *Magda Kelber* sich auf die gleichen sozialwissenschaftlichen Untersuchungen und Feldexperimente beziehen wie die Gruppenpädagogen und die späteren Gruppendynamiker (siehe *Müller* 1988b, 23-65).

8   Die bildungstheoretische Didaktik unterschied die «Didaktik im engeren Sinne» als Wissenschaft und Lehre von den Bildungsgehalten (also den Gegenständen bildenden Unterrichts) von den «Methoden der Vermittlung». Diese Unterscheidung enthielt implizit eine Bewertung unterschiedlicher Wirkungsgrade. Die Berliner Schule der Didaktik von *Heimann*, *Schulz* und *Otto* hat diese Trennung überwunden. Ich betrachte mich als Schüler dieser (notwendigen) Grenzüberschreitung.

9   *Konopka* (1963) 1968, insb. 157-231; *Kelber* 1965 in: *Müller* 1970, 127-140.

10   *Mollenhauer* 1959, 55.

11   *Hans Scherpners* «Theorie der Fürsorge» (Göttingen 1962) leitet Fürsorge aus vorgegebener Mitmenschlichkeit ab. *Klaus Mollenhauer* (Weinheim 1959) entwickelt die Notwendigkeit von Sozialpädagogik aus den veränderten Anforderungen der industriellen Gesellschaft an den Sozialisationsprozeß von Kindern und Jugendlichen.

Christoph Sachsse und *Florian Tennstedt* (Stuttgart 1980; 1988) deuten Soziale Arbeit insgesamt als einen Prozeß der Verstaatlichung von früher privat verantworteten Reproduktionsrisiken.

12   *Blankertz* 1975, 28-50.
13   *Henningsen* 1959 in: *Müller* 1970, 145.
14   *Nohl* (1924) 1965, 74.
15   Ebd., 74 f.
16   Ebd., 71.
17   Ein Dokument aus der Geburtsstunde akademischer Gruppenpädagogik habe ich in meinem Lesebuch aus dem Jahr 1970 übersetzt: die Rede von *Grace Coyle* auf der National Conference of Social Work in Buffalo (1946), als es darum ging zu entscheiden, ob sich Gruppenpädagogik dem Erziehungsbereich oder dem Sozialbereich zuordnen sollte. Die Amerikaner sind mit ihrer Option für den Sozialbereich gut gefahren. Sozialarbeiter werden in den USA besser ausgebildet und besser bezahlt als Lehrer. Siehe ferner: *Müller-Nimmermann*.
18   *Specht/Vickery* (1977) 1980.
19   *Luhmann* 1968, 1.
20   *Wahl* 1991, IV.
21   *Blankertz* (1969) 1975, 89-117.
22   *Martin* 1989.

Literatur

Blankertz, Herwig: Theorien und Modelle der Didaktik. München: Juventa (1969) [9]1975

Henningsen, Jürgen: Zur Kritik der «Gruppenpädagogik». In: Kulturarbeit. Monatsschrift für Kultur- und Heimatpflege. Köln 1959, 11, 193-197. Aus: *C. Wolfgang Müller* (Hrsg), Gruppenpädagogik. Auswahl aus Schriften und Dokumenten. Weinheim: Beltz 1970

Kelber, Magda: Was verstehen wir unter Gruppenpädagogik? In: Haus Schwalbach (Hrsg.), Neue Auswahl aus den Schwalbacher Blättern. Wiesbaden: Haus Schwalbach 1965, 1-13. Aus: *C. Wolfgang Müller* (Hrsg.), Gruppenpädagogik. Weinheim: Beltz 1970

Konopka, Gisela: Soziale Gruppenarbeit: ein helfender Prozeß. Weinheim: Beltz (1963) 1968

Luhmann, Niklas: Die Knappheit der Zeit und die Vordringlichkeit des Befristeten. In: Die Verwaltung 1968, 1, 3-30

Martin, Ernst: Didaktik der sozialpädagogischen Arbeit. München: Juventa 1989

Marx, Karl: Das Kapital. Kritik der politischen Ökonomie. Erster Band. Berlin: Dietz (1867) 1972

Müller, C. Wolfgang (Hrsg.): Gruppenpädagogik. Auswahl aus Schriften und Dokumenten. Weinheim: Beltz 1970

Müller, C. Wolfgang: Wie Helfen zum Beruf wurde. Band 1. Weinheim: Beltz [2]1988 (a)

Müller, C. Wolfgang: Wie Helfen zum Beruf wurde. Band 2. Weinheim: Beltz 1988 (b)

Müller, C. Wolfgang: Das Rumpelstilzchen-Syndrom. In: Sozialmagazin 1990, 6

Müller, C. Wolfgang und *Nimmermann, Peter:* Stadtplanung und Gemeinwesenarbeit. Texte und Dokumente. München: Juventa 1971

Nohl, Herman: Aufgaben und Wege der Sozialpädagogik. Weinheim: Beltz (1924) 1965. Kleine pädagogische Texte. Band 35

Mollenhauer, Klaus: Die Ursprünge der Sozialpädagogik in der industriellen Gesellschaft. Weinheim: Beltz 1959
Mollenhauer, Klaus: Einführung in die Sozialpädagogik. Weinheim: Beltz 1964
Sachsse, Christoph und T*ennstedt, Florian:* Geschichte der Armenfürsorge in Deutschland. Band 1. Stuttgart: Kohlhammer 1980

BRUNO SCHLEGELBERGER SJ

Möglichkeiten menschlichen Seins in der Erfahrung kultureller Kontraste

Aus der Studentenseelsorge wurde ich 1974 an die Pädagogische Hochschule Berlin in Lankwitz berufen. Die beiden Theologien waren seinerzeit in das Kühlhaus (Kühla) ausgelagert - den Weg dorthin pflegte ich zu beschreiben: in Fahrtrichtung Süden, hinter dem Friedhof, bei den toten Schweinen. Damit wollte ich die nicht immer leicht zu ertragende, aber äußerst fruchtbare Spannung zwischen echter Zugehörigkeit und Marginalisierung andeuten, die ich während meiner Tätigkeit als Theologe in Berlin bis auf den heutigen Tag empfunden habe. Das Thema der Festschrift zum achtzigsten Geburtstag von *Walter Heistermann* Möglichkeiten menschlichen Seinserinnert mich daran, wieviel Anregung ich dieser Spannung verdanke. Letztlich führten mich wohl auch die aus dieser Spannung resultierenden Erfahrungen zu dem Forschungsaufenthalt in den südlichen Hochanden Perus, der mir über die eigentliche Arbeit hinaus Gelegenheit bieten sollte, im Erleben des kulturellen Kontrastes über unsere europäische Lebensweise nachzudenken.

In den kritischen Anfragen des 1977 veröffentlichten Dokuments der Internationalen Theologenkommission «Zum Verhältnis zwischen menschlichem Wohl und christlichem Heil» zeichnete sich deutlich der Streit um die lateinamerikanische Theologie der Befreiung ab, der in den achtziger Jahren ausgefochten wurde. Damals - noch in der Lankwitzer Zeit - begann ich mit meinem Mitarbeiter *Dr. Josef Sayer,* heute Professor für Pastoraltheologie an der Universität Freiburg/Schweiz, meine Arbeit im Bereich der Forschung nach Lateinamerika hin zu orientieren. In unserer Untersuchung «Von Medellin nach Puebla» (1980) suchten wir, der Konfrontation durch Vermittlung zuvorzukommen. Die Vermittlung bestand darin, daß politische und dogmatische Positionen als solche kenntlich gemacht wurden. Wir wollten nicht hinnehmen, daß politische Divergenzen dogmatisch ausgetragen wurden. Daß uns damit nicht viel Erfolg beschieden war, dokumentieren die späteren Ereignisse.

Das bleibende Verdienst der Theologie der Befreiung besteht darin, daß sie Menschen, die wie selbstverständlich am Rande der Weltbetrachtung erscheinen, in den Mittelpunkt gerückt hat. Aus meinem europäischen Vorverständnis hatte ich jedoch angenommen, als ich mich dem Studium dieser Bewegung zuwandte, daß die Interpretation des christlichen Glaubens aus der Perspektive der Armen in einem erheblichen Umfang auch Interpretationen aus der Sicht marginalisierter Kulturen einschließen würde. Dies ist aber, sieht man von hervorragenden Ausnahmen ab, nicht in dem erwarteten Maße der Fall. Auch die Anthropologen widmen ihre Feldforschungen in der Regel anderen Themen als der Frage nach dem aktuellen religiösen Selbstverständnis indianischer Gruppen. Die genannten Umstände veranlaßten mich, selbst den Versuch zu unternehmen, in offenen Interviews zum Agrar- und Lebenszyklus nach dem religiösen Selbstverständnis von Vertretern jener Bevölkerungsgruppen zu fragen, von deren religiöser Ausdrucksweise manches nach dem Willen derer, die sie einst missionierten, nicht mehr bestehen sollte.

Heute, 500 Jahre nach Beginn der Conquista, beträgt der indianische Anteil an der Bevölkerung Lateinamerikas an der Gesamtbevölkerung 10 %. Etwa 90 % von den ca. 40.000.000 Indios leben in Mexiko, Guatemala, Ecuador, Peru und Bolivien. In Peru und Bolivien ist der Anteil indianischer Bevölkerung besonders hoch, er beträgt dort 49 % bzw. 42 %.

Vergleicht man den Katalog der religiösen Bräuche, die zu Beginn des 17. Jh. in einer Kampagne gegen die alte Religion aufgespürt und ausgerottet werden sollten, mit Ausdrucksformen der Religiosität, wie sie heute im Raum der peruanisch-bolivianischen Anden zu beobachten sind, so deutet das Ergebnis auf ein erstaunliches Beharrungsvermögen der indianischen Bevölkerung, das sich hinter ihrer äußerlich erscheinenden Apathie verbirgt. Von 23 Fragen eines Verhörs, dem einst die Indios durch eigens dafür entsandte Visitatoren unterzogen werden sollten, konnte *Xavier Albo,* ein in Bolivien lebender Anthropologe, mit dem ich vor wenigen Jahren mein Projekt besprach, zehn Fragen mit Einschränkungen positiv beantworten. Selbstverständlich gilt für diese positiven Antworten der Vorbehalt, daß die heute zu beobachtenden Bräuche in ihrer Bedeutung nicht mehr einfachhin mit dem, was ursprünglich gelebt und praktiziert wurde, identisch sein müssen.

Als Ergebnis der Begegnung zwischen andiner Kultur und spanisch geprägtem Christentum sind vier Reaktionen denkbar: Der kulturelle Wandel kann unter dem Druck fremder Herrschaft und wirtschaftlicher Übermacht oder auch freiwillig akzeptiert werden. Aber es besteht auch die Möglichkeit einer Anpassung, in der das Neue von der alten religiösen Kultur ihrer eigenen Art entsprechend assimiliert wird. Schließlich ist auch eine wechselseitige Assimilation, eine Fusion beider Kulturen möglich. Widerstand gegen den religiösen Akkulturationsprozeß artikulierte sich im 16. Jh. in den Aufständen von Vilcabamba oder des Taki onqoy, einer nach ihren ekstatischen Tänzen benannten messianischen Bewegung, und im 18. Jh. in den Aufständen unter Führung von *Juan Santos Atahualpa* und *Tupa Amaru.* Während die Aufstände im 16. Jh. im Namen der indianischen Götter mit dem Ziel einer Zeitenwende (Pacha kuti) geschahen, erfolgten die Aufstände im 18. Jh. im Namen des christlichen Gottes. Wo offener Widerstand nicht möglich war, blieb die Alternative des Widerstands in Gestalt äußerer Anpassung.

Die lateinamerikanischen Bischöfe unterstellen, wenn sie in Puebla/Mexiko (1979) von einer Volksreligiosität, die der Reinigung bedarf, sprechen, daß das Christentum akzeptiert wurde. Dagegen finden sich in Studien von Anthropologen, sofern sie sich zur Frage des Akkulturationsprozesses äußern, sehr unterschiedliche Urteile. Das Spektrum ihrer Thesen erstreckt sich von der Akzeptation des christlichen Glaubens über die Fusion, d.h. wechselseitige Assimilation, bis hin zur Assimilation des Neuen nach Art des Alten. Aufgrund eigener Untersuchungen bin ich weder der Auffassung, das Christentum sei von der autochthonen Religion gänzlich assimiliert worden, so daß die Behauptung gerechtfertigt wäre, die Indios seien nur dem Namen nach Christen, noch teile ich den Standpunkt, die andinen Elemente seien bis auf wenige Restbestände durch das Christliche assimiliert worden. Gegen die Meinung von *Joseph W. Bastien,* die Indios seien nur dem Namen nach katholisch, spricht im Feld unserer Untersuchung allein schon die Eigenständigkeit, in der sie in ihrer Comunidad das Christliche fern von aller kirchenbehördlichen Aufsicht pflegen. Geht man davon aus, daß andine Kultur und Christentum sich zueinander wie Zentrum und Peripherie verhalten, dann überrascht es nicht, daß Elemente aus der christlichen Peripherie übernommen wurden, ohne daß dadurch die Eigenart des ursprünglichen kulturellen Zentrums aufgegeben wurde. Allerdings wurde die alte andine Agrarreligion dadurch, daß sie das Christentum assimilierte, selbst neu interpretiert, so daß im Ergebnis des Akkulturationsprozesses eine christliche Form des Glaubens ganz eigener Art erscheint.

Der Druck auf die noch überlebenden alten Kulturen nimmt trotz des Interesses, das ihnen in den vergangenen Jahren entgegengebracht wurde, im Zuge der allgemeinen Entwicklungen der betroffenen Länder ständig zu. Auch die Kirchen verfügen bei weitem nicht in ausreichendem Maße über Personal, das sowohl stärkeren körperlichen Belastungen gewachsen als auch begabt ist, mit fremden Kulturen differenziert umzugehen. Wohin solcher Druck führt, davon zeugt eindrucksvoll das Dokument des ökumenischen Treffens von in der Pastoral tätigen Campesinos in Cayambe/Ecuador (1986). Die in der Pastoral tätigen Indios sagen von sich:

> Wir haben keine eigene Identität. Wir tragen so viele, uns von außen umgehängte Lumpen am Leib, daß wir weder diese Lumpen sind, noch wissen, was darunter steckt ... Zwei Identitäten streiten miteinander in uns: die indianische und jene, die uns durch die religiöse Erziehung aufgenötigt wurde. Wir sind schizophrene Wesen. Manchmal wissen wir nicht einmal, ob wir überhaupt glauben. Den Glauben unseres Volkes haben wir verloren, aber auch zum Glauben, der durch die Kirche vermittelt wurde, haben wir keinen vollen Zugang. So können wir nicht leben, noch können wir darüber reden, ohne daß es uns innerlich vor Schmerz zerreißt. Wir fragen uns: Warum mußte das so kommen? Warum mußten wir das aufgeben, was wir waren, um Christen, um Ordensleute zu sein oder um unsern christlichen Glauben zu leben? Warum dürfen wir Gott nicht auf gleiche Weise loben, wie es unser Volk tut, sogar mit dem gleichen Namen?[1]

Im gleichen Jahr fand in La Paz/Bolivien eine vom Herausgeber der Zeitschrift «Fe y Pueblo» veranstaltete Tagung über Kultur und Religion der Aymaras statt. Auch dort wurde in beredter Weise Klage geführt:

> Heute sagen uns die Priester und Pastoren, auch ohne den geringsten Respekt, daß allein ihr Gott existiert, den wir anbeten und dem wir gehorchen sollen. Aber was sie auch immer sagen und tun mögen, wir werden fortfahren, unsere Riten zu vollziehen, da sie Teil unserer Kultur und unserer Identität sind ... Ihr könnt in den Städten die eigenen Christen evangelisieren, vor allem die Regierenden, die Katholiken sind. Uns laßt in Ruhe, wir haben schon unsere Religion, und für uns ist sie eine gute Religion. Kümmert ihr euch darum, gute Christen zu sein, und wir werden uns darum kümmern, gute Aymaras zu sein. Aber da ihr schon in unserem Land lebt, im Qullasuyo, was soviel wie heilsame Erde bedeutet, ist es notwendig, daß wir miteinander sprechen, aber als Gleichgestellte ...[2]

Die zitierten Zeugnisse lassen an Deutlichkeit nichts zu wünschen übrig, sie zeigen aber auch, wie wichtig Einzelstudien sind, die den Wert der religiösen Kulturen herausarbeiten, in denen das Christentum Wurzel fassen bzw. neu Gestalt gewinnen soll. Eine angemessene Verkündigung des Glaubens unter indianischen Gemeinden setzt die Kenntnis der autochthonen Kultur und der aus der Begegnung mit dem Christentum erwachsenen Religion des Volkes voraus. Sofern nämlich Bekehrung letztlich als Prozeß der Findung und Vertiefung der eigenen Identität zu verstehen ist, sollte die Kirche in der Lage sein, solche Prozesse in autochthonen Bevölkerungsgruppen zu fördern. Sie dürfte sich dabei nicht von falscher Sorge um die eigene Orthodoxie leiten lassen.

Nach einem ersten erlebnisreichen vergeblichen Versuch in der Provinz Nord-Potosí bot sich mir durch Vermittlung von *P. Peter Hansen* SJ eine günstige Gelegenheit, das Vorhaben einer eigenen Untersuchung 1988 im Departament Cuzco zu verwirklichen. Ungefähr 5 Jahre zuvor war *P. Hansen* von Indios eingeladen worden, bei ihnen in einem entlegenen Weiler Wohnung zu nehmen. Seit 40 Jahren hatten sie in Quico keinen Priester mehr gesehen. Bis zu meinem Besuch hatte es *P. Hansen* vermieden, den Leuten Fragen zu stellen. Um ihr Vertrauen zu gewinnen und ihre Lebensart kennenzulernen, hatte er sie die ersten Jahre hindurch einfach in all ihren Arbeiten im Alltag begleitet. Nach so langer Zeit des Zusammenlebens hielt er es nun jedoch für möglich, ihnen Fragen zu stellen. Er führte mich als seinen Freund ein, der als Lehrer in Europa interessiert sei, zu verstehen, wie sie ihren Glauben lebten.

Zur Gemeinde von Quico gehören 45 Familien mit etwa 150 bis 200 Personen. Ihr Grundbesitz umfaßt 13.600 ha Land. Er erstreckt sich vom oberen Ende eines Hochtales, wo in 4100 m Höhe ihr Hauptwohnsitz liegt, bis hinab in den Urwald. Von der Straße aus, die von Urcos über Ocongate in Richtung Quince Mil führt, ist der Ort zu Fuß oder auf dem Maultier auf einem Pfad zu erreichen, der über einen Paß von 4800 m Höhe führt. Ihre etwa 20 qm großen Hütten errichten die Bewohner von Quico aus Naturstein, den sie mit Lehm verfugen. Die Dächer der Hütten decken sie mit Hartgras. Meist haben die Hütten nur eine einzige Öffnung, einen niedrigen Eingang, den man nur gebeugt passieren kann und der nachts oder bei Abwesenheit mit einer Holztür verschlossen wird. Zur Einrichtung gehören ein kleiner Lehmherd, darüber ein Gestell mit Brennholz, ein flacher Mahlstein sowie eine mit Decken und Fellen zum Schlafen hergerichtete Ecke. Man sitzt auf dem Boden, der mit trockenem Hartgras bedeckt ist. Wasser zum Kochen holt man aus den reichlich fließenden Bächen. Die kümmerliche Hauseinrichtung steht in auffallendem Kontrast zu dem hochentwickelten Sinn für Kunst, von dem die Webarbeiten der Indios zeugen, vor allem ihre Ponchos und Tücher (Llihllas). Das niedrige Niveau der Wohnkultur erklärt sich wohl zum Teil aus der Lebensweise; denn die Ausnutzung der verschiedenen Klimazonen führt dazu, daß die Bewohner von Quico ständig auf der Wanderschaft sind.

Die klimatischen Bedingungen des Ortes werden durch seine Lage in den Tropen zwischen dem 13. und 14. Grad südlicher Breite bestimmt. Auf einer Höhe von 4100 bis 4300 m sinken die Temperaturen von Juni bis August nachts bis auf -10°, im Mai und in den Monaten September und Oktober bis auf -5°, in der Regenzeit von Oktober bis April liegen die Temperaturen nachts bei 0°. Auch wenn reichlich Schnee fällt, schmilzt er unter der starken Sonne meist noch am selben Tag. Die Tagestemperaturen erreichen in den kalten Monaten im Schatten 15° und in der Sonne bis 32°. An Regentagen liegt die Temperatur bei 10°. Gewöhnlich steigen am Vormittag, spätestens aber mittags aus dem Regenwald Nebel auf und hüllen das ganze Tal ein. Während meines Besuchs, der in die Regenzeit von Ende Januar bis Anfang April 1988 fiel, zogen die Nebel meist schon morgens gegen 9.00 Uhr auf. Erst gegen Abend rissen sie wieder auf und gaben die Sicht auf den Sternenhimmel frei. Selbst im Juni und Juli bilden Tage, an denen durchgehend die Sonne scheint, eine Ausnahme. Der Nebel ist aber nicht so dicht wie in Europa und bleibt im Wind ständig im Fluß. In der Hauptregenzeit regnet es oft mehrere Tage lang ohne Unterbrechung. Während meines Aufenthaltes betrug die Temperatur in der Hütte von *P. Hansen* konstant 5°. Weiter unten im Tal ist das Klima sehr viel milder, aber auch noch feuchter. Auf den Höhen zwischen 3000 und 2000 m liegen die Temperaturen auch in den kalten Monaten über 18°.

Die unterschiedlichen klimatischen Verhältnisse wissen sich die Bauern von Quico geschickt zunutze zu machen. Im oberen Tal bis in eine Höhe von 4200 m werden verschiedene Sorten von Kartoffeln und unten im Urwald, in 2000 m Höhe, wird Mais angebaut. Kartoffeln und Mais bilden die Hauptnahrung. Selten nimmt man ein klein wenig Ch'arki, an der Sonne getrocknetes Alpaka-, Schaf- oder Rindfleisch, um damit der Suppe etwas Geschmack zu geben. Nur an Festtagen bereiten sie gelegentlich frisches Fleisch zu. Gemüse gibt es nicht. Nur der eine oder andere hat sich anregen lassen, Zwiebeln zu ziehen. Die wenigen Hühnereier werden meist verkauft, um z.B. Alkohol für die Festtage zu besorgen.

Die Kindersterblichkeit ist hoch. Nach *P. Hansens* Schätzung stirbt etwa die Hälfte der Kinder während des ersten oder zweiten Lebensjahres. Im schulpflichtigen Alter hingegen ist die Sterblichkeit gering. Läßt man die ersten drei Lebensjahre statistisch außer Betracht, beträgt das durchschnittliche Lebensalter etwa 50 Jahre. Häufige Todesursache sind unter anderem Magenerkrankungen und Darmverschlüsse, die insbesondere an Festtagen nach einer längeren Zeit des Hungerns auftreten, denn vor der Ernte bleibt oft kaum noch etwas zu essen, und oft ißt man zu hastig.

Die christliche Tradition der Gemeinde von Quico wurde in der nachkolonialen Epoche durch die Hazienda geprägt. Durch das unter *Juan Velasco Alvarado* erlassene Gesetz der Agrarreform vom Juni 1969 erlangten die Einwohner von Quico ihre Unabhängigkeit. Seitdem lag Quico, sieht man von der Wallfahrt zum Señor Qoyllur Rit'i ab, die aber von den Indios auch weitgehend in eigener Regie durchgeführt wird, völlig außerhalb des Horizonts kirchlicher Pastoral.

Die Religion der Bewohner von Quico wird wesentlich von ihrem Lebensraum bestimmt. Im Mittelpunkt ihrer Frömmigkeit stehen der Umgang mit der Erde, die Verehrung der Pachamama und der Apus, der Ahnen in Gestalt der Berge. Der Bezug zur Außenwelt, die vom Christentum geprägt ist, erscheint in Quico vermittelt durch die Präsenz der Mamacha Carmen und des Taytacha Pascua, die in der noch aus der Zeit der Hazienda stammenden Kapelle verehrt werden. Man pflegt mit ihnen vertrauten Umgang, aber man weiß auch, daß sie nicht in derselben Weise verehrt sein wollen wie Pachamama und Apus. Sie stehen sozusagen zwischen der Innen- und Außenwelt. Ihnen zu Ehren kann man tanzen, aber man bringt ihnen keine Despachos dar, sondern nur Kerzen und Schmuck. Sie verehrt man in der Kapelle, dagegen begegnet man Pachamama und den Apus auf allen Wegen.

Wenn auch die Kapelle ein wichtiger Ort in Quico ist, von dem z.B. die neugewählten Autoritäten am Morgen des Chayampuy (wörtl. «Ankunft», d.h. Einführung in das Amt) ausziehen, um nach der Amtsübernahme am Abend dorthin zurückzukehren, auf deren Vorplatz man sich zum Tanz und zur Beratung versammelt oder in der man in der Nacht vom Karfreitag zum Karsamstag eine Vigil hält, so werden doch die religiösen Erfahrungen der Bewohner von Quico primär nicht von den Mächten geprägt, die von außen her den christlichen Rahmen bilden, sondern von jenen, die ihren eigenen Lebensraum bestimmen. Im Mittelpunkt der Frömmigkeit steht daher die Verehrung der Pachamama und der Apus. Unübersehbar erscheint dies im Alltag an einer kleinen, dem christlichen Kreuzzeichen vergleichbaren Geste. Niemand kaut Coca oder nimmt ein alkoholisches Getränk, ohne zuvor etwas davon den Apus bzw. der Pachamama anzubieten. Vor allem aber im Zusammenhang mit Aussaat und Ernte sowie mit der Fruchtbarkeit und dem Schutz der Tiere erweist man Pachamama und den Apus «liebevolle Aufmerksamkeit». Sie werden überwiegend als positiv erfahren, sie stellen den bergenden Lebensraum dar. Deshalb ist der rituelle Umgang mit ihnen so wichtig. Von vergleichsweise geringerer Bedeutung erscheinen demgegenüber die als bedrohlich empfundenen Mächte. In den Aussagen über diese Mächte klingt mit der Gefährlichkeit auch eine gewisse Ferne an. Die gefährlichen Mächte, die Anchanchus, der Regenbogen oder üble Winde, spielen anscheinend nur eine Rolle in besonderen Fällen, in denen man nach außergewöhnlichen Ursachen sucht. Gegebenenfalls sind sie mit Gaben zu beschwichtigen.

Wie im Bereich der göttlichen Mächte, so lassen sich auch im Bereich der Riten Parallelen beobachten. Von den Interviewten wurde dies öfter spontan und deutlich angesprochen. Zu beobachten sind Entsprechungen zu den Sakramenten der Taufe, der Ehe und der Eucharistie. Der Taufe entspricht der Ritus des ersten Haarschnitts, der Ehe das Servinakuy und der Eucharistie die Darbringung des Despacho. Berücksichtigt man die Elemente der Reinigung und Versöhnung in den Heilungsriten, dann kann man auch in ihnen eine Parallele zum Sakrament der Buße erkennen. Was den Umgang mit dem Tod angeht, so sind auch in diesem Bereich sowohl andine als auch christliche Riten und Vorstellungen zu beobachten. Schließlich kann man auch in den Berufungsgeschichten der Curanderos (Heilkundigen), insofern die Kandidaten für dieses Amt dem Apu vorgestellt werden, eine Ähnlichkeit mit der Priesterweihe erkennen.

Beobachtungen und Interviews zeigen, daß für die Bewohner von Quico das Christentum nicht einfach, wie manchmal behauptet wird, nur eine Maske darstellt, sie zeigen aber auch, daß Apus und Pachamama mehr bedeuten als nur Aspekte der andinen Religion, die sich nicht christianisieren ließen. Das Verhältnis zwischen Pachamama und den Apus einerseits und dem christlichen Gott und seinen Heiligen andererseits läßt sich nicht als Beziehung hierarchischer Unterordnung beschreiben. Am besten läßt sich die Zuordnung von Christentum und alter Agrarreligion mit den Begriffen Rahmen und Mitte beschreiben. Die christlichen Elemente sind nicht am Rande geblieben, sondern gehören als Rahmen zum festen Bestand des religiösen Weltbildes. Die Fähigkeit der Indios zu solcher Anpassung läßt ein komplementäres Denken erkennen, das ähnlich dem asiatischen Denken von einem Sowohl-als-auch bestimmt wird.

Die Monate der Abgeschiedenheit in Gemeinschaft mit den Indios in Quico regten dazu an, aus der auferlegten Distanz unsere eigene europäische Welt im Kontrast zur unmittelbaren Umgebung mit ihren harten und kargen Lebensbedingungen zu betrachten. Könnte das Leben der Indios etwas für das Leben in unserer atomisierten Gesellschaft bedeuten? Auf den ersten Blick scheint es nicht so. Hat man sie doch marginalisiert, weil man mit ihnen nichts anzufangen weiß, weil man sich ihnen gegenüber weit überlegen glaubt. Wenn sie im Bereich der sogenannten Zivilisation erscheinen, dann werden sie dort in der Regel übervorteilt und bedrängt. Einen Indio unentgeltlich zur Arbeit zu zwingen oder ihn zu schlagen, gilt nicht als Unrecht. Es scheint also, die Welt dieser Menschen könnte allenfalls in den Augen eines Romantikers etwas für die moderne Welt bedeuten. In der Tat wäre es unsinnig, das Wertgefüge einer noch weithin statischen Gesellschaft auf unsere durch hohe Mobilität gekennzeichnete Welt zu übertragen. Dennoch schärft das Erleben des Kontrastes den Blick für das, was uns in der modernen Welt möglicherweise fehlt.

Eine erste Kontrasterfahrung bieten die harten und kargen Lebensbedingungen der Bewohner von Quico. Ebenso wie sie selbst bereit sind zu teilen, zeigen sie selbstverständlich Interesse an allem, was von draußen hereingebracht wird. So waren unsere geringen Vorräte an Proviant, die wir aus Cusco mitgebracht hatten, bald erschöpft. Tagelang war unsere Speisekarte auf Kartoffeln reduziert. Als ich dann auf dem Rückflug nach Europa Butter auf ein Brötchen strich, überkam mich plötzlich das Gefühl, auf der Flucht zu sein. Von solchen und ähnlichen eher vordergründigen Dingen abgesehen, bleiben vornehmlich drei Kontrasterfahrungen nachdrücklich in Erinnerung, die geeignet sind, einige unserer europäischen Probleme deutlicher erkennen zu lassen.

Im Kontrast zu unseren mitteleuropäischen Lebensverhältnissen fällt es auf, wie intensiv und ausgiebig man in Quico Feste feiert, wie stark man in der Gegenwart lebt und wie bestimmend die Tradition ist. Der Jahreszyklus der Feste wird durch die Monate bestimmt. Nur auf den Monat Dezember fällt kein Fest, denn in der Zeit um Weihnachten können sich die Bauern nicht im Hauptort versammeln, da sie unten im Urwald Mais aussäen und in den mittleren Lagen des Tales Frühkartoffeln ernten. Phasen der Arbeit wechseln mit Festzeiten, die von Gesang, Musik und Tanz geprägt sind. In der Feier der Feste sucht die Gemeinde ihr Leben rituell mit der sie umgebenden Natur und den unsichtbaren Kräften in Harmonie zu bringen. Oft erstrecken sich die Feierlichkeiten unter Beteiligung der ganzen Gemeinde über mehrere Tage. Die Feste bieten Gelegenheit, dem bescheidenen, oft bedrückenden Alltag für Stunden und Tage zu entrinnen. In allen Kulturen wird man angesichts der Not vorübergehend auch die Flucht als hilfreich empfinden. Während der Feste vermögen die Indios sich im Augenblick zu verlieren und auf diese Weise ihr Leben trotz aller Widrigkeiten positiv zu erleben. Dies wird nicht zuletzt dadurch erreicht, daß durch organisierte Einladungen zu Speise und Trank ein jeder von jedem etwas empfängt. An Karneval z.B. pflegen sie, ähnlich wie bei uns an Weihnachten, einander zu beschenken. Die Männer weben Zierbänder für die Festkleider ihrer Frauen, die Frauen Ponchos für ihre Männer. Die soziale Bedeutung der Feste ist unter Anthropologen durchaus umstritten. Einige vertreten z.B. die Auffassung, daß die unabweisbare Verpflichtung, Feste auszurichten, sich auf die Gemeinschaft nivellierend auswirkt, weil sich die durch Wahl in Pflicht genommenen Autoritäten weit über ihre ökonomischen Kräfte hinaus verausgaben müssen. In Quico werden nach Beobachtung von P. *Hansen* auch weniger Vermögende dazu gedrängt, sich zur Leitung und Ausrichtung eines Festes zu verpflichten. Das wirkt sich dann so aus, daß bestehende soziale Unterschiede verfestigt werden. Die erwähnten sozialen Auswirkungen und auch gelegentliche Exzesse, die jedoch in Quico nicht zu beobachten waren, sind auf jeden Fall ernst zu nehmen. Dennoch bleibt uns unvergeßlich, wie die Indios in der Feier ihrer Feste die Gegenwart leben und als Geschenk erleben. Ihnen ist dies möglich, weil für sie der religiöse Gehalt ihrer Feste noch nicht verlorengegangen ist. Nicht daß sie etwa den theologischen Gehalt ihrer Feste genau beschreiben könnten, aber aus der Verehrung der Pachamama, der Apus, des Taytacha und der Mamacha Carmen empfangen die Feste ihre Mitte, so daß sie sich über das Niveau bloßer Unterhaltung und Zerstreuung erheben.

Überraschend häufig kann man unter Indios inmitten eines armen, entbehrungsreichen und oft auch leiderfüllten Lebens Heiterkeit und Freude erleben. Diese Erfahrung steht in starkem Kontrast zu einer unter Europäern oft inmitten gehobenen Wohlstands begegnenden gepflegten Traurigkeit, Verdrossenheit und Aggressivität. Paradoxerweise scheinen Gefühle der Unsicherheit und Verlorenheit proportional zur Sicherheit des Lebens zuzunehmen. Gewiß sind die globalen Gefahren, die wir im Zuge technischen Fortschritts durch Waffenproduktion und Raubbau an Ressourcen hervorrufen, durchaus real. Aber nicht weniger entspricht die Beobachtung der Realität, daß das Leben eines jeden unter uns ungleich gesicherter erscheint als das Leben eines Indios in den südperuanischen Hochanden. Ernährung, Hygiene, Krankenversorgung, Transport und Arbeitsbedingungen lassen seine Lebenserwartung im Vergleich äußerst gering erscheinen.

So erhebt sich die Frage, warum die unter den Indios und unter uns vorherrschenden Lebensgefühle im umgekehrten Verhältnis zu den jeweiligen Chancen erscheinen? Könnte nicht die so häufig unter Mitteleuropäern zu beobachtende Verdrossenheit und Lustlosigkeit unter anderem auch darin begründet sein, daß wir, anders als die Indios, kaum noch in der Gegenwart zu leben vermögen? Wir greifen auf die Zukunft aus, leben für das, was wir vorhaben, und messen uns unerbittlich am Erfolg. Je größer aber unsere Vorhaben, desto größer auch die Erfahrung der Grenzen im Risiko oder im Scheitern. Dies führt dazu, daß sich gerade im Wohlstand die Leiden addieren: Wenn wir schon nicht am Mißerfolg leiden, dann doch unter der Sorge, es könnte ein Mißerfolg eintreten. So erscheint der gesicherte und doch zugleich geängstigte Mensch, der an das Evangelium von der falschen Selbstsicherheit des Reichen erinnert. Während aber der Tor in der Beispielerzählung des Lukasevangeliums[3] noch zu sich selbst sagen kann: «Ruh dich aus, iß und trink, und freu dich des Lebens», bereitet uns das wohlhabende Leben Verdruß. Aus der Kontrasterfahrung in der Begegnung mit den Indios, die so sehr in der Gegenwart leben, daß sie darin aufzugehen scheinen, stellt sich uns die Frage des Evangeliums: Haben wir Mut zur Gegenwart? Sind wir noch in der Lage, die Mitte unseres Lebens zu suchen und zu entdecken? Auch in einer sich rasch wandelnden Welt sollten wir nicht gänzlich verlernen, in der Gegenwart zu leben. Fortschritt könnte dann nicht mehr nur atemlos, sondern sozusagen auch spielend verfolgt werden, den Kräften des Menschen entsprechend. Wir liefen dann weniger Gefahr, uns restlos nach Erfolg oder Mißerfolg unserer Pläne zu beurteilen. Zur berechtigten Freude an der Leistung könnte wieder vermehrt die Freude, beschenkt zu sein, treten. Denn eine Rückkehr in die Gegenwart ließe uns auch wieder die Beziehungen zu den

Menschen, mit denen wir zusammenleben, stärker berücksichtigen. Mut zur Gegenwart könnte sich in der Fähigkeit erweisen, sich auf eine Sache einzulassen, sich einer Aufgabe mit Hingabe zu widmen, ohne sich von der Sorge bestimmen zu lassen, daß einem dabei etwas anderes entgeht. Entsprechend könnte Mut zur Gegenwart sich in der Fähigkeit zeigen, eine Wahl zu treffen oder Bindungen einzugehen und den damit verbundenen Verzicht zu leisten. Bewußte Wahl bewahrt vor innerer Zerrissenheit, vor einem geteilten Herzen. Ähnliche Gedanken mögen einst in noch ruhigerer Zeit in Europa *Blaise Pascal*[4] bewegt haben, wenn er notierte:

> Niemals halten wir uns an die Gegenwart. Wir nehmen die Zukunft vorweg, als käme sie zu langsam, als wollten wir ihren Gang beschleunigen; oder wir erinnern uns der Vergangenheit, um sie aufzuhalten, da sie zu rasch entschwindet: Torheit, in den Zeiten umherzuirren, die nicht unsere sind, und die einzige zu vergessen, die uns gehört, und Eitelkeit, denen nachzusinnen, die nichts sind, und die einzige zu verlieren, die besteht, nämlich weil es die Gegenwart ist, die uns gewöhnlich verletzt. Wir verbergen sie vor uns, weil sie uns bekümmert; und wenn sie uns freundlich ist, bedauern wir, sie entschwinden zu sehen. Wir versuchen, sie für die Zukunft zu erhalten, und sind gesonnen, über Dinge, die nicht in unserer Macht sind, an einem Zeitpunkt zu verfügen, von dem wir keine Gewähr haben, daß wir ihn erleben.
> - Wer seine Gedanken prüft, wird sie alle mit der Vergangenheit und der Zukunft beschäftigt finden. Kaum denken wir je an die Gegenwart, und denken wir an sie, so nur, um hier das Licht anzuzünden, über das wir in der Zukunft verfügen wollen. Niemals ist die Gegenwart Ziel, Vergangenheit und Gegenwart sind Mittel, die Zukunft allein ist unser Ziel. So leben wir nie, sondern hoffen zu leben, und so ist es unvermeidlich, daß wir in der Bereitschaft, glücklich zu sein, es niemals sind.

Fragt man einen Indio nach Einzelheiten seiner religiösen Praxis, erhält man immer wieder die Antwort: «Es costumbre, Padre.» Das ist so Brauch. Auf den ersten Blick scheint es, daß die Angesprochenen damit einer Antwort auszuweichen suchen, dann aber fängt man an zu ahnen, daß sie damit etwas zum Ausdruck bringen, was für sie wirklich bedeutsam ist: Die Beachtung der überlieferten Regeln bietet nach Vorstellung der Indios eine gewisse Gewähr für den Bestand ihrer Gemeinde. Sie leben eingebunden in die Tradition der Erfahrungen ihrer Vorfahren. Abweichungen vom Überkommenen werden dadurch erschwert, daß bei aller Freiheit niemand, der im Dorfe lebt, sich je für sich allein zurückziehen kann. Alles geschieht nahezu öffentlich, woran sich ein Europäer schwer gewöhnt. Auch diese Erfahrung in der Begegnung mit der Welt der Indios steht in deutlichem Kontrast zur europäischen Welt, die hohe Mobilität verlangt. Ständig neuer Aufbruch führt die Menschen in einer von Dynamik bestimmten Welt zu vergleichsweise starken Erfahrungen des Ungeborgenseins. Aber auch der Dynamik angepaßte Menschen können nicht ganz auf Geborgenheit verzichten, ihre Ungeborgenheit muß in einer letzten Geborgenheit aufgehoben sein. Was die Indios im einfachen Festhalten an der Tradition und in der Hingabe an ausdauernde Feste bewahren, das müssen Europäer erst immer wieder von neuem suchen und sich aneignen.

In der Welt der Indios bestimmt die unreflektiert übernommene Überlieferung das Leben der Gemeinschaft. Der einzelne ist in die Tradition eingebunden und erfährt von daher eine große Sicherheit im Verhalten. In einer dynamischen Gesellschaft hingegen kann Tradition nicht einfachhin als normativ angenommen werden. Dies gilt sowohl für den modernen Staat, in dessen Rahmen die Gesellschaft ihre Identität in der Begegnung mit fremden Kulturen zu wahren sucht, als auch für die Kirche als Gemeinschaft von Glaubenden und Suchenden, die ihre Gegenwart in Christus von Vergangenheit her auf Zukunft hin auszulegen suchen. Andererseits erscheint allgemein für das Leben eines Volkes, insbesondere aber auch für die christliche Glaubensgemeinschaft, die Besinnung auf die Tradition, verstanden als Erfahrung, um der Orientierung willen unverzichtbar. Das Beispiel des alten Israel, das nach dem Zeugnis der hebräischen Bibel über Jahrhunderte sein Leben je neu aus der Verheißung interpretierte, der nur zu oft die Wirklichkeit zu widersprechen schien, bleibt auch für die Christen gültig. Tradition als überlieferte Erfahrung ständig neuen Glaubens und Suchens, als Zeugnis immer wieder aufbrechender Konfrontation zwischen Evangelium und Weltleben, aber auch als Zeugnis der Flucht vor dem Evangelium, könnte Christen, falls sie sich auf sie einlassen, in bewegten Zeiten Halt und Entscheidungsfreude vermitteln. Es versteht sich, daß das jüdisch-christliche «trial and error» des Glaubensweges nur als ökumenische Geschichte angemessen in den Blick kommen kann. Bindung an die Tradition darf unter uns nicht mehr wie in der Welt der Indios einfachhin angenommen, sie muß vielmehr bedacht vollzogen werden.

Die Aymaras in La Paz haben gefordert: «Es ist notwendig, daß wir miteinander sprechen, aber als Gleichgestellte.» Unmittelbar erscheint dies schwer möglich, es sei denn, der Europäer setzt sich dem Kontrasterlebnis in der Begegnung mit der fremden Kultur aus und läßt auf diese Weise das Leben der Indios zu sich sprechen.

Anmerkungen

1 *Orientierung* 51 (1987) 123
2 *Fe y Pueblo*, August 1986, 12-13.
3 Lk 12, 16-21.
4 *Pascal, Blaise:* Pensées, übertr. u. hrsg. v. Ewald Wasmuth, Darmstadt ^{8}1978, Frgm. 172.

Literatur

Sachsse, Christoph und *Tennstedt, Florian:* Geschichte der Armenfürsorge in Deutschland. Band 2. Stuttgart: Kohlhammer 1988
Scherpner, Hans: Theorie der Fürsorge. Göttingen: Vandenhoeck 1962
Schulz, Wolfgang: Das Strukturmodell der Didaktik. In: Die Deutsche Schule, 1969, 61
Soukup, Gunther und *Koch, Reinhard* (Hrsg.): Es kamen härtere Tage. Soziale Arbeit zwischen Aufbruch und Stagnation. Weinheim: Beltz 1988
Specht, Harry und *Vickery, Anne:* Methodenintegration in der Sozialarbeit. Zur Entwicklung eines einheitlichen Praxismodells. Freiburg: Lambertus (1977) 1980
Wahl, Diethelm: Handeln unter Druck. Der weite Weg vom Wissen zum Handeln bei Lehrern, Hochschullehrern und Erwachsenenbildnern. Weinheim: Deutscher Studien Verlag 1991

JÖRG WILLER

Professor versus Confessor

1. Wortfamilie und Wortbedeutung

Sucht man eine lateinische Übersetzung für das Verbum «bekennen», so findet man im Wörterbuch die beiden Vokabeln *confiteri* und *profiteri*. Ihr ähnlicher Klang verweist auf ihren gemeinsamen Wortstamm: beide sind abgeleitet von dem Grundwort *fateri*, das ebenfalls «bekennen» im Sinne von «einräumen», «gestehen», ferner im übertragenen Sinne «äußern», «sich merken lassen», «an den Tag legen», «zu erkennen geben», aber auch «beurkunden» meint. Die beiden hieraus abgeleiteten Verben *confiteri* und *profiteri* verstärken diese Bedeutung in jeweils besonderer Weise:

- *Confiteri* meint im eigentlichen Sinne *eingestehen»*, «zugestehen», «bekennen», etwa das Eingestehen einer Schuld. In diesem Sinne heißt das Schuldbekenntnis zu Beginn der lateinischen Meßliturgie nach seiner einleitenden Formel «Ich bekenne ...» *Confiteor*. Im übertragenen Sinne meint *confiteri* ferner «offenbaren», «durch die Tat kundgeben».

- *Profiteri* meint im eigentlichen Sinne «laut, öffentlich und frei bekennen»; in diesem Sinne sagte Cicero: «Non solum fateri, sed etiam profiteri.» Im übertragenen Sinne meint profiteri «sich bekennen», «sich erklären», «sich etwas nennen», nicht zuletzt aber «öffentlicher Lehrer sein».

Bereits im lateinischen Sprachgebrauch hat man aus diesen Verben Substantiva gebildet, die den Vollzug der Tat umschreiben:

Confessio meint das «Eingeständnis», das «Zugeständnis» oder einfach das «Geständnis», in erweiterter Bedeutung aber «das durch die Tat abgelegte Bekenntnis» etwa der Furcht oder des Mutes. Hieraus erwuchs die Redewendung von der *confessio fidei* als dem Glaubensbekenntnis, das sich in der Tat, sei es einmalig oder im gesamten tätigen Leben, bewährt. Das davon abgeleitete Fremdwort «Konfession» hat allerdings das Glaubensbekenntnis zu einem juristischen, insbesondere finanzrechtlichen Begriff verengt, der die Kirche nicht als *corpus mysticum*, sondern lediglich als in Form einer Körperschaft des öffentlichen Rechts verfaßte Religionsgemeinschaft sowie die Zugehörigkeit eines Menschen zu dieser Körperschaft kennzeichnet.

Professio meint zum ersten das öffentliche Bekenntnis oder die öffentliche Äußerung über sich selbst. Als heute noch übliche Beispiele seien erwähnt die *professio fidei*, der im katholischen Kirchenrecht vorgesehene Glaubenseid, der von den Teilnehmern an einem allgemeinen Konzil, von den Professoren der kanonisch errichteten Universitäten, Fakultäten und Seminarien oder auch von Konvertiten abzulegen ist; ferner die *professio religiosa*, meist abgekürzt *Profeß* genannt, womit die öffentliche Ablegung der Ordensgelübde eines Mönchs oder einer Nonne nach Abschluß ihres Noviziats bezeichnet wird. Zum zweiten meint *professio* im lateinischen Sprachgebrauch die öffentliche Angabe des Namens, des Vermögens oder des Gewerbes; zum dritten die Steuererklärung oder eine ähnliche Deklaration; zum vierten endlich - wie das im Deutschen gebräuchliche Fremdwort «Profession» - das Gewerbe, das Geschäft, die Kunst oder das Fach.

Ebenfalls bereits im Lateinischen hat man eine andere Form von Substantiva gebildet, welche die Aufmerksamkeit weniger auf den Vollzug der Tat als vielmehr auf den Menschen richtet, der die Tat vollbringt:

Confessor, oft genauer als *confessor dei* oder *confessor fidei Christianae* gekennzeichnet, meint den Bekenner des Christentums und steht damit im Gegensatz zu dessen Leugner, dem *negator*.

Professor meint den öffentlichen Lehrer zunächst allgemein, später vorwiegend denjenigen, der an den von den Römischen Kaisern geförderten Hochschulen tätig ist.

Beide Begriffe sind später zu Ehrentiteln geworden. Bedeutung und Verpflichtung, die sich mit ihnen im Wandel der Geschichte ver-bunden haben, seien im folgenden kurz erörtert.

2. Confessor

Bereits im Frühchristentum hat man Menschen, die ihren christlichen Glauben durch eindrucksvolle Taten bekannten, im Gedächtnis der Gemeinden bewahrt. Als eindrucksvollstes derartiges Zeugnis galt das Martyrium, das Erleiden der Todesstrafe zum Zeugnis Christi und seiner Religion. «Martyr» wurde denn auch zum höchsten Ehrentitel in der christlichen Heiligenverehrung. Das Wort, aus dem Griechischen entlehnt, bedeutet im eigentlichen Sinne Zeuge und besitzt somit eine ähnliche Bedeutung wie *confessor*. Die Martyrerakten, die man etwa seit Mitte des 2. Jahrhunderts aufzeichnete, bilden den Grundbestand der christlichen Hagiografie, der Beschreibung vom Leben und Werk der Heiligen. Doch mit der Zeit begann man, auch Lebensbeschreibungen von Menschen zu überliefern, die nicht durch das Martyrium, wohl aber durch andere ausgezeichnete Werke ihren Glauben an Christus und seine Kirche bekannt hatten. Auch ihnen hat man besondere Titel verliehen. Während aber der Titel Martyr Männern wie Frauen zugesprochen werden konnte, bürgerte sich bei den weiteren Titeln der christlichen Hagiografie bald eine Trennung der Geschlechter ein. So finden wir für weibliche Heilige die Bezeichnungen Jungfrau, Büßerin und Witwe, während man männliche Heilige mit den Titeln Apostel, Bekenner und Kirchenlehrer bedachte.

Unter ihnen ist, wenn man von der neutestamentlichen Bezeichnung *Apostel* absieht, der Titel *confessor* wohl der älteste. In der Zeit der frühen Christenverfolgungen bezeichnete man mit ihm alle, die ihren Glauben in der Tat bekannt hatten, also sowohl Martyrer als auch solche, die trotz ihres offenen Bekenntnisses zu Christus nicht den Tod erleiden mußten. Später behielt man den Titel *confessor* jenen vor, die als Verteidiger des wahren Glaubens hervortraten, ohne dafür den Tod erlitten zu haben. Schließlich wurden mit ihm alle männlichen Heiligen geehrt, die nicht Martyrer sind.

Zuvörderst sind es die Werke der vom Stifter der christlichen Religion in oft wunderbarer Weise gepredigten barmherzigen Nächstenliebe, mit denen man seinen Glauben an Christus und seine Kirche bekennen kann. In ganz besonderer Weise lebt wegen solcher Hilfsbereitschaft und Freigebigkeit allen Notleidenden gegenüber die liebenswerte Gestalt des Bischofs und Bekenners Nikolaus von Myra im Gedächtnis der östlichen wie der westlichen Christenheit fort. Sein Leben zeigt allerdings auch, daß es weniger die Übung christlicher Barmherzigkeit war, die ihm den Titel *confessor* eintrug, als vielmehr sein Eintreten gegen die Irrlehre des Arianismus auf dem ersten ökumenischen Konzil von Nicäa. In der Tat erhielten die frühen *confessores* diesen Ehrentitel um ihres gegen Arius gerichteten Bekenntnisses für die Wesensgleichheit von Gott Vater und Gott Sohn willen. Männer als *confessores* zu ehren, weil sie ihren Glauben durch die Abwehr einer Irrlehre bekannt hatten, wurde durch die gesamte Kirchengeschichte fortgesetzt. So werden Augustinus, der in Predigt und Schrift gegen die Lehren des Pelagianismus kämpfte, oder Cyrillus von Alexandrien, der auf dem ökumenischen Konzil von Ephesos die Lehre von der Gottes-mutterschaft Mariens gegen die Nestorianer verteidigte, von der römischen Kirche als ruhmreiche Verteidiger des wahren Glaubens und damit als *confessores* gefeiert. Allerdings darf man nicht vergessen, daß all die Irrlehrer, die von den *confessores* bekämpft wurden, ebenfalls festen Glaubens waren, die wahre Lehre zu bekennen, so der Laie Pelagius, der die Erbsünde bestritt, die Kindertaufe ablehnte und lehrte, daß der Mensch aus eigener Kraft Gottes Gebote erfüllen und damit ewiges Heil erwerben könne, oder der Patriarch Nestorius von Konstantinopel, der die menschliche Natur Jesu gegenüber seiner göttlichen betonte und für diesen Glauben verdammt und verbannt wurde; sie beide waren wie viele andere, wenngleich der Irrlehre bezichtigt, in ihrem eigenen Sinn ebenfalls Verteidiger des von ihnen als wahr erkannten Glaubens. Waren sie in diesem Sinn nicht ebenfalls *confessores*, die für ihren Glauben Verdammung und Verbannung, oft sogar den Tod erleiden mußten?

Besonders tragisch mutet in dieser Hinsicht das Schicksal des frühchristlichen Schriftstellers Quintus Septimius Tertullianus (2./3. Jh.) an. Seine dogmengeschichtlich bedeutsame Schrift «Adversus Praxean», die sich gegen die von Praxeas vorgetragene Lehre wandte, nach welcher Gott Vater und Gott Sohn lediglich Erscheinungsweisen (modi) der einen und selben Gottperson seien, enthielt die klarsten Formulierungen über die Mysterien der Trinität und der Inkarnation Christi, die sich in den frühchristlichen Quellenschriften vor dem Konzil von Nicäa finden lassen. Tertullian prägte damals erst den Begriff der *trinitas*; überhaupt verlieh er mit seinen Schriften dem Kirchenlatein sein kennzeichnendes Gepräge; ihm wird auch zugeschrieben, den Begriff *confessor* geschaffen und in den kirchlichen Sprachgebrauch eingeführt zu haben. Um so anrührender, um nicht zu sagen beklemmender, ist es, von seinem weiteren Schicksal zu erfahren. Dieser Kämpfer für die wahre Lehre schloß sich gegen Ende seines Lebens der offiziell als Irrlehre verfemten Meinung des Montanus (2. Jh.) an, nach der die baldige Wiederkehr Christi und ein Äon des Heiligen Geistes zu erwarten seien. Sein Widersacher Praxeas söhnte sich dagegen vor seinem Tod mit der Kirche aus, bekämpfte seinerseits den Montanismus und wird heute aus letztgenanntem Grund als Bekenner gefeiert, während Tertullian, der im Bekenntnis des Montanismus starb, trotz seiner Bedeutung für die christliche Dogmengeschichte für alle Zeit als Häretiker gilt.

So tritt uns in der Person Tertullians die Problematik, die sich mit der Verpflichtung zum Glaubensbekenntnis stellt, in scharfer Form entgegen. Zweifellos hat er sich mit der ganzen Kraft seines Bekenntniseifers, mit der er zeitlebens für die wahre Lehre gestritten hatte, auch der Lehre des Montanus zugewandt; doch eben deshalb ging er der Ehre verlustig, nach seinem Tode als *confessor* gefeiert zu werden; vielmehr wurde jenen diese Ehre zuteil, die den Montanismus und damit auch Tertullian verurteilt hatten. Kann man Tertullian deshalb absprechen, sich ebenfalls wie ein Bekenner verhalten zu haben? Kann man ihn bezichtigen, seinem Glauben untreu geworden zu sein? Was ist höher einzuschätzen: das standhafte Bekenntnis zu einer Lehre, die man selbst als wahr glaubt, oder der Gehorsam, eine Lehre als wahr anzuerkennen und öffentlich zu bekennen, obwohl man ihr im Innern widerspricht? Ist das Gebot zum Gehorsam höher zu achten als die Stimme des Gewissens? Das Wort des Römerbriefs «Alles, was nicht aus Glaubensüberzeugung geschieht, das ist Sünde» scheint klare Weisung zu geben. Doch in der Kirchengeschichte hat man diese Weisung oft außer acht gelassen.

Das Problem des offenen Bekenntnisses zu einem Glauben spitzt sich noch zu im Lichte jenes Schlagwortes, das ebenfalls Tertullian zugeschrieben wird, obgleich es sich nicht in diesem Wortlaut, wohl aber sinngemäß in seinem Werk «De carne Christi» findet: jenes Schlagwort «credo quia absurdum est» - ich glaube, weil es abwegig ist! Man mag diese Begründung des Bekenntnisses, die genau besehen das Gegenteil einer Begründung darstellt, für sich selbst anerkennen. Man mag ihr sogar einen Sinn zusprechen; denn jedes Mysterium, das man im Glauben bekennt, enthält als solches zumindest einen irrationalen Rest. Doch kann man, ja darf man anderen zumuten, einem solchen Gedankengang zu folgen? Mag einem Menschen eine Lehre auch glaubwürdig erscheinen, weil sie abwegig ist, so bleibt doch fragwürdig, ob er sie anderen zu vermitteln vermag, obwohl sie abwegig ist.

Unversehens stellt sich damit die Frage nach der Lehrbarkeit eines Mysteriums; denn jedes öffentliche Bekenntnis zielt nicht allein auf die eigene Vergewisserung, sondern gleichermaßen darauf, andere zu überzeugen. Der Bekenner will seinen Glauben nicht nur öffentlich kundgeben, sondern ihn durch sein Bekenntnis andere lehren. Jedes Bekenntnis ist somit auch ein Akt der Lehre; jeder *confessor* ist auch *professor*. Doch gilt auch die Umkehrung dieses Satzes? Ist jeder *professor* auch ein *confessor*? Darf er ein *confessor* sein, und wenn ja, in welchem Sinne?

3. Professor

Im Gegensatz zum christlich geprägten Titel *confessor* stammt die Bezeichnung *professor* aus dem heidnisch geprägten lateinischen Sprachgebrauch. *Professores* hießen in der römischen Kaiserzeit allgemein die an Hochschulen tätigen Lehrer, insbesondere griechische und lateinische Rhetoren, Grammatiker und Philosophen. Im allgemeinen wurden sie ernannt und besoldet durch den Gemeinderat der Stadt, an deren Hochschule sie wirkten. Doch gab es zunehmend auch staatliche Lehrstühle; die Kaiser übernahmen deren Besoldung und gewährten den Hochschullehrern zusätzliche fiskalische Vergünstigungen, etwa die Befreiung von städtischen Abgaben. Besonders verdienten Hochschullehrern erwiesen sie überdies persönliche Ehrenbezeugungen; so verlieh Kaiser Domitian (1. Jh.) dem berühmten Rhetor Quintilian die konsularischen Würden. Durch solche Förderungsmaßnahmen gelang es, das römische Hochschulwesen, das ohnedies die Ausbildung des Beamtennachwuchses wahrnahm, zusätzlich in den Dienst der kaiserlichen Romanisierungspolitik in den Provinzen zu nehmen. Der Hochschullehrer wurde zum Träger römischer Kultur. Diese aber war heidnisch. Hieraus erklärt es sich, daß im frühchristlichen Schrifttum der Professor dem Götzendiener gleichgestellt wurde. Folgerichtig hat Tertullian den Christen das Lehramt als einen mit ihrem Glauben völlig unvereinbaren Beruf verbieten wollen. Der Kirchenvater Hippolytos von Rom (2./3. Jh.) war weniger streng; er hat nicht wie Tertullian die Professoren in einer Reihe mit Kupplern, Komödianten und Herstellern von Götzenbildern gestellt; vielmehr hat er, wenn auch widerwillig, zugelassen, daß man als Christ die Weisheit dieser Welt lehren dürfe. Seine Meinung setzte sich durch, und je mehr sich das Christentum verbreitete, desto selbstverständlicher übernahmen Christen öffentliche Lehrämter.

Die mittelalterlichen Universitäten stellten zwar in vielem einen Neubeginn dar, dennoch lebte in ihnen der Geist der antiken Kultur fort. Dies zeigt sich nicht zuletzt in der Übernahme vieler Bezeichnungen. So nannte man die Lehrer an den Hochschulen - im Unterschied zu den *praeceptores* der niederen Schule - weiterhin *professores*; daneben waren aber auch die Bezeichnungen *doctores* oder *magistri* üblich. Beispielsweise wurde Thomas von Aquin zusammen mit seinem Freund und Widersacher Bonaventura am 12. August 1257 als *magister* in die Körperschaft der *professores* an der Universität zu Paris aufgenommen; ihre Nachwelt aber behielt sie als *doctores* in Erinnerung: Thomas als *doctor venerabilis*, *doctor communis* oder *doctor angelicus*, Bonaventura als *doctor seraphicus*. Solche blumigen, damals gebräuchlichen Ehrenbezeugungen belegen die Gleichrangigkeit der Titel *doctor* und *professor* im Mittelalter.

Erst mit Beginn der Neuzeit kam es zu einer klareren Unterscheidung. Die an Hochschulen tätigen Lehrer wurden nun im allgemeinen Professoren genannt. Eine eindeutige Zuordnung des

Titels Professor zum Stand der Hochschullehrer hat es jedoch nie gegeben. So hießen die Lehrer, die an der von Melanchthon 1524 zu Nürnberg gegründeten höheren Schule tätig waren, Professoren, obwohl diese Schule keine Universität darstellte, sondern lediglich auf das Fakultätsstudium an einer Universität vorbereitete, also in ihrem Range höchstens einer Artistenfakultät vergleichbar war. Das Nürnberger Beispiel lehrt, daß die Grenzen zwischen höherer Schule und Universität noch lange Zeit fließend blieben. Hieraus ergab sich, daß auch die Lehrer an höheren Schulen in früheren Zeiten zuweilen Professoren genannt wurden, ein noch heute vielerorts, so in der Schweiz, in Österreich und in romanischen Ländern geübter Brauch.

In Deutschland suchte man allerdings zunehmend, die Professorenwürde den an den Universitäten wirkenden akademischen Lehrern vorzubehalten. Doch bereits im 19. Jahrhundert wurde sie auch für die Dozenten der den Universitäten nachgebildeten Hochschulen, insbesondere der Technischen Hochschulen, übernommen. Heute gilt der Titel Professor in Deutschland allgemein als Amtsbezeichnung der Hochschullehrer. Daneben wird er auch als Auszeichnung für besondere wissenschaftliche oder künstlerische Verdienste verliehen.

Geistesgeschichtlich bedeutsam sind allerdings weniger die Wandlungen, die der Titel im Lauf der Geschichte erfahren hat, als vielmehr die Pflichten und Rechte, die sich mit ihm verbinden und die sich in seiner Begriffsgeschichte nur verzerrt widerspiegeln. Das Grundgesetz der Bundesrepublik Deutschland sichert im Artikel 5 (3) zu, daß Wissenschaft, Forschung und Lehre frei sind. Auf diese Zusicherung gestützt, kann und soll jeder Professor seine Lehre frei und offen in Wort und Schrift vertreten. Er kann als öffentlicher Lehrer wirken, wie sein Titel schon im römischen Altertum besagte. Dennoch gilt dies nicht unbegrenzt; denn derselbe Artikel des Grundgesetzes enthält den Nachsatz, daß die Freiheit der Lehre nicht von der Treue zur Verfassung entbindet. Uns erscheint eine solche Einschränkung selbstverständlich. In anderen Zeiten hat man andere Einschränkungen für ebenso selbstverständlich gehalten. Natürlich haben die römischen Kaiser die Hochschullehrer deshalb gefördert, weil sie in ihnen eine Stütze ihrer Politik sahen; natürlich bedeutete dies insbesondere für die Professoren der Rhetorik und der Philosophie, die sich politischen, ethischen oder religiösen Themen zu widmen hatten, daß sie die durch die kaiserliche Politik vorgegebenen Richtlinien beachten mußten. Nicht erst die Schulpolitik des Kaisers Julian Apostata (4. Jh.), sondern auch die seiner Vorgänger und Nachfolger zeigt, daß die Einhaltung solcher Regeln überwacht wurde. Dasselbe gilt für das Mittelalter. Nun waren es die durch die kirchlich-kanonische Lehre gesetzten Grenzen, die zu beachten waren. Sie zu verletzen, bedeutete für akademische Lehrer eine stete Gefahr. Selbst Thomas von Aquin, heute in der römischen Kirche als *Confessor*, Kirchenlehrer und Patron aller kirchlichen Schulen verehrt, mußte erleben, daß einige seiner theologisch-philosophischen Thesen angegriffen und verurteilt wurden. Der Philosoph und Theologe des Franziskanerordens Wilhem von Ockham wurde, obwohl man ihn an seiner Heimatuniversität Oxford bereits mit Vorlesungen betraut hatte, nicht zur Magisterpromotion zugelassen, da er inzwischen wegen Irrtümern «contra veram et sanam doctrinam» angeklagt worden war. Er ist deshalb nicht als *magister*, *doctor* oder *professor*, sondern lediglich als *venerabilis inceptor* (ehrwürdiger Anwärter) in die Geschichte eingegangen. Vor den päpstlichen Gerichtshof nach Avignon vorgeladen, floh er zu Kaiser Ludwig dem Bayern; das ihm zugeschriebene Wort «Kaiser, verteidige mich mit dem Schwert, ich verteidige Dich mit der Feder» läßt die Gefahr ahnen, in die man durch solch eine Vorladung geraten konnte.

Nach der Reformation nahm die Kontrolle über öffentlich vorgetragene Lehren auf ihre Übereinstimmung mit kirchlichen Dogmen noch zu; denn die reformatorischen Kirchen suchten sich nicht nur von der römischen Kirche, sondern auch untereinander scharf und eindeutig abzugrenzen. Die hieraus erwachsenden Auseinandersetzungen erinnern in ihrer Unerbittlichkeit und Unduldsamkeit fatal an jene des frühen Christentums. Die Schwierigkeiten, die sich hieraus für einen akademischen Lehrer und Forscher ergeben konnten, betrafen nicht allein sein religiöses Bekenntnis, sondern zugleich die von ihm vorgetragenen wissenschaftlichen Thesen sowie Probleme der allgemeinen Lebenspraxis.

In welch schicksalhaftem Ausmaß die freimütige, herrschenden Meinungen widersprechende Stellungnahme zu solchen unentwirrbar ineinander verstrickten Fragen und Problemen den Verlauf des Lebensweges bestimmen konnte, mußte Johannes Kepler erfahren. Kepler ist nie Professor geworden, doch hat er in Deutschland wie kein zweiter seiner Zeit als Lehrer und Forscher, also im ursprünglichen Sinne des Wortes als *professor* gewirkt. Als Wissenschaftler stritt er zeitlebens für die «Hypothesen des Kopernikus» (Kepler-Brief vom 28. März 1605), obwohl ihm bewußt war, daß man sich durch eine solche Zustimmung nicht beliebt machte; denn diese Hypothesen wurden damals nicht nur von allen christlichen Kirchen, sondern auch von vielen Astronomen, zuvörderst von dem berühmten Tycho Brahe, verworfen. Kepler hat Tycho ausdrücklich widersprochen, obwohl er die Gesetze der Planetenbewegung allein unter Auswertung der ihm von Tycho überlassenen, genauen Beobachtungsdaten der Marsbahn errechnen konnte. Seine wissenschaftlichen Einsichten veranlaßten Kepler ferner, in der lebenspraktischen Frage der Kalendergestaltung eindeutig und wiederholt öffentlich zugunsten der von Papst Gregor XIII. 1582 verfügten und vom Kaiser befürworteten Kalenderreform Stellung zu nehmen. Bereits in jungen Jahren, da er zu Graz als Lehrer an der protestantischen Stiftsschule und zugleich als Landschaftsmathematiker und Kalendermacher sein Brot verdiente, hat er sich in seinem Kalender für das Jahr 1595 klar zugunsten dieser Reform ausgesprochen. Als dies an seiner Heimatuniversität in Tübingen bekannt wurde, hat man dort seinen einstigen Professor für Mathematik und Astronomie Michael Mästlin amtlich angewiesen, sich gegen jede Unterwerfung unter die astronomische Empfehlung der katholischen Kirche zu wenden. Man darf unterstellen, daß sich Keplers Hoffnung auf eine «kleine Professur» in Tübingen, wozu er Mästlins Fürsprache erbat (Brief vom 19.9.1600), nicht zuletzt aus diesem Grunde zerschlug.

Ein weiterer Grund, der Keplers Karriere zum Universitätsprofessor im Wege stand, war sein religiöses Bekenntnis. Obwohl wiederholt dazu gedrängt, zur römischen Kirche zu konvertieren, wohl nicht nur wegen seiner Haltung zur Kalenderreform, sondern auch deswegen, weil er seit 1601 als *mathematicus* im Dienst der Kaiserlichen Majestät stand, hat er diesem Drängen nicht nachgegeben. Doch hat er sich andererseits auch nie bereit gefunden, die von der lutherischen Kirche Schwabens geforderte Konkordienformel zu unterschreiben, weil sie die Verurteilung der anderen Bekenntnisse forderte. Aufgrund seiner sorgfältig begründeten Weigerung hat man Kepler eines versteckten Kalvinismus verdächtigt und ihm deshalb eine Berufung nach Tübingen verwehrt. Später wurde er gar bis zu seinem Tode vom Abendmahl in der lutherischen Kirche ausgeschlossen. Seine offiziellen Eingaben wie seine Briefe zeigen, wie sehr er unter diesem Ausschluß gelitten hat. Doch seine Überzeugung hat er nicht aufgegeben; vielmehr hat er sie in einigen Veröffentlichungen ausführlich dargelegt und begründet. So kann man feststellen, daß Kepler nicht nur wie ein *professor*, sondern auch wie ein *confessor* gelebt und gehandelt hat.

In einer Widmung, die er einem seiner Werke voranstellte, hat Kepler bekannt, daß er seinen Lobgesang für Gott den Schöpfer, als den er seine Astronomie aufgefaßt wissen wollte, «auf die uralte und doch ewig junge Leier der samischen Philosophie» gestimmt habe. Damit spielte er auf Pythagoras von Samos an, den er in einem Brief an Galilei vom 13. Oktober 1597 «unseren wahren Lehrer» nennt. Pythagoras wird in vielen Philosophiegeschichten unter die Vorsokratiker gezählt, eine fürwahr allzu blasse Bezeichnung. Aristoteles nannte diese Gruppe frühgriechischer Wissenschaftler *physikoi* oder *physiologoi*, weil sie sich vorwiegend mit Fragen der Naturerkenntnis befaßten; als ihre besondere Methode aber hob er hervor, daß sie «aufgrund von Beweisen lehrten». Das Lehren aufgrund von Beweisen erfordert, jede Aussage in logisch nachvollziehbarer Weise zu begründen. Diese Maxime aber bildet den Gegenpol zu Tertullians «credo quia absurdum est». Mag der *confessor* diesem Leitspruch auch vertrauen, so bleibt der *professor* jener Maxime verpflichtet. Sie allein bietet die Gewähr dafür, daß seine Lehre nicht nur glaubwürdig, sondern auch nachvollziehbar und damit im eigentlichen Sinne lehrbar, also Lehre in des Wortes wahrer Bedeutung ist.

4. Bekenntnis und Toleranz

Der historische Weg zur Anerkennung der Maxime, jede Aussage, die Anspruch auf Wissenschaftlichkeit erhebt, ohne Bindung an ein tabuisiertes Dogma oder eine vorgegebene Ideologie in logisch nachvollziehbarer Weise zu begründen, ist weit gewesen. Das antike Ideal der freien Lehre meinte zunächst die für Freigeborene bestimmte Unterrichtung. Das Ideal der Lehrfreiheit mag darin mitgedacht gewesen sein. Doch war damit der Schritt vom Mythos zum Logos noch nicht vollzogen; vielmehr drohte weiterhin der Vorwurf der Gottlosigkeit, wenn ein Lehrer in öffentlichem Vortrag von den im Staat verehrten religiösen Mythen in einer als frevelhaft empfundenen Weise abwich. Dem *physikos* Anaxagoras (5. Jh. v. Chr.) trug die Behauptung, daß die Sonne kein Gott, sondern ein glühender Steinhaufen sei, den Asebieprozeß ein, und nur durch seine Flucht konnte er sich einer drohenden Verurteilung entziehen.

Seit dem Ausgang der Antike bis weit in die Neuzeit hinein beanspruchten die Kirchen oberste Autorität. Eine wissenschaftliche These durfte nur dann als wahr gelten, wenn sie mit den kanonischen Lehren übereinstimmte. Der akademische Lehrer hatte für solche Übereinstimmung zu bürgen, und sein Hörer hatte die Pflicht, sich die verbürgten Lehren als wahr einzuprägen. Erst das Zeitalter der Aufklärung hat mit dem Ideal der Mündigkeit zugleich das Selbstdenken zum Recht und zur Pflicht des Menschen erhoben. Will ein akademischer Lehrer diesem Ideal folgen, darf er sich nicht mehr auf eine vorgegebene Autorität stützen, sondern hat selbst für die Wahrheit seiner Lehre einzustehen. Desgleichen hat sein Hörer die vorgetragene Lehre nicht kritiklos zu übernehmen; vielmehr soll er diese methodisch prüfen, ehe er sie als wahr annimmt. Akademische Lehre bedeutet demnach nicht nur, Erkenntnisse vorzutragen, sondern immer zugleich, die vorgetragenen Erkenntnisse selbständig prüfen und untersuchen zu lehren. Gegenstand akademischer Lehre ist somit, um den ersten Rektor der Berliner Universität Johann Gottlieb Fichte zu zitieren, die «Kunst des wissenschaftlichen Verstandesgebrauches».

Man mag nun fragen, was an die Stelle einer vorgegebenen Autorität treten soll, wenn man sich als mündig Denkender und zu mündigem Denken Erziehender nicht mehr auf eine solche berufen kann und will. Fichtes Forderung legt klar, daß diese Frage noch in autoritätsgebundener Haltung und darum falsch gestellt wäre; denn an die Stelle von Institutionen, die Autorität beanspruchen, soll nun nicht eine andere, womöglich anonyme Institution - auch nicht «die» Wissenschaft - treten. Nach dem Gebot mündigen Denkens gründet Autorität vielmehr allein in der Gewissenhaftigkeit des wissenschaftlichen Verstandesgebrauches; sie ist demnach an den gewissenhaften Vollzug von Begründungen gebunden.

Damit tritt ein Begriff in die Erörterung, der zwar bereits in der Stoa und in den Paulusbriefen erörtert, dann aber in der Epoche der Aufklärung unter geändertem Blickwinkel erneut in den Mittelpunkt gestellt wurde: der Begriff des Gewissens. Es ist bemerkenswert, daß gerade die Vertreter der Aufklärung, denen man oft leichthin ein unangemessenes Streben nach Säkularisierung des Denkens vorwirft, das Gewissen erneut ins Gespräch brachten. Da sie aber wußten, daß jeder, der um Gewissenhaftigkeit ringt, stets von neuem die Grenzen seiner

Gewissenhaftigkeit erfahren muß, brachten sie damit einen weiteren Begriff in Verbindung - einen Begriff, den sie derart betonten, daß er geradezu zum Signum für die Epoche der Aufklärung wurde: den Begriff der Toleranz.

Doch wenn wir auch in der Forderung nach Toleranz das Vermächtnis der Aufklärung sehen, wäre es doch falsch anzunehmen, daß diese ethische Forderung nicht schon früher erhoben worden wäre. Gerade Kepler hat in seinen Veröffentlichungen und Briefen um tolerantes Verhalten geworben; zugleich aber hat er dargelegt, daß Toleranz aus einem tief christlichen Wertbewußtsein erwachsen kann. Dies gilt, obwohl die Kirchengeschichte mit all ihren Verfolgungen angeblicher Irrlehrer und Irrgläubiger das Gegenteil zu lehren scheint.

Im wesentlichen sind es zwei Motive, die Kepler hervorhebt. Zum einen räumt er ein, daß jeder Mensch der Möglichkeit und damit der Gefahr des Irrtums unterworfen ist. Dies ist das Motiv, das auch die Aufklärung in den Vordergrund gestellt hatte. Daneben aber nennt Kepler ein weiteres, in der Botschaft des Christentums wurzelndes Motiv, das er dem Theologengezänk entgegensetzt (Brief vom 11.4.1619): «Brüderliche Liebe läßt es bei mir nicht zu, die zu verdammen, die sich an die alten Lehren halten.» Von solch brüderlicher Liebe getragen, konnte sich Kepler zur Augsburger Konfession bekennen und gleichzeitig in paradox anmutender Weise, doch ohne jede Heuchelei der katholischen Kirche zugehörig bezeichnen. Dabei unterschied er sorgfältig zwischen den Anhängern des Papstes und einer katholischen Kirche, die er als allumfassende Gemeinschaft aller Christen, also als corpus mysticum aufgefaßt hat. Den unüberbrückbaren Widerspruch zwischen seiner allumfassenden, mit unbeirrbarer Festigkeit vertretenen *confessio* und dem, was ihm von verschiedenen Seiten als ausgrenzende Konfession zugemutet wurde, hat er zeitlebens schmerzlich erfahren müssen. Ungeachtet dessen galt sein Streben einer toleranten Katholizität aller christlichen Kirchen - welche schöne Utopie!

Der Versuch, eine solche Utopie auch nur ansatzweise zu verwirklichen, mußte scheitern. Kepler mußte erfahren, daß es nahezu unmöglich ist, anderen «in Beweisen redend» die eigene *confessio* auch nur begreifbar zu machen. Die Kunst des wissenschaftlichen Verstandesgebrauches, mit der er sein Glaubensbekenntnis darzulegen suchte, wurde ihm von dem Tübinger Theologieprofessor Matthias Hafenreffer, der ihm den ablehnenden Bescheid des Konsistoriums auf den Einspruch gegen seine Exkommunikation erläuterte, als «astronomische Haarspalterei» angekreidet. Das Streben nach gewissenhafter Begründung des eigenen Standpunktes, wie es für den *professor* verpflichtend ist, erfuhr den Widerspruch eines *confessors*, der sich auf feststehende Lehrmeinungen berief. Keplers Beispiel läßt allerdings deutlich werden, daß solches Streben nach gewissenhafter Begründung auch dem *confessor* wohl anstehen würde; es zeigt aber zugleich, daß eben dieses Streben fast zwangsläufig zu Verurteilung und Ausgrenzung führt. In verschärfter Form haben dies all jene erfahren müssen, für die der religiöse Glaube gleichzeitig Gegenstand ihrer Lehre wie ihres Bekenntnisses ist. Die Einschränkung ihrer Lehrfreiheit durch Berufung auf das Reichskonkordat von 1933, die den Religionspädagogen Hubertus Halbfas sowie die Theologen Hans Küng und Eugen Drewermann in jüngster Zeit getroffen hat, bildet nur die vorläufig letzten Glieder einer langen Kette. Bereits Kepler, der Theologe werden wollte, dann Astronom wurde, seine Astronomie aber stets als Beitrag zur Erkenntnis Gottes aufgefaßt hat, der sich schließlich in der ihm aufgezwungenen Stellungnahme aufgrund gewissenhafter Prüfung gegen jede Verurteilung und für ein in brüderlicher Liebe gestaltetes Zusammenleben aller christlichen Konfessionen entschied, hat erleben müssen, daß man ihn verurteilt, ausgegrenzt und aufgrund dessen nicht zu der von ihm angestrebten Professur zugelassen hat. Brüderliche Liebe oder klare, ja richtende Unterscheidung und Ausgrenzung: das ist die Alternative, vor die sich der *confessor* wie der *professor* immer wieder gestellt sieht. Mit der Berufung auf das «credo quia absurdum est» neigt der *confessor* eher dazu, Unterscheidung und Ausgrenzung zu betonen und sich damit in die Haltung des Richters zu steigern. Auch das

Tübinger Konsistorium hat Kepler 1619 «absurde und blasphemische Hirngespinste» vorgeworfen. Doch mit welchem Recht kann man einem anderen Menschen vorwerfen, Absurdes zu glauben, wenn man auch die wahre Lehre als absurd hinnimmt? Zwingt eine solche Sachlage nicht dazu, dem anderen dasselbe Recht zum Bekenntnis einzuräumen, das man selbst beansprucht? In den Worten der Aufklärung: zwingt diese Sachlage nicht zur *tolérance dogmatique*?

Der *confessor* mag fürchten, daß eine solche Toleranz in die Indifferenz führt. Dies würde allerdings nur dann gelten, falls er sich selbst der Pflicht nach gewissenhafter Begründung begäbe und auch seinen Mitmenschen, ob er im Streitgespräch als Partner oder als Gegner auftritt, aus dieser Pflicht entließe. Wer sich dagegen der Pflicht zu gewissenhafter Begründung unterwirft, kann der besseren Begründung gegenüber nicht indifferent bleiben, sondern muß diese gelten lassen und deshalb bereit sein, sein eigenes Urteil jederzeit zu revidieren.

Die Geschichte lehrt, daß *confessores* eine solche Bereitschaft zumeist nicht erkennen lassen; sie lehrt leider auch, daß *professores* ihrer oft entraten. Nicht nur das Theologengezänk, sondern auch der Gelehrtenstreit hat einen geradezu sprichwörtlichen Rang. Doch professorale Rechthaberei ist mit dem Gebot zu gewissenhafter Begründung nicht vereinbar; vielmehr zieht die Pflicht zur vorbehaltlosen Anerkennung der besseren Begründung die Forderung zur *tolérance dogmatique* nach sich.

Aus diesem Grund zählen tolerantes Denken und Handeln zu den grundlegenden Pflichten eines akademischen Lehrers. Er hat zwar mit derselben Standfestigkeit wie ein *confessor* zu seiner Lehrmeinung zu stehen; er hat aber nicht starrsinnig wie dieser an ihr festzuhalten, falls ihm eine besser begründete Erkenntnis entgegengehalten wird. Damit aber wird der *professor* zum Repräsentanten einer Gesellschaft, die wegen ihrer pluralistischen Verfassung auf Toleranz im Reden und Handeln angewiesen ist. Angesichts dessen, daß unsere Weltordnung in Zukunft weniger vom Gegeneinander sich ausschließender und verurteilender Weltanschauungen - für die das religiöse Bekenntnis in unserer Erörterung nur das durch den Titel *confessor* naheliegende Paradigma bildete -, sondern eher vom Streben nach gegenseitiger Hilfe unter Anerkennung auch der verschiedensten Überzeugungen jener bestimmt sein muß, die solche Hilfe leisten oder solcher Hilfe bedürfen, gewinnt diese Verpflichtung zu tolerantem Denken und Handeln noch an Bedeutung. Denn ganz allgemein gilt, wie Walter Heistermann in einer tiefschürfenden Untersuchung über Begriff und Funktion der Toleranz (erschienen in den von ihm herausgegebenen Abhandlungen der Pädagogischen Hochschule, Berlin 1974) gesagt hat: **«Die Geschichte würde ihren Sinn verlieren, sollte der Versuch aufgegeben werden, den Frieden durch Toleranz zu gestalten und zu erhalten.»**

WOLFGANG SCHULZ

Die ästhetische Dimension der Bildung

Hoffnung auf den educativen Beitrag der Mimesis

1. Es ist notwendig, wieder über Bildung zu sprechen

Es gibt im Deutschen kein besseres Wort, um den Anspruch zu bezeichnen, sich als lernender Mensch nicht nur für den Broterwerb ausbilden zu lassen, so nötig das ist, nicht nur durch Wissen, Können, Einstellung nützlicher für andere zu werden, sondern selbst, für sich, wer zu sein. Wer sich über sich und seine Stellung in der Welt aufklären will, nicht gelebt werden will, sondern selber (er-)leben, wer sein Handeln verantworten will, kann das nur tun, indem sie oder er Stellung zu nehmen lernt zur eigenen Sozialisation, zu Unterricht und Erziehung, die ihre Wirkung getan haben; nichts ist dann mehr selbstverständlich, alles verwandelt sich, wenn Lernen ein Bildungsprozeß wird, die Lehrenden zu Bildungshelfern, die Erziehungswissenschaft zur Bildungswissenschaft.

Diese, seine eigene Form zu suchen, ist nach unserem Verständnis von menschenwürdigem In-der-Welt-Sein keine Sache von Eliten, sondern unser aller Aufgabe; wir können sie leisten, weil wir in dieser besonderen Weise formbar sind, uns formen können und formende Aktivitäten von Bildungshelfern, die uns dabei unterstützen, haben mit dieser Ausstattung und mit dieser Aufgabe zu rechnen, indem sie den Dialog mit uns führen[1], einen respektvollen Dialog, der Lernprozesse nicht als objektivierende Unterwerfung, sondern als subjektivierende Befreiung organisiert[2], eben als Bildung.

Daß dies geschieht, ist mehr als jedes einzelnen, der es denn will, Privatsache; es besteht ein öffentliches Interesse daran, es sollte zumindest in Demokratien bestehen: Die dramatischen Entwicklungen der gesellschaftlichen Ordnungen, die gegenwärtig stattfinden, werden nur dann in demokratischer Weise steuerbar, von denen, die betroffen sind, auch kontrolliert, wenn das Potential der ihre Menschen- und Bürgerrechte wahrnehmenden, sich selbst vertretenden Bürgerinnen und Bürger stark genug ist, es zu erzwingen. Dazu ist es notwendig, daß gerade die Professionals der öffentlichen *educatio* sich auf diese Aufgabe konzentrieren, die das wohlverstandene Gesamtinteresse erfordert: Sie finden noch am ehesten die Bedingungen vor, die es ihnen ermöglichen, den Mut zur Abwehr gesellschaftlicher Funktionalisierung und zu sich aufklärender, selbstbestimmter, authentischer Lebensführung zu stärken.

Das gilt umfassend: Die reflektierte Nutzung instrumenteller Rationalität ist kaum erreichbar, ohne die theoretische Vernunft mit den Forderungen der praktischen Vernunft zu konfrontieren, wie das z. B. *Jürgen Habermas* in seiner Theorie des kommunikativen Handelns auf seine Weise getan hat, und viele haben an der Diskussion darüber beigetragen. Aber auch die Entwicklung der ästhetischen Dimension der Vernunft gehört dazu. Sie ist in den letzten Jahrzehnten besonders vernachlässigt worden. Dabei kann es nicht darum gehen, aus dem Aschenputtel der Auseinandersetzung mit der Lebensaufgabe den imperialen Modus der Lebensbewältigung zu machen, wie etwa *Wolfgang Welsch*[3] oder *Dietmar Kamper*[4] vorschlagen, inspiriert von den französischen und italienischen Protagonisten der Postmoderne:

Keine Möglichkeit der rationalen Durchdringung ist zu unterdrücken oder auszuschließen, wenn es um die volle Menschlichkeit geht. Auch von der harmonischen Verbindung unserer Erkenntniswege werden wir uns verabschieden müssen, wie sie die Klassiker - am deutlichsten *Friedrich von Schiller*[5] - noch erträumt haben. Den Zwiespalt zwischen den Erkenntniswegen gilt es auszuhalten, mit der Partikularität alles Erfahrbaren ist zu leben. Es geht uns, ästhetisch gewendet, wie jenem jungen Mann auf *Salvatore Dali*s Bild «Die Metamorphose des Narziß» (1937), das in der Londoner Tate Gallery zu sehen ist. Wir sehen zwar nicht, was Narziß im Spiegel des Weihers erblickt, aber die vereinzelten, proportional veränderten Teile seiner Körperlichkeit neben ihm lassen uns ahnen, daß er *Humboldt*s «wohlproportionierliche Ausbildung seiner selbst zu einem Ganzen» nicht mehr wahrnimmt. Ihm bleibt die Erinnerung, daß er mit allen seinen Teilhaftigkeiten aus einem einzigen befruchteten Ei entstanden ist. Es schwebt neben ihm, und aus seiner geborstenen Schale drängt sich die Blume, die Narzisse, die ihn einmal wieder vereint, um den Preis, daß er der von heute dann nicht mehr ist.

2. Sich bilden heute:
Sich vorbereiten auf reflektiertes Handeln vor widersprüchlichen Horizonten

Ohne radikale, bis an die Wurzeln unserer Kenntnis von uns und der Welt, von der wir wissen können, reichende Reflexion ist Bildung nicht zu haben; die Erneuerung des Bildungsdenkens hat uns dies wieder zu Bewußtsein gebracht; sie hat es - wie *Wolfgang Klafki* beschreibt[6] - von den Schlacken bürgerlichen Klassendenkens mit seinem Versagen vor zwei Weltkriegen und mehreren Diktaturen befreit. Diese Erneuerung beginnt, soweit ich sehe, mit *Heinz-Joachim Heydorn*, der in seinem Aufsatz nach seinem Hauptwerk «Über den Widerspruch von Bildung und Herrschaft» schreibt:

> Bildung... wird zwar erst möglich, nachdem Erziehung historisch vorausgegangen ist, nimmt daher aufgehobene und gewandelte Aspekte des Erzieherischen stets weiterhin mit, ist jedoch ganz in die Bewußtseinshelle gerückt. Sie ist Aufklärung als anhebendes Wissen des Menschen um sich selbst. Schon der geschichtliche Ursprung des Bildungsbegriffs macht eben dies deutlich: Der spätaufklärerische und klassische Ursprung des Bildungsbegriffs sowie seine große und frühe Entsprechung in der Antike sind auf das Bewußtsein gerichtet, das eben erst die Schalen dunkler Umfassung durchbrochen hat, damit auf Distanz, Reflexion, kritisch-analytisches, freiheitliches Verhältnis zur Welt.[7]

Wenn ich richtig sehe, ist dieses reflexive Verhältnis zur Welt heute auf eine doppelte, in diesem Punkt neuartige Weise herausgefordert: Als *Sokrates* den Schierlingsbecher trank, um deutlich zu machen, wie notwendig es für die Gesellschaft ist, ihre Traditionen, Konventionen, Herrschaftsverhältnisse immer wieder zu hinterfragen, als *Humboldt* den Menschen als Menschen so stark machen wollte, daß er seiner Vernutzung, seiner Funktionalisierung als Bürger Widerstand entgegensetzen konnte, wurde die Erkenntnisgewinnung mit Hilfe der theoretischen, der praktischen und der ästhetischen Vernunft noch vorzugsweise allein als Hilfsmittel der Aufklärung gesehen: Daß sie wissensgläubig, isoliert und erfolgsorientiert verfolgt - unser freiheitliches Verhältnis zur Welt gefährden können, ist uns spätestens von *Max Horkheimer* und *Theodor W. Adorno* in der «Dialektik der Aufklärung»[8] zu Bewußtsein gekommen.

Das Bewußtsein von der Ambivalenz der Erkenntniswege und der Zweifel an ihrer Vereinbarkeit stellt die Bildungssuchenden hier und heute vor prinzipiell neuartige Aufgaben:

Mit dem Wissen um die methodische Prüfung dessen, «was der Fall ist» (*Wittgenstein*), soll auch den Anfängern, nicht nur den Experten deutlich werden, daß sie nur unter einschränkenden Bedingungen, nur aspekthaft auf diesem Wege erfahren können, was der Fall ist, und ideologisch werden, wenn sie die Bedingungen, unter denen sie methodisch immer mehr wissen können, unbefragt bestätigen. Wie sollen sie aus der instrumentellen Verwertung dieses Wissens zur Ausbeutung der Ressourcen vor der Vernichtung der Ressourcen herauskommen, wenn sie die Welt unter der «Sichtart des Zeuges», wie *Heidegger* in den «Holzwegen» schreibt, betrachtend, alles machen, «was geht», bis sie damit untergehen?

Diesem Mangel an Selbst-Reflexivität theoretischen und instrumentellen Vorgehens, bezogen auf die Lebenssituation, der sich aufgrund von dessen Anwendung dramatisch sich verändernden Lebenssituation von Menschen versucht ein praktisches, das Zusammenleben unter sich wandelnden Bedingungen regelndes Denken aufzufangen. Indem es das zweckorientierte und erfolgsorientierte Denken und Wirken an Maximen verständigungsorientierten Handelns zu binden versucht, muß es seinerseits die Traditionen und Konventionen dieses verständigungsorientierten Handelns immer mehr in Frage stellen, um universalistisch legitimierbare, notwendig immer mehr von der lebensweltlichen Alltagspraxis abgelöste Ordnungen zu finden. Wenn die Verankerung dieser Ordnungen in der Lebenswelt, in der konkrete Menschen einander konkret begegnen, nicht gelingt, d. h. wenn diese Lebenswelt nicht so rationalisiert werden kann, die Menschen die Gewalt der zweckrationalen Systeme nicht so begreifen, daß sie um ihrer selbst willen in sie eingreifen können, wird es, wie *Habermas*[9] befürchtet, zu einer «Kolonialisierung der Lebenswelt» kommen, die eine Identitätsbildung von reflektiert handlungsfähigen Subjekten nicht mehr zuläßt. - Die Gründe für die Annahme, daß etwas der Fall ist oder der Fall sein wird, die Gründe für das optimale Mittel zur Erreichung eines Zweckes - Rationalität in theoretischer, instrumenteller Perspektive - sind ganz andere als die Gründe für die Annahme, eine Handlung sei richtig, gerecht, im Hinblick auf die Regelung von Beziehungen unter praktischer Perspektive. Sie stehen nebeneinander, sie werden zunehmend abstrakter.

Der ästhetische Zugriff auf die Welt ist von den beiden bisher skizzierten Perspektiven her nicht selten marginalisiert worden. Aber wenn wir alle Kräfte der Selbstbehauptung der Person in ihrer gefährdeten Situation als Bildungskräfte mobilisieren wollen, als educative, das meint hier, aus der absoluten Fremdbestimmung herausführende Potentiale, entbinden wollen, sollten wir den Versuch machen, ihnen die gleiche Aufmerksamkeit zu verschaffen, die in den Jahrzehnten davor der theoretischen und der praktischen Vernunft zugestanden worden ist. Es gibt Anzeichen dafür, daß wir mit diesem Verlangen nicht allein stehen[10]. Jene Tendenz zur Abstraktion von der alltäglichen Lebenswelt, die sich in der Begrifflichkeit der theoretischen und der praktischen Vernunft findet, werden wir bei ihr nicht erwarten können, aber eine eigene Form von Abstraktion schon. Werden wir auch Rationalität finden?

3. Ästhetisches Handeln: Begriff der Mimesis

Mimesis ist für mich ein Nachgang zu *H. Koller*[11] eine Bezeichnung für ästhetisches Handeln, wobei Handeln für mich mit *Schütz/Luckmann*[12] inneres Handeln (Denken) und äußeres Handeln (Wirken) umgreift; ästhetisches Denken und Wirken liegt m. E. dann vor,

- wenn es um originäre sinnliche Wahrnehmungen geht, die nicht von vorher festgelegten Zwecken eingeschränkt werden; sie können sowohl an realen als auch an fiktiven Anlässen äußerer und innerer Art gemacht werden;
- sie werden deshalb nicht in verallgemeinernder Begriffssprache eingeordnet, verarbeitet, sind aber stark genug, um nach Verarbeitung zu drängen;
- so werden sie in nichtbegrifflichen, sinnenhaft bleibenden sinnfälligen Gestaltungen, Formungen beziehungsweise in deren Nachvollzug sinnhaft präsentiert, interpretiert.

Diese in ästhetischer Einstellung verarbeiteten Erfahrungen sind m. E. deutlich gegen andere abgrenzbar:
- Von der Verarbeitung in wissenschaftlichen und philosophischen Systemen sind sie dadurch abgrenzbar, daß sie als originär im Sinne von nicht eindeutig rubrizierbar erfahren und deshalb nicht unter einen Begriff gebracht werden können.
- Sie sind aber auch abgrenzbar von jenen lediglich zu zufriedenem Wiedererkennen führenden Erfahrungen tradierter bzw. konventioneller sinnenhafter Angebote, denen das Moment des Originären fehlt, das uns sagen läßt. «So habe ich das noch nie wahrgenommen».
- Auch von jener Besitz-von-Bildung-Erfahrung ist sie abgrenzbar, in der Gestaltungen, die einmal angemessene Präsentation originärer Erfahrung waren, ohne originäre Wiederholung dieser Erfahrung genossen werden; bestenfalls epigonale Mimesis.

Diese eingrenzende Präzisierung des Ästhetischen ist die conditio sine qua non für die Erhaltung seiner kritischen Funktion gegenüber platter Konformität alltäglichen Sich-Verhaltens.

Wenn wir mimetisch denken und wirken, also ästhetisch handeln, verarbeiten wir wie bei jedem Denken und Handeln **sinnliche Eindrücke**, aber es widerstrebt uns / gelingt uns nicht, ihr originärer Charakter erlaubt es uns nicht, sie auf den Begriff zu bringen. Wir verarbeiten sie, indem wir zu **imaginativen Sinnvermutungen** gelangen, zu Wort-, Klang-, Bewegungs- und augenfälligen Sinngestalten gelangen, die nicht nur für sich selbst sind, sondern zugleich Zeichen für etwas, was wir nur so erfassen und festhalten können. Wir loten das, was es bedeuten könnte, in bildhafter Reflexion aus und führen es schließlich zu einer Gesamtsicht zusammen. Auf diese Weise wird im glücklichen Fall etwas sonst Un-sagbares, Un-erhörtes, Un-anschauliches erfahrbar gemacht, zu Bewußtsein gebracht.

> Nachts
> Nachts hören, was nie gehört wurde:
> Den hundertsten Namen Allahs,
> den nicht mehr aufgeschriebenen Paukenton,
> als Mozart stark,
> im Mutterleib vernommene Gespräche.
>
> *Günter Eich*

Was ist es, das ästhetisches Handeln in produktiven, rezipierenden Prozessen in Erfahrung bringt? Es ist nicht der Gegenstand, über den primär neue Fakten ermittelt werden: «Der Gegenstand eines Werkes ist das, worauf ein Werk, wenn es schlecht ist, zusammenschrumpft», hat *Paul Valéry* mit Recht gesagt: Wenn *Rilke* im Gedicht über den archäischen Torso Apollo schreibt, teilt er keinen objektiv neuen Fakt über dieses Fundstück mit, *van Gogh* nicht über Sonnenblumen, *Strawinsky* nicht über den Feuervogel Phönix, selbst *Smetana* nicht über die

Moldau; deshalb ist es kein Manko, daß zeitgenössische Kunstwerke im herkömmlichen Sinne oft gar keinen Gegenstand haben.

Es werden aber auch nicht einfach subjektive Präferenzen festgehalten im Sinne von «gefällt mir - mag ich nicht», sonst ginge es wirklich nur, wie viele meinen, um die Wahrhaftigkeit der Selbstinterpretation: der eine ist mehr für *Goethe*, der andere für *Schiller* - na und? Und was für ein prinzipielles Mißverständnis läge vor, wenn die Schlußzeile des erwähnten Gedichts «Du mußt dein Leben ändern» etwa als moralischer Imperativ aufgefaßt würde, der einem Missetäter entgegengehalten wird? - Vielmehr geht es ästhetisch im besten Falle um eine bedeutsame Erfahrung, die wir an einem Gegenstand machen, weil sie durch die gelungene Gestaltung möglich wird, oder die uns selbst zu einer Gestaltung drängt, weil wir sie nicht einfach in unser Ordnungssystem bisheriger Erfahrungen einordnen können; jedenfalls geht es um eine Erfahrung, von der wir unterstellen, daß die Mitlebenden sie auch haben müßten, sich durch sie in *Rilke*s Sinne verändern müßten. Dies ist der mimetische Geltungsanspruch, der zu begründen ist.

Mimesis ist somit die adäquate Handlungsweise zur Mitteilung von Erfahrungen, die mensch nicht schon gemacht hat, sondern macht, so bedeutungsvoll neu, daß sie sich nicht rubrizieren lassen, einen so anrühren, daß eine nicht schon verbrauchte, eine angemessene originäre Gestaltung dafür gefunden werden muß, als Zeichen der Authentizität erwartet wird. Ich halte diese Auffassung im ganzen für vereinbar mit der psychoanalytisch inspirierten Auffassung der Mimesis von *Karl Josef Pazzini* , der unter Mimesis versteht,

> «das in sich aufzunehmen und gleichzeitig auszudrücken, was sich auf bewußter Ebene nicht oder noch nicht fassen, identifizieren läßt. Mimesis unterläuft die geschichtlich gewordene Abgrenzung der Sinne gegeneinander deren Kanalisierung. Dieses Moment zurückgewinnener Mimesis unter veränderten Bedingungen - (Mimesis ist nicht mehr die einzige erfolgversprechende Erfahrungs- und Bearbeitungsweise der Welt, sondern eine unter anderen. Sie ist nicht notwendig, kann es aber sein) - hat seine Basis in den Bildern der frühen Kindheit, in den Spiegelbildern, ohne deren Oszillieren stillzulegen. Diese Fähigkeit zur Mimesis bleibt ein subversives Moment gegen die - verführt durch die «Nostalgie des Ganzen» - zur Isolierung, Fragmentarisierung neigende sekundärprozeßhafte Wahrnehmung der Welt... Ohne die Reaktivierung mimetischer Lernprozesse in einem zu rekonstruierenden Bildungsbegriff kann das Erstarren in der Angst vor dem Unbekannten kaum mehr aufgelöst, wieder verflüssigt werden («Man muß den versteinerten Verhältnissen solange ihre eigene Melodie vorsingen, bis sie zu tanzen beginnen» *Marx*).»[13]

Die Funktion, die der ästhetische Zugriff gegenüber parzellierenden Verarbeitungen von Welt und Ich haben könnte, ist hier klar ausgesprochen, ohne eine prinzipiell überlegene ästhetische Sichtweise in Anspruch zu nehmen. Die Gestaltungsseite kommt in der Definition - nicht im Aufsatz - zu kurz. Die Begründbarkeit des mimetischen Handelns wird schon per definitionem unterstellt. Die Modernität der Definition zeigt sich darin, daß sie ohne Harmonisierungstendenz gegenüber Ich- und Weltansprüchen - wenigstens in der Kunst - auskommt. Auch *Adorno* definiert, erkenntnistheoretisch argumentierend, die Wahrnehmung und Gestaltung von (noch) nicht unter gemachte Erfahrungen rubrizierbarer Erfahrungen als Leistung der Mimesis, wenn er schreibt: «Der Zweck des Kunstwerks ist die Bestimmtheit des Unbestimmten»[14]; deren - philosophische - Interpretation hält er allerdings nicht für möglich, sondern geradezu für unerläßlich: «Die Werke, vollends die oberste Dignität, harren der Interpretation. Daß es an ihnen nichts zu interpretieren gäbe, daß sie einfach da wären, radierte die Demarkationslehre der Kunst aus.»[15] Ihnen korrespondiere, ja, mit ihnen konvergiere die philosophische «Anstrengung, durch den

Begriff über den Begriff hinauszugelangen»[16]. Mit dieser Aussage korrespondiert ein Vierteljahrhundert später *Dieter Henrich*, wenn er schreibt: «...noch aus dem von Marktinteressen manipulierten Kunstgeschäft fällt... ein Licht auf die innere Verfassung des modernen Werkes, in seiner Werkform in je eigener Weise anzuerkennen, erläuterungsbedürftig zu sein - und zwar deshalb, weil es in s»iner inneren Konstitution nicht reflexionsimmun, sondern reflexionsentsprungen ist»[17].

Auch außerhalb einer Welt der Produktion und Perzeption von Kunstwerken wird ästhetisch argumentiert. *Wolfgang Welsch* berichtet von der Erfahrung, die der Philosoph *Peter Sloterdijk* gemacht und - ästhetisch denkend im Sinne *Welschs*[18] - verarbeitet hat. Dieses Denken durchlaufe vier Phasen. **1. Schlichte Beobachtung**: Anläßlich der Einweihungszeremonie des Münchner Kulturzentrums zieht eine Trachtenkapelle ins Foyer ein, spielt ihre Weisen, während sie von einer Rolltreppe hochgetragen wird, von der anderen wieder herunter. **2. Imaginative Sinnvermutung**: «Wir stehen heute auf dem endlos rollenden Förderband des autonom und unbeeinflußbar gewordenen industrielltechnischen Komplexes, und jede unserer Bewegungen ist Bewegung auf diesem Boden bzw. auf diesem Band... alles Theater auf einer Bühne, deren Konstruktion und Bewegungsgesetze unserem Einfluß entzogen sind». **3. Reflexive Auslotung und Prüfung**: Auf dieses Handeln und dabei sozusagen Gelaufen-Werden fällt in *Sloterdijk*s Wahrnehmung von der geschilderten Situation her ein heller Lichtstrahl: «Handlungstheoretiker denken bloß an die Hände, nicht an die Füße, scheinen also Entscheidendes vergessen zu haben». **4. Gesamtsicht**: Der ästhetische Denker erhellt ihnen diese Verkürzung der Sicht auf eine Praxis, in der viele nur gestikulieren, während im Grunde ein anderes «Spiel» läuft. - Meinen schüchternen Einwand, ich hätte mit der Trachtenkapelle auf der Rolltreppe spontan das Verhältnis von Münchner Lebenswelt zu modernem Leben im System assoziiert, würde *Welsch* wohl souverän mit dem Hinweis auf die konstitutive Pluralität dieses Denkens relativieren; wäre das Bild in ästhetischer Absicht komponiert, zeigte sich darin so etwas wie Transversalität, der Versuch, Formsprachen in einer Einheit im Widerspruch, einer Gesamtaussage zusammenzuführen. Was wir durch ästhetisches Handeln erreichen, überzeugt uns nicht selten so, daß die Lösung von einem Heureka-Gefühl begleitet wird und uns mit der Hoffnung erfüllt, alle Menschen in ähnlicher Lage würden dies nachvollziehen können. Erfüllen Produkte solch nichtbegrifflicher Gestaltungsprozesse originärer Erfahrung den konzeptionellen Anspruch ihrer Produzenten, den perzeptionellen Anspruch ihrer Rezipienten, identifizieren diese/jene sie als **Kunst**.

Ist ästhetisches Handeln rational? Offensichtlich gehen Produzenten wie Rezipienten nicht durchweg begründet vor. Das macht ästhetisches Handeln noch nicht irrational. Denn mit *Martin Seel*, hier in der Nachfolge *Adorno*s, bin ich allerdings der Überzeugung, daß es **begründbar** und insofern rational ist: Anders begründbar als im instrumentellen Denken, anders als im Denken der *Kant*schen Praktischen Vernunft, anders als im Bereich pragmatisch-alltäglicher Verständigung. In jedem Bereich der Vernunft finden wir da, wie wir seit *Kant* bis zu *Gadamer* wissen, eigene Wege, und vernünftigerweise registrieren wir diese Wege als wechselseitige Relativierungen. Nicht nur, wenn wir aus Gewohnheit gehandelt haben, sondern auch bei Antworten auf neuartige Herausforderungen gelingt es uns oft nur mühsam, nachher zu rekonstruieren, warum die Antwort angemssen war oder nicht. «Von Rationalität zu reden darf nicht bedeuten, die mögliche Spontaneität des Handelns zu leugnen.»[19]

Wir unterstellen beim ästhetischen Handeln, wenn wir uns präsentieren, nicht etwa, daß Menschen in vergleichbarer Lage den gleichen Eindruck/Ausdruck wie wir haben, aber doch einen, der unseren korrespondiert oder nach Darlegung unserer Gründe korrespondieren kann. Jede(r) kann sich nach einem ästhetischen Erlebnis fragen:

- Habe ich etwas erfahren, was ich so noch nicht erfahren hatte? M. a. W.: Hatte ich nur eine mir schon geläufige Erfahrung oder habe ich eine für mich heute und hier bedeutungsvolle **neue Erfahrung** gemacht? Bin ich vielleicht so angeregt, weil ich die Erfahrung gemacht habe, noch Erfahrungen machen zu können?
- Gehört es zu dieser Erfahrung, daß sie weder unbearbeitet geblieben ist noch auf den Begriff gebracht wird, daß sie **sinnenhaft unbegrifflich gestaltet** werden muß oder gestaltet vorliegt in einer Weise, in der ich etwas Bedeutsames erfahre, nicht zu trennen von der angemessenen Präsentation, in der es festgehalten wird, mit dem Eindruck einer Zweckmäßigkeit ohne einen alltagspraktisch oder wissenschaftlich präzisierten Zweck vermittelt, der Erfahrung nicht äußerlich, sondern zu ihr gehörend?
- Unterstelle ich diese angemessene Gestaltung originärer Erfahrung als **bedeutungsvoll auch für andere Menschen** in verwandter Lage, als **Bestimmung von etwas (noch) nicht begrifflich Bestimmbaren?**
- Haftet diese als originär, als bedeutsam erlebte - gestaltete - Erfahrung lediglich am Gegenstand, den ich produziere oder rezipiere, oder daran, daß in seiner Gestaltung **etwas über ihn Hinausweisendes zeichenhaft erfahrbar** wird?
- Hält die Bedeutsamkeitserfahrung, ob sie sich nun im spontanen Eindruck vom Ganzen einstellt oder mit der Beschäftigung allmählich als synthetisches Urteil wächst, als Aura des Dargestellten wahrgenommen wird, dem Versuch stand, sie als gelungene Präsentation gewissermaßen weltbildender Sicht nachträglich zu begründen? Hält diese Aura der **Konfrontation mit anderen Erfahrungsobjekten** stand, in der **Pluralität der Interpretationen**, in der **Konfrontation mit anderen ästhetischen Produkten?**

Wenn wir unsere ästhetische Erfahrung auf diese Weise nur einkreisen, statt sie auf den Punkt, auf den Begriff zu bringen, werden wir ihr gerecht, erfahren wir ihre Rationalität: «Wahrscheinlich kann gerade die Kunst auf den Zusammenhang von Erkenntnis (also auch Form) und Dunkelheit zu einer Prägnanz bringen, die der Theorie versagt ist» (Dieter Henrich)[20].

4. Was leistet die Mimesis für die Bildung?

Bildung als Prozeß, als immer wieder neu zu erwerbende Befähigung zu möglichst autonomer, solidarischer und kompetenter Lebensführung ist immer nur als Antwort auf die spezifischen Herausforderungen des hic et nunc zu bestimmen:

Erstens: Wir beobachten an uns, an anderen, ein **dramatisches Zurücktreten der Erfahrungen, die wir unmittelbar machen.** Unsere Erfahrungen - gemeint sind im Anschluß an *Schütz/Luckmann*[21] «Erlebnisse, denen das Ich seine Aufmerksamkeit zuwendet [...] durch höhere thematische Stimmigkeit des Erlebnisablaufs gekennzeichnet» - stammen in wachsendem Maße einer bereits von Menschen erzeugten, vorinterpretierten Welt aus zweiter bis x-ter Hand. Das entlastet uns in einer komplexen, widerspruchsvollen, sich schnell wandelnden Welt globaler Horizonte von Interpretationsleistungen, wie *Arnold Gehlen* wohl sagen würde; aber es hält uns auch davon ab, selbst Erfahrungen zu machen, die nicht geclont sind, und die uns die Kritik, die Erneuerung oder Verwerfung der interessengeleiteten Vorinterpretationen anderer wenigstens ansatzweise möglich machen. Ich schließe hier an schon klassische Darstellungen an wie «Kulturindustrie, Aufklärung als Massenbetrug» in *Horkheimer/Adorno*s «Dialektik der Aufklärung» sowie «Die Welt als Phantom und Matrize» in *Günter Anders'* zweibändiger Publikation

«Die Antiquiertheit des Menschen» (7. bzw. 4. Aufl. 1987). - Demgegenüber erneuert sich im ästhetischen Rezipieren und Produzieren unsere Fähigkeit, originäre Erfahrungen zu machen und Routinen zu relativieren; dem Sich-Verlieren an kulturindustrielle Vorinterpretationen oder an Traditionswerte wirkt Mimesis entgegen; ebenso hält sie die Fähigkeit wach, sich aus eigener Erfahrung der überfahrenden Autorität von Systemen geronnener Wissenschaftlichkeit nötigenfalls zu widersetzen. Offenheit für Korrekturen, ja Wenden, für Paradigmenwechsel in Welt- und Selbstinterpretation bleibt dadurch immer noch erreichbar.

Zweitens machen wir in zunehmendem Maße die **Erfahrung der Kontingenz**. Das wachsende Leben aus zweiter Hand stellt sich ebenso wie das schrumpfende aus erster Hand als zufälliges Nebeneinander von Eindrücken und Ansprüchen dar; sie bieten keine notwendig oder auch nur plausible hierarchisierte Orientierung über das, was ist oder was daraus werden sollte. Dadurch wächst in einem neuartigen Maße der Anspruch an jeden Menschen, den für das eigene Leben und für das Leben mit den anderen, mit den sachlichen Aufgaben erforderlichen Orientierungsrahmen selbst zu entwickeln. *Winfried Marotzki* hat das jüngst herausgearbeitet[22], allerdings m. E. ohne genügend Berücksichtigung der diskursiven Seite der Aufgabe und der übrigen, hier aufgeführten Bedingungen. - Ästhetisches Handeln kann sicher nicht der einzige Weg sein, stellt aber eine vorzügliche Chance dar, als einzelne Person in einer als kontingent wahrgenommenen Welt persönlich bedeutsame Erfahrung in angemessener Gestaltung in Emergenz, in persönliche Ordnungsdarstellungen, mit deren sinnenhafter Evidenz mensch zu anderen Menschen in Beziehung tritt, Verstehen und die Grenzen des Verstehens erfährt und sich im Tolerieren des Pluralismus übt, oberflächlich aus Tiefe, die Grenzen zum Unsagbaren, Unerhörten, Unsichtbaren weit hinausschiebend.

Drittens leben wir heute ein **Doppelleben in der Lebenswelt und in Systemen**. Lebenswelt wird dabei im Sinne von *Habermas* verstanden: «Sprecher und Hörer verständigen sich aus ihrer gemeinsamen Lebenswelt heraus über etwas in der objektiven, sozialen oder subjektiven Welt»[23]. Wir können in einer von den Systemen geschützten Lebenswelt mit den überkommen Verständigungsmustern allein nicht leben, denn die Systeme, z. B. des Geldes und der Macht, die wir zum Überleben haben ausbilden müssen, wirken in die Lebenswelt hinein, und der Kampf ist noch nicht entschieden, ob wir sie der Verständigung im möglichst herrschaftsfreien Dialog werden unterwerfen können; er wird zwangsläufig abstrakter dafür werden müssen.

Wahrscheinlich überhebt sich das Handeln in ästhetischer Einstellung, wenn es sich als der Versöhnungsweg zwischen bedrohter Lebenswelt und dem Leben mit den allein zweckorientierten Systemen anbietet. Mimesis hat für uns heute schwerlich die Aufgabe, uns als harmonische Einheit auch nur im Potentialis erfahrbar zu machen, wie noch *Schiller* hoffte, sie vermag nicht der Vorschein der ungeteilten Wahrheit zu sein, wie *Bloch* es träumte, oder durch das Seiende auf den Seinsgrund zu blicken, wie uns *Heidegger* zuraunte. Aber schon dadurch, daß wir mimetisch handeln können, erfahren wir uns als Menschen, die in ihren Traditionen, Konventionen und Systemen nicht aufgeben, sondern das Potential ihrer Veränderung besitzen. Und letztlich: Selbst, wenn wir uns in unserer Zerrissenheit sehen, in der Entzweiung, in die wir unsere inkommensurablen Erkenntniswege stürzen, malen wir noch ein Bild davon, wie *Dali*, und geben damit unseren Erfahrungen eine Gestaltung.

Viertens: **Wir leben in einer Risikogesellschaft**, wie *Beck* das genannt hat[24], weil das menschliche Leben und Leben überhaupt auf dem Planeten Erde zum ersten Male in ungeheuerlichem Ausmaß durch menschliches Handeln gefährdet ist, durch Handlungen, die so schwer zu unterlassen sind, weil sie auch nie gekannte Chancen eröffnen. Sicher haben Denker wie *Hans Jonas* recht, wenn sie so etwas wie einen Quantensprung der Ethik von uns fordern. - Aber auch hier ist ein eigenständig ästhetischer Beitrag denkbar: Die immer partikulare und temporäre Einsicht in das Risiko allein genügt nicht, alle Kräfte zu mobilisieren, damit mit der Gefahr das Rettende auch wachse, originäre Erfahrung, sinnlich sinnhaft gewordene Gestaltungen, im Hörbaren, Sichtbaren, Riech- und Schmeckbaren, im Fühlbaren das Unerhörte, Unsichtbare, jenseits der Sinne liegende erfahrbar machend, mobilisiert uns existentiell.

Es ist kein Zufall, daß die mimetischen Erfahrungen, von deren bildender Wirkung hier die Rede ist, nicht mehr dem «Schönen» gelten. Die einzige Erfahrung, die diese Mimesis als glückhaft, als schön noch versprechen kann, ist die Erfahrung, überhaupt noch Erfahrungen machen zu können, die uns befähigen, den von *Rilke* gehörten Ruf ebenfalls zu vernehmen: Du mußt Dein Leben ändern!

Es ist Zeit, den Gedanken des Anfangs wieder aufzunehmen. Sich zu bilden und gerade auch ästhetisch zu bilden, ist nicht allein Privatsache; vielmehr sind die öffentlichen Angebote dazu ein Gradmesser der Demokratie und der Humanität in der Gesellschaft. Mit mehr Gesang und Theater, Ausstellungen, Tanz auf Schulfesten ist es da nicht getan; die ästhetische Bildung, die hier umrissen worden ist, eignet sich nicht zur verharmlosenden Girlande um Ausbildung der instrumentellen und gelegentlich noch der praktischen Vernunft. Als gleichberechtigte Dimensionen einer gegenwärtig nicht versöhnbaren, dreistimmigen Rationalität vermehrt sie die Spannungen, aber auch die Chancen der Bildungsaufgabe. Die Bildungsinstitutionen stehen vor großen Veränderungen, wenn sie dies ernstnehmen. Sie zu beschreiben, wird die nächste Aufgabe sein.

Anmerkungen

1 *Heistermann, W.*: Form, Formbarkeit und formende Aktivität. Zeitschrift für Pädagogik 6 (1969), Heft 4. Nachdr. in: ders., Gesammelte Schriften zur Anthropologie und Pädagogik, Bd. 2. Rheinfelden 1991, S. 162-176.

2 Vgl. v. Verf.: Unterricht als respektvoller Dialog. Ztschr. Unsere Jugend, Heft 5/1989.

3 *Welsch, W.*: Ästhetisches Denken. Stuttgart 1990.

4 *Kamper, D.*: Mimesis und Simulation. Von den Körpern zu den Maschinen. In: Kunstforum international, Bd. 114/1991.

5 *Schiller, F. v.*: Über die ästhetische Erziehung des Menschen. 1795.

6 *Klafki, W.*: Konturen eines neuen Allgemeinbildungskonzepts. In: W.K.: Neue Studien zur Bildungstheorie und Didaktik. Weinheim und Basel 1985.

7 *Heydorn, H.-J.*: Zum Verhältnis von Bildung und Politik. In: H.-J.H.: Ungleichheit für alle. Bildungstheoretische Schriften, Bd. III. Frankfurt/M. 1980.

8 *Horkheimer, M./Adorno, Th.W.*: Dialektik der Aufklärung. Frankfurt/M. 1971.

9 *Habermas, J.*: Theorie des kommunikativen Handelns. Bd. II, S. 472.

10 Vgl. z. B. *Lenzen, D.* (Hrsg.): Kunst und Pädagogik. Erziehungswissenschaft auf dem Wege zur Ästhetik? Darmstadt 1990.

11 *Koller, H.*: Die Mimesis in der Antike. Bern 1954.

12 *Schütz, A./Luckmann, T.*: Strukturen der Lebenswelt, Bd. 2. Frankfurt/M. 1985.

13 *Pazzini, K.J.*: Bildung und Bilder. Über einen nicht nur etymologischen Zusammenhang. In: *Hansmann/Marotzki* (Hrsg.): Diskurs Bildungstheorie I: Systematische Markierungen. Weinheim 1988.

14 *Adorno, Th.W.*: Ästhetische Theorie. Hrsg. von *G. Adorno* und *R. Tiedemann*. Frankfurt/M. 1973, S. 302.

15 *Adorno*, a.a.O., S. 302.
16 *Adorno*, a.a.O., S. 302.
17 *Henrich, D.*: Kunstphilosophie und Kunstpraxis. Ein Interview mit Fragen von Florian Rötger. Ztschr. Kunstforum 100/1989.
18 *Welsch, W.*: Zur Aktualität ästhetischen Denkens. Ztschr. Kunstforum 100/1989.
19 *Seel, M.*: Die Kunst der Entzweiung. Zum Begriff der ästhetischen Rationalität. Frankfurt/M. 1985, S. 13.
20 *Henrich*, a.a.O.
21 *Schütz/Luckmann*, a.a.O., S. 15.
22 *Marotzki, W.*: Entwurf einer strukturalen Bildungstheorie - Biographietheoretische Auslegung von Bildungsprozessen in hochkomplexen Gesellschaften. Habilitationsschrift. Hamburg 1989.
23 *Habermas*, a.a.O., Bd. II, S. 192.
24 *Beck, U.*: Risikogesellschaft. Überlebensfragen, Sozialstruktur und ökologische Aufklärung. Ztschr. Aus Politik und Zeitgeschichte. B 36/89.

MICHAEL-SÖREN SCHUPPAN

Wer war der Knecht und wer der Herr?

Anmerkungen zu anthropologischen Grundannahmen
im Denken Walter Heistermanns

Gegen Ende seines Rektorats an der Pädagogischen Hochschule Berlin sprach *Walter Heistermann* häufig von «den Knechten», wenn er seine engsten Mitarbeiter meinte. Diesem Ausspruch schenkten wir keine allzu große Bedeutung. Erst Jahre später erinnerte mich ein Hochschullehrer der ehemaligen Pädagogischen Hochschule durch eine keinen Zweifel aufkommen lassende Betonung des Wortes «Knecht», begleitet von einem maliziösen Lächeln, an die stehende Redewendung.

Der 80. Geburtstag gibt mir willkommenen Anlaß, einige Gedanken über das Begriffspaar «Herr» und «Knecht» in Verbindung mit der Anthropologie des Jubilars niederzuschreiben.

In der neueren Geschichte der Philosophie hat sich *Hegel* in der Phänomenologie des Geistes[1] im Abschnitt «Selbständigkeit und Unselbständigkeit des Selbstbewußtseins; Herrschaft und Knechtschaft» des Kapitels «Selbstbewußtsein» mit diesem Gegenstand auseinandergesetzt. Der soll Ausgangspunkt der Betrachtung sein[2]. Wenn ich *Hegel* nicht mißverstehe, kann dem Bewußtsein als «dem farbigen Scheine des sinnlichen Diesseits»[3] seine Bedeutung gegeben werden. Das Bewußtsein korrespondiert immer mit der Wirklichkeit. Es ist somit gesellschaftlich und historisch bedingt. Es ist Träger einer Art von Bildung und auch von Geschichte. Allerdings sind *Hegels* Begriffe niemals starre Begriffe. Sie fangen vielmehr die Lebendigkeit des Daseins ein.

Die Formel «an sich»[4] ließe sich wohl am ehesten mit dem Inhalt des heutigen Begriffs Dasein gleichsetzen. Zunächst sucht das Bewußtsein seinen Gegenstand außer sich. Doch dann hat es sich selbst im Gegenstand erkannt, und es entsteht Selbstbewußtsein.

Das «Selbstbewußtsein an sich»[5] ist eine humane Kategorie. Das Selbstbewußtsein enthält - wie *Hegel* weiter ausführt - schon in sich das dialektische Verfahren[6]. Diese Dialektik gilt *Hegel* als allgemeines Bewegungsgesetz. Der Mensch kann nicht durch Betrachten, sondern nur durch ein Tun zum Selbstbewußtsein gelangen. Auch sind bei Menschen, die ein Selbstbewußtsein ausgebildet haben, Person- und Sachverhalte im Menschen selbst enthalten.

Es entsteht ein gnadenloser Kampf. *Hegel* schreibt: «Das Individuum, welches das Leben nicht gewagt hat, kann wohl als Person anerkannt werden; aber es hat die Wahrheit dieses Anerkanntseins als eines selbständigen Selbstbewußtseins nicht erreicht.»[7] Folgt man *Hegel*, so existiert ein reines Selbstbewußtsein und ein Bewußtsein, das nicht «rein für sich, sondern für ein anderes, d. h. als seiendes Bewußtsein oder Bewußtsein in der Gestalt der Dingheit»[8] besteht.

Beide Momente sind wesentlich, denn sie bezeichnen zwei entgegengesetzte Ausdrucksformen des Bewußtseins:
a) das selbständige, das Fürsichsein, also das Herrsein,
b) das unselbständige, das Sein für ein Anderes, also das Knechtsein.
Wie entwickeln sich nun diese beiden Momente des Bewußtseins?

Das «Fürsichsein» bezieht sich auf zwei Momente, nämlich auf den Gegenstand der Begierde und auf das Bewußtsein, dem die Dingheit das Wesentliche ist. Da aber das Selbstbewußtsein eine «unmittelbare Beziehung des Fürsichseins» und zugleich ein Fürsichsein ist, das «nur durch ein Anderes für sich ist», bezieht sich der Begriff des Selbstbewußtseins «unmittelbar auf beide und mittelbar auf jedes durch das andere.»

Das Fürsichsein bezieht sich auf das Sein durch ein Anderes. Dieses selbständige Sein kann ein Ding, beispielsweise ein Weinberg, sein. Dieses Ding ist die Kette des Knechts. Er kommt davon nicht los. Der Herr aber hat Macht über das Ding; er ist die Macht über dieses Sein.

Der Herr hat nicht nur mittelbar durch das selbständige Sein einen Zugriff auf den Knecht, sondern durch den Knecht auch auf das Ding. Der Knecht kann bis zur völligen Vernichtung mit dem Ding nicht fertig werden. Er kann das Ding nur bearbeiten. Die Selbständigkeit des Dinges verliert sich aber durch die Bearbeitung des Knechtes. «Der Herr aber, der den Knecht zwischen es und sich eingeschoben [hat], schließt sich dadurch nur mit der Unselbständigkeit des Dinges zusammen, und genießt es rein.»[9] Der Herr beseitigt das Ding also ganz durch Genuß[10]. Der Herr hat eigentlich jedes menschliche Verhältnis zur Natur verloren. Er zwingt ihr nicht mehr durch Arbeit eine Form auf, die seine Bedürfnisse zu befriedigen vermag. Er genießt.

Diese beiden Aspekte des Tuns von Knecht und Herr und das sich darüber Bewußtwerden ist entscheidend. Die Tätigkeit des Knechtes müßte eigentlich die des Herrn sein. Dem Herrn ist aber nur das Fürsichsein gegeben. Der Herr ist die beseitigende[11] Macht, dem das Ding nichts ist. Der Knecht stößt auf den Gegenstand, das Ding. Er erforscht dessen Struktur. Seine Arbeit verhilft ihm zu Wissen.

Hegel zeigt auf, daß der Fortschritt des Menschen nur mit Hilfe des Bewußtseins des Knechtes möglich sei. Er hebt hervor, daß die Bildung des Menschen durch Arbeit erfolgt. Demnach ist nicht der Herr, der genießt, sondern der Arbeitende der Gestalter der Geschichte. Mit der Befriedigung der Begierde endet die Entwicklung des Herrn. Dagegen ist die Arbeit des Knechtes Triebfeder der geschichtlichen Entwicklung. Der Wert der Arbeit liegt also in der Erziehung zu echtem Selbstbewußtsein. Wer nicht arbeitet, verliert und versinkt in den Genuß.

Doch nicht nur der erfreuliche, sondern auch der furchteinflößende Aspekt dieser Entwicklung wird aufgezeigt. *Hegel* schreibt: «Das Formieren hat aber nicht nur diese positive Bedeutung, daß das dienende Bewußtsein sich darin als reines **Fürsichsein** zum **Seienden** wird; sondern auch die negative gegen sein erstes Moment, die Furcht»[12]. Dieses Furchtbare der Natur führt *Hegel* in der Rechtsphilosophie[13] weiter aus. Ich will daraus nur einen Satz aus dem Paragraphen 198 zitieren: «Die Abstraktion des Produzierens macht das Arbeiten ferner immer mehr **mechanisch** und damit am Ende fähig, daß der Mensch davon wegtreten und an seine Stelle die **Maschine** eintreten lassen kann.»[14]

Dank der Arbeit[15] bildet sich das Denken. Die Arbeit ist also die große Bildnerin des Menschen. Das Denken aber ist die Einheit der beiden Momente des Selbstbewußtseins. Das Denken also, das das «Ansichsein» und das «Fürsichsein» miteinander verbindet. Dieses Denken hat eine neue Qualität. Es tritt als Freiheit auf. Die Freiheit besteht darin, daß der Geist mit der Welt in Übereinstimmung kommt, sich gleichsam heimisch fühlt.

Von diesen und anderen Fundstellen in der Phänomenologie des Geistes lassen sich Rückschlüsse über *Hegels* Vorstellungen von dem Erziehungsprozeß ziehen. Erziehung besteht offensichtlich darin, daß Menschen auf Menschen einwirken. Dadurch werden in dem zu Erziehenden selbst Kräfte geweckt, die bis dahin verborgen waren. In der Ästhetik schreibt Hegel sinngemäß, daß der Trieb der Wißbegierde, der Drang nach Kenntnis, von der untersten Stufe an bis zur höchsten hinauf, nur aus dem Streben hervorgeht, das Verhältnis der Unfreiheit aufzuheben und sich die Welt in der Vorstellung und im Denken zu eigen zu machen. Schaffen kann Erziehung nach Auffassung *Hegels* allein nichts. Sie kann nur schon vorhandene Möglichkeiten zur Wirklichkeit entwickeln helfen. Die Form von Erziehung wird von der Art des Geistes bestimmt. Der zu Erziehende muß etwas tun. Um etwas hervorzubringen, um sich eines Gegenstandes zu bemächtigen, muß zunächst gearbeitet[16] werden. Arbeit steht also auch im Erziehungsprozeß im Vordergrund. Auch hier erhält er eine außerordentliche Bedeutung. Er ist im Denken *Hegels* gleichsam ein zentraler Begriff. Doch auch die Aussage, daß beim Erziehenden nichts in die Wirklichkeit geholt werden kann, was nicht schon als Möglichkeit angelegt ist, muß im weiteren verfolgt werden.

«Der Mensch ist nicht erziehbar!», diesen Ausspruch haben viele Kollegen und Freunde aus dem Munde *Heistermanns* gehört[17]. Ist dieser Ausspruch überhaupt ernst gemeint? Schließlich ist bekannt, daß zu allen Zeiten Menschen erzogen wurden und werden. Die Mehrzahl der Erzieher, Eltern und Lehrer ist von ihrer sinnvollen Tätigkeit überzeugt. Vielleicht sind sie auch dem Zweckoptimismus verfallen, wenn sie glauben, die positiven Veränderungen, die an den zu Erziehenden wahrgenommen werden, lassen sich primär auf ihre Einwirkungen zurückführen? Bei dieser Gegensätzlichkeit lohnt es sich, der Frage nachzugehen, warum erziehen Eltern und Lehrer? Erziehung ist möglich und notwendig. Daß Erziehung mit Einschränkung möglich ist, zeigt die Erfahrung. Daß Erziehung notwendig ist, setzt ein generelles Defizit voraus. Der Mensch als Mängelwesen in biologischer und ethischer Hinsicht[18] ist ohne Pflege nicht lebensfähig. Doch Pflege ist noch nicht Erziehung. In der Regel verbinden wir mit dem Begriff Erziehung mindestens ein Ziel, auf das hin erzogen wird. Das Mängelwesen soll von diesen befreit werden oder anders ausgedrückt, das zunächst allein nicht existenzfähige Kind soll erwachsen werden, soll selbständig und damit existenzfähig werden. Wenn das der alleinige Inhalt wäre, würde Aufzucht genügen, und zwar Aufzucht im Sinne von Zuführung von Nahrung, Kleidung etc., bis es diese sich selbst erwerben kann. Aber es ist auch bekannt, daß ein Kind verkümmert, wenn es nicht angenommen wird, wenn es kein Vertrauen gewinnen kann. Und schließlich muß es sich in seiner Umwelt (Gemeinschaft/Gesellschaft) zurechtfinden können. Dabei muß es lernen, welche Verhaltensweisen dafür erforderlich sind, d. h. entweder Anpassung an vorgegebene Strukturen oder Entwicklung von Techniken, um bei möglichst geringer Anpassung leben zu können. Im Extremfall bedeutet das auch im wesentlichen, gegen die Struktur der Gesellschaft zu existieren.

Dabei ist es dem engagierten Erzieher nicht gleichgültig, wie der zu Erziehende lebt. Ziel der Erziehung ist fast regelmäßig, eine Art Idealbild vom Menschen zu verwirklichen, und zwar unabhängig und unterschiedlich gewichtet, ob es das «mein Kind soll es weiterbringen als ich» oder ein z. B. religiös begründetes Ideal der Lebensführung meint. Bewußt oder unbewußt versucht also der Erzieher stets, den zu Erziehenden so zu beeinflussen, daß er dem Ideal zumindest nahe kommt. Hier spielt das Menschenbild des Erziehers eine entscheidende Rolle. Das Erziehungsideal des Erziehers ist wesentlich von der Gewichtung kultureller und gesellschaftlicher Faktoren wie Religion, Philosophie, wissenschaftliche Erkenntnisse und politischen Machtverhältnissen abhängig. Der Erziehende versucht, beim zu Erziehenden durch zielgerichtete äußere Einflüsse erwünschte Verhaltensweisen und Einstellungen zu erzeugen. Potentielle Fähigkeiten werden zu Fertigkeiten weiterentwickelt, wie beispielsweise unspezifische Körperfunktionen zur Beherrschung des Körpers hinführen.

Welche Methoden oder Mittel des Einflusses werden angewandt? Es lassen sich vier Kategorien aufstellen, unter die die einzelnen Maßnahmen des Erziehers eingeordnet werden können.

- Das Vorbild mit der Hoffnung auf Nachahmung. Es ist hierbei gleich, ob der Erzieher selbst oder vorgestellte «Helden»gestalten das Vorbild abgeben sollen. Dabei ist von vornherein auszuschließen, daß die Nachahmung immer erfolgt.
- Der Versuch, durch einsichtiges Erklären der Notwendigkeit sittlichen Verhaltens die Einsicht auf den Wunsch des zu Erziehenden zu wecken, sich selbst auch so zu verhalten wie ...
- Durch Lob oder Belohnung den zu Erziehenden unmerklich in die vorgesehene Richtung zu lenken.
- Das Gewöhnen und die Anpassung durch Zwangsmittel zu erreichen. Dabei wird sofort die Frage nach der Wirksamkeit aufgeworfen[19].

Ähnliches läßt sich für das intellektuelle, praktische usw. Lernen feststellen. Mit didaktischen «Tricks» wird versucht, den zu Erziehenden dahin zu bringen, gerade das zu lernen, was vom Erziehenden für notwendig gehalten wird. Doch auch hier stoßen Erziehende an Grenzen! Dieser Tatsache soll nachgegangen werden. Lernen jeglicher Art ist ein interner Vorgang. Wenn diese Aussage richtig ist, kann Erziehung nicht Formung im Sinne der Bearbeitung eines Werkstückes sein, dessen Gelingen mit vom Geschick des Bearbeiters abhängig ist. Der Erzieher ist Widerpart und Partner, nicht Bildhauer, Gärtner, Zuchtmeister oder gar Führer[20].

Vielmehr muß der Erziehende bereit und willens sein, sich formen zu lassen. Das bedeutet, der zu Erziehende muß lernen wollen[21], um sich zu entwikkeln, er muß bereit sein, Anstrengungen zu ertragen.

Das erfolgt in der Regel zunächst aus Liebe zum Erzieher, geht über zu aus Vertrauen zu seiner Person und wird schließlich aus Einsicht in seine «höhere» Einsicht erfolgen. Erzieher und der zu Erziehende beziehen sich aufeinander. Folglich gelten beide als Erzogene[22]. Wenn aber Selbständigkeit angestrebt wird, muß der zu Erziehende irgendwann von sich aus, also aus eigener Einsicht und eigenem Wollen, lernen, sowohl Fertigkeiten als auch soziales Verhalten. Der zu Erziehende muß selbst Normen für sich entwickeln, an denen er sein Handeln orientiert. Er muß sich selbst erziehen. Wenn das so festgestellt wird, relativiert sich der Einfluß des Erziehers. Er bewirkt nicht unmittelbar Veränderungen oder Formung des zu Erziehenden, sondern höchstens mittelbar. Aber der zu Erziehende wirkt auf den Erzieher zurück[23]. Das Lernen selbst ist Sache des zu Erziehenden, gleichgültig in welchem Alter er sich befindet. Wenn das Erziehungsziel Selbständigkeit und Selbstverantwortung sein soll, so ist es im Letzten Selbsterziehung aus Einsicht des Einzelnen. *Heistermann* schreibt: «[...], daß die biotischen Grundlagen den Menschen nicht prädeterminieren, sondern daß er auf diesen Grundlagen durch freien Entwurf sich selbst bestimmt.»[24]

Der Erzieher kann diese Form nicht erzielen, sondern nur entweder unterstützen oder hemmen. So ist auch klar, daß Gewöhnung durch Zwang keine Erziehung, sondern Zucht und Dressur ist. Der Erfolg mutet fragwürdig an.

Sollte die These richtig sein, daß der Mensch nicht erziehbar sei?

Das menschliche Verhalten ist in gewisser Weise formbar durch Zucht oder Dressur, aber sie kann nur so lange anhalten, wie die Knute, die psychologische Spießrute sichtbar ist; fällt sie weg, ist offen, ob der Zucht- oder der Dressurakt anhält. Theoretisch und auch praktisch läßt sich solch ein Dressurakt, so beispielsweise unter der «Knechtschaft» des Stockes, natürlich dauerhaft aufrechterhalten. Das Ergebnis ist jedoch eine Marionette, die nur Befehlen gehorcht. Es ermangelt dieser an personaler Identität.

Wenn aber ein selbstverantwortliches Geschöpf angestrebt wird, so ist Zwang - von Ausnahmen abgesehen - nur schädlich. Das bedeutet, daß der Einfluß des Erziehers nur mittelbar sein darf. Das Anstreben und Erreichen des Ziels bleibt in erster Linie die ureigene Leistung des zu Erziehenden.

Der anfangs zitierte Ausspruch *Heistermann*s muß also ergänzt werden und erhält erst dadurch seine eigentliche Bedeutung: Der Mensch ist nicht erziehbar, es sei denn, er erzieht sich selbst.

Anmerkungen

1 *Hegel, Georg Wilhelm Friedrich:* Phänomenologie des Geistes. Hamburg ^{6}1952.
2 Ein Eingehen auf Betrachtungen *Friedrich Nietzsches* muß aus Gründen der Raumvorgaben unterbleiben.
3 *Hegel:* Phänomenologie..., S. 140.
4 Ebenda, S. 141.
5 Ebenda.
6 Ebenda, S. 143.
7 Ebenda, S. 144.
8 Ebenda, S. 145.
9 Ebenda, S. 146 f.
10 Als Rektor, diesen Eindruck konnte man gewinnen, versuchte *Walter Heistermann* immer den Weg des Fürsichseins zu finden. Ein genauer Beobachter bemerkte, *Heistermann* habe über die Schreiben der Senatsverwaltungen häufig gelacht,... Dieses Lachen kann als ein Ausdruck des Genießens gedeutet werden. Eine andere häufig zitierte Spruchweisheit sei hier angefügt: Wer sich als Sardine verkauft, wird als Sardine gegessen. Doch der Schein trügt. Grundsätzlich verstanden wir uns in dem angeführten Sinne alle als Knechte.
11 *Hegel* nennt diese Macht negative.
12 *Hegel:* Phänomenologie..., S. 149. Hier wäre es wichtig, sich mit dem Begriffspaar Furcht und Angst auseinanderzusetzen. Aus Platzgründen muß das unterbleiben.
13 *Hegel:* Grundlinien der Philosophie des Rechts. Leipzig ^{2}1921, § 196-198.
14 Ebenda, S. 163.
15 Mehrfach hat sich *Heistermann* mit dem Gegenstand «Arbeit» auseinandergesetzt, so u.a. in den Aufsätzen: «Arbeit als anthropologische Kategorie und als Problem der Erziehung» (in: stud.paed. Jg. 1 (1963), H. 3 u. 4) und «Mensch und Arbeit» (in: Bildung und Erziehung. Jg. 18 (1965), S. 102-118).
16 Diese Vorstellung verbunden mit einer Verheißung finden wir schon im AT, wenn beispielsweise David zu seinem Sohne Salomon spricht: Mache dich ans Werk, und der Herr wird mit dir sein (1. Chron. 28). Nicht alle Zivilisationen sprechen mit derselben Hochachtung von der Arbeit. Aristoteles hielt die Arbeit für eine knechtische Betätigung, die dem freien Menschen nicht ansteht.
17 Man kann darüber rätseln, ob es der Stoßseufzer eines Vaters, des Hochschullehrers angesichts seiner Studenten oder gar der des Rektors einer Pädagogischen Hochschule, dem gerade in dieser Funktion die Grenzen der Erziehertätigkeit besonders bewußt werden, war.
18 Vgl. *Herder, Johann Gottfried:* Über den Ursprung der Sprache. Stuttgart 1965, S. 24.
19 Vgl. *Reich, Jens:* Rückkehr nach Europa. München, Wien 1991, S. 149 ff.

20 Vgl. *Heistermann, Walter:* Form, Formbarkeit und formende Aktivität, in: Zeitschrift für Pädagogik. Jg. 6 (1960), H. 4, S. 335-349, hier S. 348.
21 Ebenda, S. 346.
22 Ebenda, S. 348.
23 Ebenda, S. 346.
24 Ebenda, S. 343.

ERWIN VOIGT

Die Welt als Widerstand

Das Lehren Walter Heistermanns und die
kritische Ontologie Nicolai Hartmanns

Einleitung

Der folgende Beitrag ist aus der Sicht eines Schülers von *Walter Heistermann* geschrieben worden, und zwar eines Schülers, der in seinem Berufsweg und in seinem Selbstverständnis Pädagoge und Didaktiker geblieben ist. Er hat nie die Kompetenz angestrebt, in der Philosophie selbst mitzureden. Zugleich steht für diesen Schüler fest, daß er dem Philosophen *Walter Heistermann* - der Begegnung mit seiner Persönlichkeit und der Auseinandersetzung mit seinen Lehren - Grundlegendes zu verdanken hat. Aber nicht, wie man vermuten könnte, für angenehm-schulfernes Raisonnieren in intellektuellen Winkeln, sondern für auf Schüler und Schule, Lernen und Lehren bezogene inhaltliche Entscheidungen. Einer solchen geglückten Begegnung zwischen einem Philosophen und einem Lehrerstudenten sollte - auch weil sie sich vierzig Jahre lang bewährt hat - nachgegangen werden.

Ein erstaunliches Moment der Wirkung *Walter Heistermanns* ist, daß er - Philosophielehrer an einer Pädagogischen Hochschule - sich nie bei der Pädagogik angebiedert hat. Er verzichtete darauf, pädagogiknahe Philosophen wie *Rousseau, Schleiermacher, Dilthey* oder *Natorp* in das Zentrum seiner Vermittlung von Philosophie zu stellen. Er weigerte sich auch, den religiösen Bedürfnissen vieler unter uns entgegenzukommen, was über *Martin Buber, Paul Tillich* oder *Romano Guardini* auf eine sehr achtbare Weise möglich gewesen wäre. Tröstungen, so erklärte er provozierend, sollte man in der Religion selbst suchen, nicht aber in der Philosophie.

Vor allem war er nicht bereit, uns durch eine eindringliche Vermittlung der Existenzphilosophie in ihren verschiedenen Ausprägungen - also der Modephilosophie der Nachkriegszeit - gesellschaftsfähig zu machen. Er hatte *Heidegger* genau gelesen (vgl. «Erkenntnis und Sein», S. 62 ff); und er erklärte häufiger seine persönliche - aber auch nur persönliche - Hochachtung gegenüber *Jaspers*. Er hatte aber, obgleich er der Dichtung zumindest so nahe stand wie die Existenzphilosophen, ein tiefes Mißtrauen gegenüber Grenzüberschreitungen der Philosophie zur Literatur. Dies - aber nicht nur dies - ist eine Haltung, die er mit seinem Lehrer *Nicolai Hartmann* gemeinsam hat. Beide führen nicht in Sackgassen; beide lieferten keine Heils- oder Unheilserfahrungen, die nur kurze Zeit Bestand haben. Komplex, sperrig und problembewußt sind beide - der realen Welt, vor allem aber dem Problembestand aus zweieinhalb Jahrtausenden Philosophie zugewandt - «unmodern» geblieben.

Walter Heistermann schrieb über *Hartmanns* «Ethik»: «Das Werk Nicolai Hartmanns ist nicht nur ein Dokument der philosophia perennis, sondern auch eine Manifestation der nicht an Völker und Nationen gebundenen Menschlichkeit»[1]. Dies sind keine Werke, die mit auffälligem gedanklichen Design auf philosophischen Warenmessen für kurze Zeit Konjunktur haben. Das Problembewußtsein *Nicolai Hartmann*s - «von ausgebreiteter Extensität» (*Lukácz*[2]) und historischer Tiefe» - hat *Walter Heistermann* geprägt. Dieses Problembewußtsein hat Lehrerstudenten, die ihn ernstnahmen, davor bewahrt, den Lehrerberuf mit unerfüllbaren Glücks-

und Selbstverwirklichungserwartungen zu überhöhen. Die Welt ist Widerstand, ob man sie nun selbst erfährt oder seinen Schülern vermittelt. Der Lehrer wird mit diesem Widerstand nur fertig durch Arbeit und Konfliktbereitschaft. Mit «Leiden» ist dies allerdings nicht gleichbedeutend.

Einige Aspekte dieses Problembewußtseins werde ich im 3. Abschnitt meines Beitrages darstellen. Im 1. und 2. Teil werde ich Auskünfte geben über eine Konstellation, die in einem Falle zeigt, was Philosophie und Lehrerstudium bewirken kann. Zu dieser Konstellation gehören ich - der Autor -, *Walter Heistermann* und *Nicolai Hartmann*.

1. Über eine Konstellation

Im Frühjahr 1949 wurde ich an der Pädagogischen Hochschule Berlin immatrikuliert; die Spaltung der Pädagogischen Hochschule im vorangegangenen Herbst hatte ich als Vorklassenschüler der PH miterlebt. *Walter Heistermann* kannte ich also bereits vom Sehen; im Sommer 1949 hörte ich im überfüllten Lankwitzer Kinosaal in der Nähe des S-Bahnhofes *Heistermann*s Vorlesung «Problemgeschichte der antiken Philosophie». Wir schrieben damals mit; meine Mitschrift besitze ich noch heute. In dieser Vorlesung machte ich zwei ermutigende Erfahrungen: Ich verstand alles (d. h. ich hatte die subjektive Überzeugung, alles zu verstehen), und ich entdeckte, daß die vermittelten Probleme und Lösungsversuche wichtig sind. Nichts erschien mir überflüssig. Nun kann man diese subjektive Erfahrung auf das «didaktische Geschick» *Walter Heistermann*s reduzieren. Dann würde man jedoch übersehen, daß dem «didaktischen Geschick» fundamentalere Einstellungen und Fähigkeiten zugrunde liegen: Auf jeden Fall muß der Hörer als Student und zukünftiger Lehrer sehr ernstgenommen werden, bereits im Äußeren: alle Vorlesungen begannen pünktlich, keine fiel aus, die Vorlesungen waren genau vorbereitet. - Das Gefühl der «Wichtigkeit» eines Inhaltes stellt sich auch nur ein, wenn der Lehrende eine **Auswahl** unter den möglichen Inhalten erarbeitet, die seiner persönlichen Überzeugung, aber auch seinem Bild von der gegenwärtigen und zukünftigen Situation seiner Hörer entspricht. Dennoch reichen diese Einsichten nicht aus, zumindest in meinem Falle, die außerordentliche Wirkung dieser Vorlesungen zu erklären.

1949 war das «Goethe-Jahr». Zahlreiche Philosophen kamen damals nach Berlin, um hier öffentliche Vorträge zu halten; einige habe ich nicht verstanden; mir waren die Antworten unverständlich, die sie auf mir nicht bekannte Fragen gaben.

Im Winter 1949/50 hatte ich die - einzige - Gelegenheit, *Nicolai Hartmann* in einer Gastvorlesung an der Freien Universität zu erleben. Wir saßen und standen dicht gedrängt, das Podium war besetzt; viele saßen auf dem Boden; damals allerdings nicht aus Stilgründen, sondern wegen fehlender Stühle. *Hartmann*, blaß, schmal, leise redend, gelang es, zumindest mich, aber wohl auch die anderen vom ersten Satz in sein Denken einzubeziehen. Fast alles war mir neu, gleichsam von einem anderen Ort im Kosmos kommend. Ich verstand seine Fragen, die er sich stellte, und die Antworten, die er entwickelte. Stets blieb etwas offen, und er appellierte an uns, hier doch weiterzudenken. So stellte er Gemeinsamkeit her, aber keine Gemeinschaft.

Wenn ich mich in dieser Phase erkenntnistheoretisch beschreiben müßte, würde ich sagen: Naiver Realismus[3] mit einzelwissenschaftlichen Fragmenten und ersten Verfremdungen durch einzelwissenschaftliche Ergebnisse. Der Standpunkt des erkenntnistheoretischen Idealismus sollte mir erst später bekannt und auch in einem bestimmten Grade nachvollziehbar werden. Diese idealistische Richtung der Erkenntnis, die sich - wie *Hartmann* beschreibt[4] - gegen sich selbst zurückbiegt, die «*intentio obliqua*». war mir damals unbekannt und die Ursache dafür, daß ich viele Philosophen der nachkantischen Zeit nicht verstand.

Hartmann und - wenn auch gnoseologisch vorsichtiger - *Heistermann* hatten als Erkenntnisrichtung die «*intentio recta*», die auf den Erkenntnisgegenstand gerichtete, «die Gerichtetheit auf das, was dem Subjekt begegnet, vorkommt, sich darbiete, kurz die Richtung auf die Welt, in der es lebt und deren Teil es ist»[5]. Diese Richtung wurde mit Einsatz des kritischen Apparates beschritten, den Philosophie bis dahin erarbeitet hatte, und von dem ich nichts wußte.

Es war diese Richtung, die ich mit beiden Lehrern gemeinsam hatte und habe.

Fünfzehn Jahre später wird *Georg Lukácz* dies in seinem Spätwerk beschreiben: «Hartmanns Bedeutung liegt vor allem darin, daß er (den) gemeinsamen Zug von Alltagserkenntnis und Wissenschaft begreift, und in der Ontologie nicht anderes sucht, als eine kritische Fortsetzung, Weiterführung, Bewußtmachung dessen, was sich in der Praxis des Lebens und der Wissenschaft oft ununterbrochen spontan verwirklicht.»[6] Dieser Satz kann mißverstanden werden; er bezieht sich nur auf die Richtung, nicht auf die Komplexität des Problembewußtseins. Hier schöpfte *Hartmann* mehr als zeitgenössische Denker aus der Geschichte der Philosophie. «Vergleicht man seine Systematik mit der Cohens, Natorps, aber auch der Cassirers, so fällt auf, daß er gewissermaßen viele Schleusen geöffnet hat, die die anderen sorgsam geschlossen hielten.» (*Wolandt*)[7]

Für den Lehrerstudenten war diese Konstellation ein Glücksfall: Er hatte einen Eingang in die Philosophie gefunden und sie später für Arbeit und Leben herangezogen. Dabei blieb nichts verschlossen; *Nicolai Hartmann* hat z. B. in seinem Werk «Die Philosophie des deutschen Idealismus» gezeigt, wie man sich auch den Idealismus - aus seiner Sicht - erschließen kann.

2. Heistermann und Hartmann

Während des Studiums wurden dann starke Eigenständigkeiten *Walter Heistermann*s gegenüber seinem Lehrer deutlich. Eine zentrale Dimension der *Hartmann*schen Erkenntnistheorie hat er scharf kritisiert: «Die Lösung Nicolai Hartmanns, daß Erkenntnis eine auf jeden Fall partielle Identität von Erkenntnis- und Seinsprinzipien voraussetze, ist keine Lösung, sondern eine Voraussetzung, die die Lösung durch eine nicht zu überprüfende ontologische Konstruktion vorwegnimmt.»[8]

Es ist für ihn keinesfalls geklärt, wie im Erkenntnisgebilde - als Person-Sachverhalt - der «Begriff als subjektive Dimension und die Sache als objektive Dimension irgendwie zur Deckung gelangen sollen»[9]. In seiner Bewertung des erkenntnistheoretischen Idealismus jedoch folgt er *Hartmann* in seiner «Orientierung am Widerstandserlebnis». «Wie kann eine Welt so eigenwillig sein, für die Vernunft so schwer durchschaubar oder sogar undurchschaubar, die sie doch selbst produziert haben soll.»[10]

Im Vergleich zu *Nicolai Hartmann* wird *Walter Heistermann* viel weniger schreiben und sicher viel mehr öffentlich-verantwortlich handeln. *Nicolai Hartmann*s geschriebenes Werk ist uferlos, allein das in Buchform erschienene Werk umfaßt 6227 Seiten. Sicherlich half der erdrückende Umfang dieser Riesenepen beim Überstehen der NS-Zeit. *Hartmann*s «Ethik» konnte mit ihren 821 Seiten **1935** noch einmal erscheinen; sicher weil der Zensor sie nicht einmal diagonal gelesen hatte. *Hartmann*s überragender Nachweis, daß «Individuum» ein höherer Wert ist als das Gemeinwesen[11] oder z. B. der Satz: «Der Parteikonflikt im politischen Leben ist eine Notwendigkeit, gehört mit zur Lebensgesetzlichkeit des Gemeinwesens, denn er ist ein positiver Wertkonflikt und als solcher selbst wertvoll»[12] standen - wie das zugrunde liegende Konzept der «Ethik» - quer zur NS-Ideologie. Sonst aber steht das Riesenwerk *Hartmann*s, - in dem auch noch zwei wichtige Werke «Ethik» und «Problem des geistigen Seins» zeitlich vor der eigentlichen Ontologie liegen, obwohl sie inhaltlich mehr Folgen sind - einer Fortführung durch die Nachwelt im Wege.

Walter Heistermanns Lehren dagegen steht unter dem Gebot der Kürze, Straffheit, des Auf-den-Punkt-Bringens. Die Darstellung hat bei ihm novellistischen Charakter: Jede Vorlesung ein gerundetes Ganz - jede Vorlesung auch ohne die vorangegangenen verständlich - mit klarem Anfang und Ende, 90 Minuten genau einhaltend, auf einen Punkt, die in dieser Vorlesung zu vermittelnde Erkenntnis, zustrebend und ihn ausbauend. Wenn *Heistermann* auf den Revolutionär der Ethik, Jesus von Nazareth, zu sprechen kam, vergaß er nie, daran zu erinnern, daß dieser nur einen Satz geschrieben habe, und den in den Sand (Johannes, 8.6).

Walter Heistermann wird auf eine Weise öffentlich handeln, wie ich es mir bei *Hartmann* nicht vorstellen kann: so als GEW-Fachgruppenvorsitzender in konservativer Zeit und als Rektor der PH zur Zeit der Studentenunruhen und bildungspolitischer Kontroversen.

Hartmann hatte zwei Weltkriege als Erwachsener durchlebt: den ersten als Soldat, den zweiten in Berlin als Universitätsprofessor, diesmal als Zivilist im Bombenhagel und in der Endschlacht. Von all dem ist sein Werk wenig berührt. Die «Ethik», die 7 Jahre nach dem Ende des Ersten Weltkrieges erscheint, zeugt in ihrer wohl einmaligen Weite von tiefgehenden persönlichen Erfahrungen und Auseinandersetzungen; die Person *Hartmann*s selbst entzieht sich uns auch hier auf eine rätselhafte Art und Weise. Deshalb kommt ein Philosoph wie *Georg Lukácz* (der allerdings die «Ethik» nicht gelesen hat) zu dem resignativen Urteil: «Hochangesehen und wenig verstanden, allgemein bekannt, aber ohne Fortführung vollzieht sich sein Leben und sein Werk.»[13]

Der späte *Lukácz* wird dann in den sechziger Jahren *Nicolai Hartmann* u.a. als Vorgänger in sein Werk «Zur Ontologie gesellschaftlichen Seins» aufnehmen. *Hartmann* erscheint mit seiner «*intentio recta*» als ein deutscher Philosoph, der seit seiner Trennung vom Neukantianismus gegen den Strom geschwommen ist. Diese hohe Bewertung *Hartmann*s hat *Lukácz* von seiten seiner marxistischen Freunde Befremden und Verärgerung eingebracht. So zetert *Ernst Bloch* in einem Interview: «Das ist rätselhaft ... woher plötzlich diese Liebe zu Nicolai Harmann, der doch ein echter liberaler Spießer war. Also er hat Ontologie geschrieben, der Hartmann, lauter Ontologien, und kam gegen Heidegger nicht auf.»[14]

Zwei Enttäuschungen, die der späte *Lukácz* gegenüber *Nicolai Hartmann* äußert, hatte ich auch als unbefangener Student: die Abstinenz *Hartmann*s gegen die Genesis und die fehlende Kategorienlehre zur Stufe des seelischen Seins. Beides wird von *Hartmann* kurz beiseite geschoben: Die Ontologie habe nicht die Intention, alle Welträtsel zu lösen, und der einzelwissenschaftliche Forschungsstand der Psychologie sei unzureichend für eine Kategorienlehre. Was aber bedeuten diese Enttäuschungen gegenüber einem solchen Lebenswerk, das *Lukácz* zusammenfaßt:

> «Das wirklich und bahnbrechend Neue an Harmanns Ontologie, ihr echtes tertium datur, ist, daß er die komplizierten Gefüge in den Mittelpunkt der ontologischen Analyse stellt. Die hier wirksamen Wechselbeziehungen, ihr Gleichgewicht und dessen Störung,, Aufhebung - ergeben...das zentrale Feld der Ontologie.[15]» Diese Arbeitsweise wird in den Aufsätzen Heistermanns deutlich werden. Sie erklärt auch seine geistige Verbundenheit mit dem Didaktiker Paul Heimann. «Die Kategorialanalyse Nicolai Hartmanns von Kausalität und Finalität und ihrer Verquickung im Kausal- und Finalnexus war in Heimanns Unterrichtsauffassung wirksam.[16]

3. Aspekte der «Welt als Widerstand»

Auch in der differenzierten, kosmologisch bestimmten Ontologie *Nicolai Hartmann*s ist der Mensch - also im konkreten Einzelfall die Person - etwas Einzigartiges. Der Mensch ist an allen bisher bekannten Sphären und Schichten des Seins beteiligt. Dies macht ihn aber nicht stärker und machtvoller. Der Mensch ist gerade durch diese Beteiligung ein besonders gefährdetes Seinsgebilde mit unzähligen Widerstandsfronten.

Das Fundament des Anorganischen und Organischen ist für ihn unaufhebbar; es bestimmt menschliches Sein auf vielfache, oft vernichtende Art und Weise. Der Mensch kann sich die Natur zwar begrenzt nutzbar machen und die Sicherung seines Lebens durch Forschung und entsprechendes Handeln vorantreiben; aber nur, indem er «das Spiel der Natur mitspielt.» Die Natur hat ihre Gesetze, die wir nicht ändern können.

Trotz dieser Gebundenheit hat sich der Mensch selbst eine Welt geschaffen, die des geschichtlich-kulturellen Lebens. Deren Gesetze scheinen die unsrigen zu sein. Da aber diese gesellschaftliche Welt nur über Freiheit entstehen kann und nur durch Individuen bestehen kann, ist Einstimmigkeit und Harmonie allein aus diesem Grunde nicht herstellbar. Die mögliche Zahl der Widerstände, die der einzelne und die einzelnen Gruppierungen in ihrer Mitwelt erfahren, ist noch größer als die «Widerfahrnis» durch die Natur. Der Mensch ist außerdem - ich komme am Ende des Beitrages darauf zurück - in der Philosophie *Hartmann*s ein Bindeglied zwischen dem (idealen) Reich der Werte und einer an sich wertfreien Welt. Jeder Mensch versucht, Werte zu verwirklichen. In jeder Situation steht er unter diesem Zwang. Versucht eine Person einen sehr hohen Wert wie den der «Nächstenliebe» in konkretem Handeln zu verwirklichen, wird ihr Leben nicht harmonischer. Widerstände von außen, aber auch die aus eigener Trägheit und aus Eigennutz erwachsenden entstehen.

In dieser schwierigen Stellung, die der Mensch als Teil und Teilhaber des Seienden einnimmt, wird ihm von außen keine Sinngebung mitgeliefert. *Hartmann* hat die Bedeutung von Sinngebung nie geleugnet; er hat nur bestritten, daß Philosophie sie aus der Analyse des Seins ergründen kann und als Erkenntnis für alle sichern kann. Seine komplizierte Haltung hat der alte *Hartmann* in seiner «Ästhetik» formuliert, die posthum erschienen ist[17]. «Es ist umgekehrt als die Metaphysiker es immer gedacht haben: gerade eine sinnlose Welt ist für ein Wesen wie den Menschen die einzig sinnvolle Welt; in einer schon ohne ihn sinnerfüllten Welt wäre er mit seinen Gaben der Sinnverleihung überflüssig.» Die von Menschen in Freiheit entworfenen Sinnverleihungen bleiben oft kontrovers. Selbst hier - in seinen subtilsten Leistungen - muß der einzelne den Widerspruch und den Widerstand anderer Sinngebungen erfahren.

Wie - *nach Hartmann* - der Widerstand der komplexen Welt durch Vereinfachung unterlaufen werden kann, möchte ich an zwei ausgewählten Aspekten darstellen, die auch pädagogisch relevant sind: dem Vorurteil des Einheitspostulats und dem Vorurteil von der Einheit und Einstimmigkeit der ethischen Werte.

3.1. Das Vorurteil des Einheitspostulats

Es handelt sich hier um das Bedürfnis des Menschen, die Mannigfaltigkeit der Welt aus einem Prinzip zu erklären und abzuleiten. Dieses Prinzip ist zugleich ein «oberstes». Die kritischen Analysen dieses Postulats hat *Hartmann* in seiner «Ethik» (S. 287 ff) und im «Aufbau des realen Seins» (S. 138 ff und S. 264 ff) durchgeführt. Einheit und Mannigfaltigkeit sind fundamentale Gegensatzkategorien, die einander bedingen.

In den letzten vierzig Jahren sind diese Analysen, die hierarchische Pyramiden durch interdependente Gefüge ersetzen, weitgehend unbeachtet geblieben. Sie laufen dem Zeitgeist zuwider. Einheitliche Ursachen und Ziele verringern scheinbar die Widerstandsfront gegenüber der realen Welt; es erscheint so alles plausibler, machbarer, planbarer. So ist am Ende des 20. Jahrhunderts noch ein Krieg geführt worden, dessen propagandistische Konzentration auf eine Ursache - die Person Sadam Husseins - von einer weltweiten Mehrheit akzeptiert wurde.

Die Macht des Einheitspostulats läßt sich besonders in der Pädagogik und Didaktik nachweisen; diese Macht ist gestiegen. Da pädagogische und didaktische Produktionen sich auf einem Markt durchsetzen müssen, garantiert Einheitlichkeit schnelles Identifizieren, Abgrenzen, Weitergeben. Falls didaktische Theorien dieser Erwartung nicht entsprachen - wie die *Heimann*sche Didaktik -, wurde in der Praxis ihre Komplexität vereinfacht, so daß Strukturierungshilfen *Heimann*s wie «Kenntnisse, Erkenntnisse, Überzeugungen» in einen Aufstieg vom niederen Wert in den höheren Wert («oberstes Ziel») uminterpretiert wurden.

Die Grundschuldidaktik war weitgehend von Einheitspostulaten bestimmt - hier in der Annahme, das Einheitliche sei das Einfache, Anfängliche. Es hat sich aber in den letzten Jahrzehnten in vielen Versuchen erwiesen, daß Kinder dies nicht brauchen und schon sehr differenzierend mit der Mannigfaltigkeit und Heterogenität der Welt umgehen.

In den Schulen der DDR wurde das Einheitspostulat zur staatlich sanktionierten Doktrin. In der Schulordnung vom 12.11.1959 wurde der Direktor (!) verpflichtet, «die Einheitlichkeit des Handelns aller Lehrer und Erzieher zu sichern»[18].

Aber selbst autonome Projektgruppen, die im Westteil Berlins neue Unterrichtskonzepte entwickelten, glaubten ihre Ergebnisse durch ein «oberstes Prinzip» und nachgewiesene Ableitungen zu sichern und zu immunisieren. In einer Projektgruppe, die Anfang der siebziger Jahre unter meiner Betreuung die Aufgabe hatte, die gegenseitige Abschottung der Fächer Physik, Chemie, Biologie zu untersuchen, Überschneidungen deutlich zu machen, einen integrativen Entwurf vorzulegen - in dieser Projektgruppe wurde die Heterogenität der Fächer sehr schnell als verschleiernde Arbeitsteilung beiseite geschoben und im Begriff der «Arbeit» ein oberstes Prinzip postuliert. In den Diskussionen mit dieser Gruppe wurde mir bei meinen Gesprächspartnern das Fehlen *Heistermann*scher Genauigkeit deutlich, nach der jeder Monismus zunächst unter dem Aspekt der unzulässigen Vereinfachung überprüft werden müßte. Es ist ja unbestritten, daß Arbeit den Menschen mit der Natur verbindet, und diese Arbeit hat auf den Menschen zurückgewirkt und die Entwicklung von Wissenschaften mitvorangetrieben. Arbeit als oberstes Prinzip ist zwar schon sehr komplex, aber die Natur in ihrem bisher von uns bekannten Ansichsein geht darin nicht auf. Der Wind betreibt für uns Mühlen; dies ist aber nicht sein Ansichsein. Und Kategorien wie Zeit, Raum, Kausalität reichen weiter als menschliche Arbeit. Das oberste Prinzip «Arbeit» als Auswahlkriterium verengt und verkürzt für den Schüler unser Wissen von der Natur auf eine unverantwortliche und autoritäre Weise.

Es ging bei dieser Kontroverse auch nicht um Rechthaben, sondern um vorhandene, nicht vorhandene oder unterschiedliche philosophische Erfahrungen. Die Problematik der Welterkenntnis «von oben her» hatte *Walter Heistermann* uns schon in seiner Vorlesung über *Plotin* kritisch vermittelt; allerdings mit den respektvollen Ergänzungen, daß sich Plotin sehr bewußt war, was er machte, und die zwangsläufige Irrationalität eines obersten Prinzips klar erkannte: man kann seiner nur inne werden durch innere Schau, nicht durch rationales Begreifen.

Eine von *Hartmann* und *Heistermann* durchgehaltene Erkenntnis dagegen ist: Aus dem Einfachen ist das Komplexe niemals ableitbar[19]. Das reale Sein wird nach Hartmann von 24 Fundamentalkategorien bestimmt, von denen je zwei ein unlöslich miteinander verknüpftes Gegensatzpaar bilden. Sie sind durch kategoriale Gesetze verbunden und bilden ein einheitliches Gefüge; jedoch läßt sich keine Kategorie aus der anderen ableiten. Angesichts dieses komplexen Gefüges sahen Zunftkollegen die Welt im Chaos versinken. So schrieb *Arthur Hübscher* 1956 zur Kategorienlehre:

«Wir erleben eine Aufschwemmung des Kategorienreichs, bei der sich der Begriff der Kategorie zur Unkenntlichkeit gewandelt hat, - seine verwickelte, irrationale ´Struktur´ läßt keine Aussage mehr zu, das Chaos ist vollendet. Umsonst, daß die sorgliche Begriffsarbeit zweier Jahrtausende die zehn Kategorien des Aristoteles auf sechs in der Scholastik und auf drei bei Descartes und Locke verringert hat, umsonst, daß der einzige Erweiterungsversuch des Reichs der Kategorien in diesen zwei Jahrtausenden, die Tafel Kants, von Schopenhauer alsbald streng auf die eine Kategorie der Kausalität zurückgeführt wurde. Von Schopenhauer hat Nicolau Hartmann nichts gelernt.»[20]

Der Pädagoge jedoch vermittelt die Mannigfaltigkeit. Er lernt deshalb mehr von Philosophen, die sich auf die Mannigfaltigkeit einlassen. *Schopenhauer*s intellektuelle Leistung ist für ihn irrelevant.

3.2. Das Vorurteil vom einheitlichen System der ethischen Werte

Zu den pädagogisch relevantesten Anregungen *Hartmann*s gehört seine Lehre von den Wertantinomien.

Vor einer Auseinandersetzung mit dieser Lehre muß jedoch eine Sperre bewußt gemacht werden, die uns den Zugang zu Hartmanns Ethik erschwert. Die ethischen Werte haben in seiner Ontologie ideales Ansichsein; d. h. sie werden nicht vom Bewußtsein erzeugt, sondern von ihm vorgefunden. Als «ideales Sein» sind sie im Vergleich zum «realen Sein» nur allgemein und zeitlos. Als Ansichseiendes gibt es sie aber unabhängig davon, ob sich eine Person nach ihnen richtet oder sie in ihrem Handeln verwirklicht. Andererseits kommen sie in der realen Welt nur im Bewußtsein von Personen vor. Die Geschichte der Ethik ist also eine Entdeckungsgeschichte im Hinblick auf das Wertreich; diese Entdeckungsgeschichte ist noch nicht abgeschlossen. *Hartmann* sieht seine Ethik als offen für zukünftige Wertentdeckungen. Diese Voraussetzung galt jahrzehntelang als antiquiert; in letzter Zeit ist jedoch die Fruchtbarkeit dieses Ansatzes für die Untersuchung ethischer Probleme bemerkt worden; er gilt als «begründete Denkmöglichkeit». Mich hat die Theorie vom idealen Sein nie gestört, weil ich, nachdem dieses Tor erst einmal durchschritten war, von der philosophischen Einzelarbeit *Hartmanns* beeindruckt war.

Dazu gehört die Lehre von den Wertantinomien. Es gibt danach nicht nur die Widersprüche gesellschaftlicher Positionen, auch nicht nur Konflikte zwischen einem angestrebten Wert (z. B. Nächstenliebe) und den dagegenstehenden Zwängen einer konkreten Situation, sondern: Es gibt im Wertereich selbst Werte, die im Spannungsverhältnis zueinander stehen, die nur durch den Gegensatz zueinander bestehen, oder Werte, die sich gegeneinander ausschließen. Es gibt also kein geschlossenes System der Tugenden. Kein Mensch kann **alle** ethischen Werte verwirklichen; nicht wegen seiner begrenzten situativen und persönlichen Bedingungen, sondern weil angestrebte ethisch gleichrangige Werte gegensätzlich sind oder sich ausschließen. Jeder muß - bei aller Anstrengung - auch hier mit Unvereinbarem leben.

Michael Landmann hat darauf hingewiesen, daß in der Geschichte der Philosophie diese Erkenntnis zuerst bei *Georg Simmel* nachweisbar ist - als «Widerstreit der Zwecke»[21]. Diesen Ansatz hat dann *Hartmann* mit seiner Fähigkeit zu divergent-komplexem Denken weitergeführt. «Simmel und Nicolai Harmann erhoben, was der griechische Fromme und der griechische Dichter schon wußten, in Philosophie. Nach über 2000 Jahren holt die Theorie die Tragödie ein und erkennt das Tragische als ethisches Zentralproblem.»[22]

Hartmann - wie auch später *Heistermann* - ist voller Mißtrauen gegen das Harmoniepostulat. Beiden galt und gilt dieses verführerische Postulat als verdächtig. Die Welt ist nicht heil, und zwar nicht allein deshalb, weil wir armen Sterblichen das angeblich in sich stimmige Sollen in dem kargen, widersprüchlichen Alltag nur unzureichend realisieren: Es gibt im Bereich des Sollens bereits Antinomien, die den Einzelfall tragisch gestalten oder ein Menschenleben unerfüllt bleiben lassen. Das «ideale Sein» - *Hartmann*s umstrittene Setzung - empfängt uns nicht mit offenen Armen, sondern mit Gegensätzlichkeit und Widerspruch, mit Spannung und mit Widerstreit. Der moralisch verantwortungsbewußte Mensch stößt nicht nur auf den Widerstand in seiner realen Mitwelt; er stößt auch im Wertebereich auf den Widerstand von Antinomien. In dieser Sicht müßte *Kant*s Kategorischer Imperativ lauten: «Handle so, daß die Maxime deines Willens niemals restlos Prinzip einer allgemeinen Gesetzgebung werden könnte.»*[23]*

*Hartmann*s «Ethik» ist ein von seiner Mitwelt und Nachwelt unausgeschöpftes Werk. Bei jedem erneuten Lesen in diesem schwierigen Buch mußte ich mein vorangegangenes Verständnis ändern. Das Werk ist, bei aller philosophischen Stringenz, von Erschütterungen geprägt: durch das Lehren und Handeln des Jesus von Nazareth, durch *Dostojewski*s Dichtungen und durch *Nietzsche*s Werk. Es fällt schwer, aus dieser «Ethik», in der alles relevant zu sein scheint, etwas für die Wertantinomien Beispielhaftes auszuwählen. Ich entscheide mich willkürlich für drei Antinomien, von denen ich meine, daß sie besonders den Pädagogen betreffen: Die Wertantonomien von **Nächstenliebe und Gerechtigkeit, Nächstenliebe und Fernstenliebe, Fülle und Reinheit**.

Nächstenliebe und Gerechtigkeit

Nächstenliebe ist bei *Hartmann* «nicht Mitleid, ist überhaupt kein Leiden, sondern ein die fremde Person als solche bejahendes Fühlen und Streben»[24]. Die Nächstenliebe geht auf die Person selbst - ohne Rücksicht auf Anrecht, Verdienst und Würdigkeit. Sie ist sehend, beweglich; sie richtet nicht. Sie sieht alles verstehend aus der Lebensfülle der Situation heraus. «Der liebende Blick ist seherisch. Er erfaßt blitzartig von den geringsten Anzeichen - von einem halben Wort, einem schmerzlichen Lächeln aus - die komplexesten inneren Sachlagen».[25] Die Pädagogik der letzten Jahrzehnte war zu borniert, einen so alten, einfachen Wertbegriff zu gebrauchen, der erfaßt, was sich zwischen Lehrern und Schülern immer wieder ereignet. Häufig sind es Schwache, Schwierige, Gefährdete, denen sich der Lehrer nicht aus Pflichtgefühl, sondern aus Nächstenliebe zuwendet. Es liegt in dieser Zuwendung ein Wiedererkennen dessen, was ein jeder an sich selbst kennt. Die fremde Sache wächst sich zur eigenen Sache aus.

Wer so handeln kann, kann nicht immer gerecht sein. Er verstößt gegen die berechtigten Ansprüche vieler Schüler, die seine Nächstenliebe nicht herausfordern. Nächstenliebe kann sehr ungerecht sein, aber Gerechtigkeit kann auch sehr lieblos sein. Der nur gerechte Lehrer wird ruhiger schlafen; die weniger lebendigen Schüler werden ihn achten. Aber die Gerechtigkeit bindet «nur Oberfläche an Oberfläche»[26]. Der gerechte Lehrer und der von Nächstenliebe erfüllte Lehrer verstoßen jeweils gegen den gegensätzlichen Wert; und diejenigen, die beides bewußt zu verwirklichen suchen, werden mit Schuldgefühlen leben müssen.

Nächstenliebe und Fernstenliebe

Den Wert der «Fernstenliebe» hat *Nietzsche* erstmals beschrieben. Es ist eine Liebe, die nicht dem nächsten, sondern dem kommenden Menschen gilt. Sie weiß, daß es das Kommende immer gibt und daß es die Versündigung des Gleichgültigen an ihm gibt. Nächstenliebe handelt aus der aktuellen Not des Nächsten heraus; sie denkt nicht weiter. Der Lehrer, der zur Fernstenliebe fähig ist, erkennt in einzelnen Schülern Neues, was über ihn selbst hinausgeht. Diese Schüler brauchen ihn kaum; er erfährt keine Gegenliebe, und dennoch liebt er ihren Weg. Dabei verstößt er wieder gegen den Wert der Gerechtigkeit, denn es gibt viele, denen er diese Zuwendung nicht zuteil werden läßt. Er bevorzugt diejenigen, die über ihn hinausragen. «Er gräbt das in der Nächstenliebe verschüttete Prinzip der Auslese wieder aus.»[27] Die Faszination durch den über das allgemeine Niveau Herausragenden, von dem man für Kommendes Weiterentwicklungen erwartet, gilt in dieser Ethik als wertvoll. Die Werte der Nächstenliebe und der Gerechtigkeit bestehen daneben mit gleichem Rang in antinomischen Spannungen. Der Lehrer muß damit leben.

Fülle und Reinheit

Die Aussagen über das Ethos der Fülle und das Ethos der Reinheit sind ein Höhepunkt der *Hartmann*schen «Ethik». Beide Werte schließen sich aus und sind doch ohne den anderen unvollständig. Das Ethos der Fülle ist nicht exklusiv, es schließt sogar niedere Werte nicht aus und in gewissen Grenzen auch nicht das Wertwidrige[28]. Es setzt seelische Weite voraus, das Raumhaben für alles. Es scheut vor Konflikten nicht zurück, sucht sogar böse Erfahrungen und will auf eigene Fehler und eigenes Verschulden nicht verzichten. Jeder Lehrer kennt Schüler, die durch alles hindurchgehen wollen, Unterlegensein und Schuld riskieren und dabei stärker werden. Ein solches Leben gilt in dieser Ethik als wertvoll.

Doch neben diesem Wert der Fülle steht in der Ethik *Hartmann*s ein gleichrangiger sich ausschließender Wert: die Reinheit. Es ist auch wertvoll, durch kein Begehren verführt, durch keine Versuchung verleitet zu sein. Nur so entsteht Geradheit der Handlungsweise, das Fehlen von Mißtrauen. Das Zutrauen des Reinen ist bei aller Naivität eine Macht, deren Größe er selbst um so weniger ahnt, je mehr er sie hat. Es war wohl die tiefe Erschütterung durch die Gestalt des Fürsten Myschkin aus *Dostojewski*s «Der Idiot», die *Hartmann* dazu gebracht hat, dieser Macht der Reinheit nachzugehen. «Sie ist äußerlich wehrlos. Und dennoch ist sie gepanzert und gefeit wie kein anderes Ethos. Ihr Sichnichtwehren ist nicht Ohnmacht. Der Schuldige ist gerade ohnmächtig ihr gegenüber.»[29]

Die Reinheit kann kein pädagogisches Ziel sein. Man kann sie weder erstreben noch realisieren. Fülle und Reinheit haben ausschließende Stellung gegeneinander. Aber auch an diesem letzten Beispiel wird die Grundrichtung eines unbequemen, aber produktiven Denkens erkennbar: Es gibt die Chance zum Wertvollen, aber es gibt sie nicht zu seiner Harmonie.

Anmerkungen

1   Aus einem Nachruf auf *Nicolai Hartmann*, 1951, zitiert in «Nicolai Hartmann 1882-1982, hrsg. von *Buch*, Bouvier, 2. Aufl. 1987, S. 22.
2   *Lukácz, Georg:* Zur Ontologie des gesellschaftlichen Seins, Bd. 13 und Bd. 14 der Gesamtausgabe, Darmstadt und Neuwied 1984 u. 1986, hier: Bd. 13, S. 431.
3   *Walter Heistermann* hat diesen naiven Realismus differenziert beschrieben in «Erkenntnis und Sein», S. 38 ff.
4   *Hartmann, N.:* Zur Grundlegung der Ontologie, 4. Aufl., 1965, S. 44 ff.
5   Ebd., S 45.
6   *Lukácz, Georg:* Zur Ontologie des gesellschaftlichen Seins, Bd. 13 und Bd. 14 der Gesamtausgabe, Darmstadt und Neuwied 1984 u. 1986, hier: Bd. 13, S. 427.

7 *Volandt, Gerd:* in «Nicolai Hartmann 1882-1982», a.a.O., S. 305.
8 *Heistermann:* Erkenntnis und Sein, S. 51.
9 Ebd., S. 51.
10 Ebd., S. 48.
11 *Hartmann, Nicolai:* Ethik, 4. Aufl., Berlin 1962, S. 319 ff.
12 Ebd., S. 333.
13 *Lukácz, G.:* Zur Ontologie des gesellschaftlichen Seins, Bd. 13 und Bd. 14 der Gesamtausgabe, Darmstadt und Neuwied 1984 u. 1986, hier: Bd. 13, S. 422.
14 Nachwort von *Bensler* zu *Lukácz*, in Bd. 14 der Gesamtausgabe, S. 744.
15 *Lukácz, G.:* Bd. 13, S. 488.
16 *Heistermann, W.:* Die ideengeschichtlichen Voraussetzungen der Theorie der Erziehung und des Unterrichts bei Paul Heimann, in: «Die Berliner Didaktik: Paul Heimann», hrsg. von *Neubert*, Berlin 1991, S. 54.
17 *Hartmann, N.:* Ästhetik, Berlin 1953, S. 408.
18 *Voigt, E.:* Adolph Diesterweg, PZ Berlin 1990, S. 20.
19 *Hartmann, N.:* Aufbau des realen Seins, S. 144.
20 *Hübscher, Arthur:* Denker unserer Zeit, 1956, S. 155.
21 *Nosbüsch, Johannes:* in «Nicolai Hartmann 1882-1982», S. 251.
22 *Landmann*, in: ebd., S. 174.
23 Ebd., S. 174.
24 Ebd., S. 180.
25 *Hartmann, N.:* Ethik, 4. Aufl., Berlin 1962, S. 324 ff.
26 Ebd., S. 454.
27 Ebd., S. 457.
28 Ebd., S. 452.
29 Ebd., S. 492.

HERBERT BATH

Das Hamburger Abkommen und die neuen Schulgesetze
Irrungen und Verwirrungen*

Werden die Schulgesetze der neuen Länder
dem Grundgesetz und dem Einigungsvertrag gerecht?

Durch den Beitritt der DDR zur Bundesrepublik Deutschland gemäß Artikel 23 des Grundgesetzes ist das Grundgesetz in den Ländern, die durch das Ländereinführungsgesetz vom 22. Juli 1991 entstanden sind, und in Ostberlin in Kraft getreten. Die Zuständigkeit für das Schulwesen ist damit gemäß Art. 30 und Art. 70 bis 75 des Grundgesetzes den neuen Bundesländern zugefallen. Zu diesem Vorgang wird in Art. 37 Abs. 4 des Einigungsvertrages festgestellt, daß die bei der Neugestaltung des Schulwesens erforderlichen Regelungen von den Ländern getroffen und die notwendigen Regelungen zur Anerkennung von Abschlüssen schulrechtlicher Art in der Kultusministerkonferenz (KMK) vereinbart werden. Ferner wird bestimmt, daß in beiden Fällen, also Neugestaltung und Anerkennung der Schulabschlüsse, das Hamburger Abkommen und die einschlägigen Vereinbarungen der KMK die Basis sind.

Das Hamburger Abkommen vom 28.10.1964 ist ein Regierungsabkommen, das für die Länder von den Ministerpräsidenten abgeschlossen worden ist, in dem alle bedeutsamen Fragen des Schulwesens geregelt sind, insbesondere die Schularten und die Schulabschlüsse. Allerdings wird die Gesamtschule in diesem Abkommen noch nicht erwähnt. Ihre Arbeitsweise und Abschlüsse sind in der Rahmenvereinbarung für die gegenseitige Anerkennung von Abschlüssen an integrierten Gesamtschulen (Beschluß der KMK vom 27./28.5.1982) festgelegt worden.

Die Bestimmung des Einigungsvertrages, daß die Regelungen der neuen Länder «auf der Basis» des Hamburger Abkommens zu treffen sind, bedeuten, daß zwar von diesem auszugehen ist, es aber einvernehmlich fortentwickelt werden kann, um den Bedürfnissen der neuen Länder Rechnung zu tragen (vgl. Gerhard Eiselt, Grundgesetz und Schulrecht, Neuwied und Frankfurt/M., 1991). Dasselbe gilt hinsichtlich der erwähnten KMK-Vereinbarungen.

Durch die Aufnahme in den Einigungsvertrag findet das Hamburger Abkommen auch in den neuen Ländern Anwendung, ohne daß diese ihm förmlich beigetreten wären. Da die Neugestaltung des Schulwesens in erster Linie durch Gesetzgebung erfolgt, ist nicht nur die Exekutive, sondern als Folge des Einigungsvertrages auch die Legislative an das Hamburger Abkommen gebunden.

Außer den Bestimmungen des Einigungsvertrages muß die Schulgesetzgebung der Länder die im Grundgesetz enthaltenen Regelungen für das Schulwesen beachten; denn das Grundgesetz hat durch den Beitritt unmittelbare Geltung erlangt, soweit im Einigungsvertrag nichts anderes bestimmt ist.

Bei den vorliegenden Schulgesetzen handelt es sich um das Vorläufige Bildungsgesetz des Landes Thüringen (VBiG), das Erste Schulreformgesetz des Landes Mecklenburg-Vorpommern (SRG), das Schulreformgesetz für das Land Sachsen-Anhalt (Vorschaltgesetz), das Erste Schul-

---

* Der vorstehende Beitrag geht zurück auf zwei Artikel, die im September 1991 in der Deutschen Lehrerzeitung (DLZ) Berlin veröffentlicht worden sind.

reformgesetz für das Land Brandenburg (Vorschaltgesetz zum Landesschulgesetz) und das Schulgesetz für den Freistaat Sachsen (SchulG). Die Gesetze sollen hier unter dem Gesichtspunkt des Einigungsvertrages und der Gültigkeit des Grundgesetzes betrachtet werden.

Bezeichnungen im Schulwesen

Die Dauer der Vollzeitschulpflicht, die Bezeichnung der Grundschule und ihre Dauer sowie Beginn und Ende des Schuljahres sind in allen Ländern auf der Basis des Hamburger Abkommens (HA) geregelt worden. Die Bestimmungen über den Beginn der Schulpflicht im VBiG Thüringen, § 7, sind unklar.

Bei der Bezeichnung der übrigen Schulformen (Schularten) bestehen nur im SRG Mecklenburg-Vorpommern keine Abweichungen vom HA. Brandenburg und der Freistaat Sachsen weichen von § 5 HA ab, indem sie ihre Sonderschulen als «Förderschule» bezeichnen. Der § 5 HA gehört dort zum Abschnitt II A «Einheitliche Bezeichnungen im Schulwesen». Es war und ist ein wesentlicher Zweck des Hamburger Abkommens, in der Öffentlichkeit für ein besseres Verständnis vom Aufbau des Schulsystems generell und von der Vergleichbarkeit der Schulformen in den Ländern zu sorgen. Wenn von dieser Zielsetzung willkürlich abgewichen wird, kann hinterher schwerlich argumentiert werden, die Gesetze seien insoweit auf der Basis dieses Abkommens erlassen. Es stört erheblich, wenn es in Brandenburg und Sachsen Förderschulen gibt und im Vorschaltgesetz Sachsen-Anhalt § 5 eine differenzierende Förderstufe, die etwas ganz anderes bedeutet.

Verstärkt gilt das Gesagte für die Bezeichnung der Schularten im Sekundarbereich; die «Regelschule» (Thüringen), die «Sekundarschule» (Sachsen-Anhalt) und die «Mittelschule» (Sachsen) kommen begrifflich im Hamburger Abkommen nicht vor. Dagegen fehlen als Schulformen die darin vorgesehene Hauptschule und Realschule. Diese Bezeichnungen finden sich zwar in den Gesetzen der erwähnten Länder, aber nur als Schulabschlüsse (Thüringen und Sachsen) oder als «Bildungsgänge» (Sachsen-Anhalt). Derartige Regelungen basieren somit nicht auf dem Abkommen. Außerdem sind die Regelungen in § 4 Abs. 3 VBiG Thüringen und in § 6 Abs. 2 SchulG Sachsen über den Beginn der Differenzierung in Klasse 7 gemessen an § 10 Abs. 3 HA unklar, so daß Anerkennungsprobleme entstehen können. Nach dem Hamburger Abkommen ist die Realschule mindestens vierklassig. Schüler mit dem Ziel des Realschulabschlusses müssen daher ab Klasse 7 in Realschulklassen zusammengefaßt werden.

Daß Sachsen den veralteten Begriff «Mittelschule» benutzt, muß Verwirrung stiften, weil im ehemaligen Preußen die Mittelschule ihrer Stellung im Schulsystem nach der heutigen Realschule entsprach und der Sprachgebrauch von «Mittlerer Reife» daran anknüpft. Eben dieser Sprachgebrauch findet sich in § 4 Abs. 2 VBiG Thüringen, wo grundsätzlich der Abschluß der Realschule als «Mittlere Reife» erklärt wird. An anderer Stelle tritt freilich die Mittlere Reife als gleichwertiger Abschluß des Realschulabschlusses auf (§ 5 Abs. 4 und 6). Wer in Sachsen die Mittelschule besucht hat, besitzt jedenfalls in Thüringen noch lange nicht die Mittlere Reife.

Noch gravierender weicht das Vorschaltgesetz zum Landesschulgesetz Brandenburg vom Hamburger Abkommen ab, indem es die Hauptschule überhaupt nicht vorsieht und die Realschule eher als Ausnahme, die Gesamtschule faktisch aber zur Regel- oder Normalschule ausgestaltet; das Ministerium spricht von 300 Gesamtschulen. Damit wird eine Schulstruktur eingeführt, die nicht auf der Basis des Hamburger Abkommens erfolgt.

Schulabschlüsse

Dieser Mangel wird auch nicht dadurch gebessert, daß in § 41 unter Abschlüssen «Hauptschulabschluß» und «erweiterter Hauptschulabschluß» in Klammern auftauchen, vielmehr wird an den eigentlichen Abschlußbezeichnungen (Berufsbildungsreife, Erweiterte Berufsbildungsreife und Fachoberschulreife) die andersartige Schulstruktur deutlich. Im übrigen entsprechen diese blumigen Abschlußbezeichnungen allesamt nicht der Wirklichkeit, weil das für die Berufsbildung geltende Bundesgesetz den Begriff der Berufsreife nicht kennt und nur ein Bruchteil der Realschulabsolventen die Fachoberschule besucht. Es ist schon bemerkenswert, daß man gemäß § 41 das Abschlußzeugnis einer Schule erwerben kann, die es gar nicht gibt. Diese Möglichkeit weicht auch von der KMK-Vereinbarung über Gesamtschulen ab, denn die Vergabe von Schulabschlüssen an Gesamtschulen setzt voraus, daß die Abschlüsse in Umfang und Anspruchshöhe den «jeweiligen Anforderungen des nach Schularten gegliederten Schulwesens desjenigen Landes entsprechen, in dem der Abschluß ... erworben werden soll» (5.1). Diese generelle Voraussetzung wird in 5.22 für die Hauptschule wiederholt. Der in Brandenburg an Gesamtschulen erworbene Hauptschulabschluß kann daher nicht anerkannt werden, weil es ihm im gegliederten Schulwesen an einem Vergleichsmaßstab fehlt.

Gymnasium und Abitur

Das Gymnasium beginnt mit Ausnahme von Brandenburg mit der 5. Klasse und endet nach der 12. Klasse mit dem Abitur. Für Schüler mit dem Abschluß der Realschule führt in Thüringen und Sachsen das berufliche Gymnasium in Mecklenburg-Vorpommern und Sachsen-Anhalt das Fachgymnasium zum Abitur, und zwar in den zum berufsbildenden Schulwesen gerechneten Formen in drei Jahren, so daß sich hier eine Schulzeit von 13 Jahren ergibt und § 7 Abs. 1 des Hamburger Abkommens entsprochen wird. Während in den Ländern mit beruflichen Gymnasien die allgemeine Hochschulreife erworben wird, fehlt eine entsprechende Aussage in den Ländern mit Fachgymnasien. Die Regelung in den vier Ländern über das Abitur nach Klasse 12 bedeutet einen eindeutigen Verstoß gegen das Hamburger Abkommen.

Im Vorschaltgesetz zum Landesschulgesetz von Brandenburg wird der Zeitpunkt des Abiturs nicht ausdrücklich geregelt, doch kann man nach § 5 Abs. 4 letzter Satz vermuten, daß 13 Schuljahre beabsichtigt sind. Die andersartige Schulstruktur zeigt sich hier an der Bezeichnung des Gymnasiums, das nach § 8 Abs. 2 «grundsätzlich durchgängig» die Sekundarstufe I und die gymnasiale Oberstufe umfaßt. Allerdings wird in § 7 Abs. 2 geregelt, daß die Gesamtschule «in der Regel die Sekundarstufe I und die gymnasiale Oberstufe» umfaßt. Das ist widersprüchlich.

Außerdem gibt es einen eigenen § 11 für die gymnasiale Oberstufe, der zusätzlich irritiert, weil dort in Klammern die Erläuterung gegeben wird: «Bildungsgänge zur Erlangung der allgemeinen Hochschulreife». Der Begriff Bildungsgang wird dann im Singular und im Plural benutzt, wobei es sich liest, als könne die allgemeine Hochschulreife neben der gymnasialen Oberstufe auch in Bildungsgängen an berufsbildenden Schulen erworben werden, über deren Bezeichnung nichts weiter gesagt wird (Abs. 5).

Auf der Basis des Hamburger Abkommens (HA) stehen diese gesetzlichen Regelungen nur zum Teil, weil § 7 HA besagt, daß Schulen, die am Ende der 13. Klasse zur allgemeinen Hochschulreife führen, die Bezeichnung «Gymansium» tragen. § 11 HA besagt, daß es sich bei gymnasialen Oberstufen, die nicht Teil eines Gymnasiums sind, um Gymnasien in Aufbauform handelt.

Schulstruktur in Brandenburg

Das Vorschaltgesetz zum Landesschulgesetz ist offensichtlich nicht auf der Basis des Hamburger Abkommens und der KMK-Vereinbarung über Gesamtschulen erlassen worden; es verstößt damit gegen Art. 37 Abs. 4 des Einigungsvertrages.

Das zeigt sich bereits bei der Regelung der Schulstruktur in § 5. Sie gliedert sich nach Schulstufen, Schulformen und Bildungsgängen. Eine solche Struktur kennt das Hamburger Abkommen nicht; es gliedert eindeutig nach Schularten (Schulformen).

Hierbei handelt es sich keineswegs um eine reine Prinzipienfrage. Da der Begriff «Bildungsgang» im brandenburgischen Gesetz nicht erläutert wird, kann man zum Beispiel nicht die Bedeutung der Regelung für die Sekundarstufe II ermessen, wonach diese neben Schulformen wie der Berufsschule die «Bildungsgänge» zur Erlangung der Fachhochschulreife umfaßt. Nach dem Hamburger Abkommen handelt es sich hierbei um eine Schulart (Schulform), nämlich die Fachoberschule. Dagegen bleibt unklar, worum es sich in Brandenburg handeln soll.

Religionsunterricht

Mit Ausnahme von Brandenburg enthalten die Schulgesetze der neuen Länder Bestimmungen über den Religionsunterricht, wie sie in Art. 7 Abs. 2 und 3 Grundgesetz vorgesehen sind. Allerdings entspricht die Regelung in § 15 Abs. 2 des Schulreformgesetzes von Mecklenburg-Vorpommern nicht voll den Anforderungen, weil der Begriff «Ordentliches Lehrfach» fehlt und der Religionsunterricht lediglich als Angebot bezeichnet wird.

Auch die Formulierung im Vorschaltgesetz Sachsen-Anhalt § 19 Abs. 2 und § 21 entsprechen nicht voll dem Grundgesetz, denn der Religionsunterricht ist ordentliches, das heißt verpflichtendes Lehrfach, von dem der Schüler allerdings abgemeldet werden kann. Dieses Fach steht aber nicht von vornherein zur Wahl mit einem alternativen Fach wie Ethik.

Das Fach Ethik ist in Art. 7 Grundgesetz überhaupt nicht vorgesehen, die Länder Thüringen, Sachsen-Anhalt und Freistaat Sachsen wollen gleichwohl die Schüler, die nicht am Religionsunterricht teilnehmen, zum Besuch des Faches Ethik verpflichten. Es fällt auf, daß die Zielsetzungen für dieses Fach nur vage beschrieben sind; man kann nur hoffen, daß dieses obligatorische Ersatzfach nicht in falsche Hände gerät.

Weiter fällt auf, daß der Zeitpunkt für den Beginn des Religionsunterrichts in Thüringen von einem Vertrag mit den Kirchen abhängig gemacht wird, in Sachsen-Anhalt davon, daß die «erforderlichen Unterrichtsangebote» entwickelt sind und «geeignete Lehrer» zur Verfügung stehen. In den Gesetzen von Mecklenburg-Vorpommern und Sachsen finden sich keine Bestimmungen zum Zeitpunkt des Beginns.

Es wäre sicher ein Verstoß gegen den Einigungsvertrag, wenn Landesgesetzgeber und Landesregierungen insoweit eine «grundgesetzfreie Zeit» einführen. Deshalb ist es erstaunlich, daß der Kultusminister von Sachsen-Anhalt geäußert haben soll, daß es Religionsunterricht im Lande «flächendeckend» erst in vier bis fünf Jahren geben wird (DLZ 25/91).

Erstaunlich ist auch, daß im Vorschaltgesetz zum Landesschulgesetz in Brandenburg Regelungen zum Religionsunterricht zunächst nicht getroffen werden. Eine derartige gesetzliche Regelung dürfte mit dem Grundgesetz nicht vereinbar sein, auch wegen der politischen Begleitmusik. Die Kultusministerin lehnt Pressemeldungen zufolge konfessionellen Religionsunterricht ab und will ein Pflichtfach «Lebensgestaltung, Ethik/Religion» einführen. Nun kann in religiösen Fragen jeder denken, was er will, doch gilt das Grundgesetz auch für Minister.

ALFRED KELLETAT

POTT oder die frühe Entscheidung

Eine Schulerinnerung

Non scholae sed vitae ...

Es war in Königsberg, am Hufen-Gymnasium, ums Jahr 1935. Er hieß Bielski, gab Biologie, wir nannten ihn POTT. Die Frage, wie Lehrer zu den Spitznamen kommen, die sich über Schülergenerationen fest vererben, ist oft nicht leicht zu beantworten. Unser so geschätzter wie gefürchteter Ordinarius Bettner hieß seiner beträchtlichen Körperlänge wegen «Latsch», der kleine schweigsame Laudien das «U-Boot», weil er unvermutet aufzutauchen pflegte, der temperamentvolle Franke Höpfner, den es nach südamerikanischen Jahren an den Pregel verschlagen hatte, war der «Pampasreiter», kurz «Pampa». So ließe sich der kuriose Katalog der Übernamen fortsetzen, nach welchem Schneider «Schuster», Czerwinski «Schievelbein» oder Dr. Augustin «Pendrullek» hieß. Die Detektivrolle des «Pinkerton» hatte Kowalewski sich selbst beigelegt und spielte sie in närrischer Hingabe, aus dem hervorragenden Mathematiker Reichenbächer, der auch an der Universität lehrte, einen «Eierbecher» zu machen, war gewiß kein Geniestreich, und eine Benamung wie «Rosa, das Nilpferd» für den Oberstudienrat Link (der an den nationalen Feiertagen das EK I überm dicken Bauch trug), hatte wohl, wenn schon durch überzeugende Körperlichkeit nahegelegt, der benachbarte Zoo verursacht. Über POTT aber haben wir uns keine Gedanken gemacht. Ältere Schüler meinten, den Spottnamen hätte einmal eine Klasse von einer Wanderfahrt (mit zünftigem Abkochen) mitgebracht, und er hätte den Betroffenen geärgert, der ihn trotzdem nie mehr losgeworden ist (aliquid haeret). Erst Jahrzehnte später, wenn ich in Berlin durch die Podbielski-Allee ging und auf den Namen dieser preußischen Generäle stieß, fiel er mir wieder ein. Doch wahrscheinlicher ist es, daß kundigen Schülern die Sippe der Königsberger Musiker und Organisten[1] dieses Namens bekannt war, deren jüngster der Musiklehrer E.Th.A. Hoffmanns gewesen ist, der wiederum dessen Vater, den Domorganisten Christian Podbielski, als Meister Abraham im «Kater Murr» verewigt hat. So hätte sich POTT (recte POD) über diesen Scherz, bei dem eine Vorsilbe an ihm hängen blieb - wären ihm denn die historisch-onomastischen Zusammenhänge klar gewesen - keineswegs zu grämen brauchen.

Auf der Unterstufe unterrichtete er Biologie, vielleicht aus besonderer Neigung, denn es war nicht sein Studienfach. Uns war das nicht wichtig, wir verstanden uns gut und mochten ihn. Man brachte ihm aus dem häuslichen Garten oder auf dem Schulweg gepflückten Blumen und Pflanzen, die er ernsten Blicks durch die randlose funkelnde Brille vorsichtig bestimmte; auch auf listig ausgewählte Steine («Wo hast du den gefunden?) ließ er sich ein. Auf der Oberstufe aber gab er Griechisch, das war seine facultas, und davon ist zu erzählen. Für mich war es eine Zufallsstunde (eine der oft sinnlosen Vertretungsstunden), die letzte in einer hochsommerlichen Woche, am Sonnabend, der war damals schon Staatsjugendtag, d. h. die der Hitlerjugend angehörigen Schüler waren im Dienst außerhalb der Schule, nur eine kleine Schar Andersgläubiger war übriggeblieben. Man dachte ans Wochenende, an Sonntag, die Stille war schläfrig, eine Fliege Grummselte am Fenster. Was tun? Gewiß keine Stunde großer Ereignisse - denkt man.

POTT setzte sich zu uns in eine Bank und erzählte, mit der verhaltenen Stimme, die ihm eigen war, das berühmte Höhlengleichnis aus Platons «Staat». Jene deutungsträchtige Geschichte, die da Sokrates dem Glaukon erzählt: daß es unser Schicksal sei, gefesselt in einer Höhle zu sitzen, an deren Wand die Schatten von Gegenständen erscheinen, die im Rücken der derart Gefangenen vorübergetragen und von einem Feuer beleuchtet werden. Weil diese Schattenbilder ihre einzige Erkenntnis sind, müssen sie sie für die Wirklichkeit halten, mehr vermögen sie in ihrer Einsichtslosigkeit nicht zu wissen. Streifte nun aber einer die Fesseln ab, machte sich frei und wendete sich um und träte aus der Höhle: Was vermöchte er zu sehn? Schmerzhaft müßte sich sein Auge an den Glanz des Lichtes gewöhnen und vorsichtig tastend die Dinge erkennen lernen, an deren Schattenform er in der Höhlenhaft gewöhnt war. Dann würde er den Blick, bei Nacht zunächst, zu den Sternen aufheben und zuletzt in den Stand kommen, auf die Sonne selbst zu sehn, und in ihr die Verursacherin aller Dinge und den letzten Grund ihrer Erkennbarkeit wissen. Mit ein paar Kreidestrichen an der Tafel erklärte der Lehrer die Situation der wunderlichen Höhle und Gefangenschaft und des Ausgangs, der den Weg des Denkens und Erkennens ermöglicht und sagte, daß es auf diese Umwendung (periagogé) des Menschen ankomme, damit der rettende Prozeß begönne, der vom täuschenden Anschein zur Wahrheit, von der Sinnenwelt zur Seelenheimat und von der Erde zur Lichtwelt vordringe, in der er sein Ziel hat[2].

In dieser Stunde hat der Lehrer dem Schüler die Tür einen Spalt weit geöffnet, einen Ausblick und Aufgang gewiesen - und er hat ihm den «Zauber Platons»[3] eingepflanzt, dessen Kraft nie mehr verblichen ist. Das war keine leichte Mitgift, summiert man den furchtbar ernsten Radikalismus der «Wirklichkeit», den zu durchwandern uns verordnet war, und all den geballten Andrang von Realismen, Positivismen, Naturalismen und Materialismen, die lauthals und mehrheitlich ihr Recht forderten. Sie mögen es haben! Doch jener einstige Schüler ließ sich nicht irren, auch wenn er, oft genug, sich zu Platon bekennend, an Augen- und Mundwinkeln seines aufgeklärten Gegenübers das Urteil ablesen konnte: der in jener Schulstunde wach gewesen, habe nun leider zweitausend Jahr kühnen Geistesfortschritts verschlafen und versäumt. Aber er wollte sich von der Flut der Schattenbilder in ihrer vordergründigen Aufdringlichkeit und planen Diesseitigkeit den einmal geahnten Sternenhimmel der Urbilder (partout) nicht verdunkeln lassen. Was hinwiederum mitnichten so verblasen und «platonisch» war und ist, wie es modernen Ohren klingen mag. Ja - in jener gefährlichen Zeit wurde es für den Werdenden zu einer unentbehrlichen Vergewisserung, vor der sich manche aktuelle Bedrängnis in nichts auflöste. Daß auch die Herrschenden dieser Seelenumwendung bedürftig seien und aufsteigen müßten aus dem nächtlichen Tag, um im Licht des Guten und Gerechten zu handeln, gehört wesentlich zum politisch-ethischen Sinn des Höhlengleichnisses. Und als uns wenig später unser reguläre Griechisch-Lehrer das Aufsatzthema stellte: «Welche Bedeutung hat die Gedankenwelt Platos auch noch für die politische Erziehung unsrer Zeit?», da ließ sich dieses gezielte «auch noch» gut beantworten.[4] Der damals begründete ideengläubige kritische Sinn konnte sich «auch noch» durch ein sehr wechselvolles Halbjahrhundert bewähren, das seit jener Schulstunde dahingegangen ist. Aus dem Abstand stärker noch als damals scheint sie mir ein Akt heimlichen Widerstands, den ich POTT zu danken habe.

Johannes Bielski wurde am 20. Oktober 1887 von katholischen Eltern in Mewe an der Weichsel im Kreis Marienwerder geboren[5]. Der Vater war Lehrer. Nach dem Abitur in Kulm versuchte der Sohn es zuerst mit der Theologie in Breslau und auf dem Priesterseminar in Pelplin, wählte dann aber die Klassische Philologie und promovierte 1913 mit einer Arbeit über den antiken Rhetoriker Libanios: «*De aetatis Demosthenicae studiis Libanianis*», die in den Breslauer philologischen Abhandlungen (Heft 48) erschienen ist. Daß er nicht Soldat werden mußte, mag mit seinem Gesundheitszustand zusammengehangen haben. Nach langen Lehr- und Wanderjahren durch Schulen in Marienburg, Sensburg, Danzig, Braunsberg - den Unverheirateten konnte man leicht versetzen - kam er 1928 ans Hufengymnasium in Königsberg. Wir schätzten, liebten ihn, wußten aber von seinem Leben nichts, wie es damals die strenge Rollentrennung zwischen Lehrer und Schüler mit sich brachte. Alles Personale hab ich später erst in den Akten gefunden. Am 18. Juli 1937, in seinem fünfzigsten Jahr, ist er dem Herztod erlegen. Wir hatten damals die Schule schon verlassen, waren verstreut und erfuhren nichts davon.

Mehr erfuhr ich von älteren Schülern, als ich zum ersten Mal in unserm Schulrundbrief an POTT erinnerte[6]. Da schrieben mir Condiscipuli, die ihn besser gekannt hatten, daß meine Darstellung ergänzungsbedürftig sei. So berichtete Peter Heller, einst primarius excellentissmus unsrer Schule, nach der Emigration Gräzist an der Universität Montevideo/Uruguay, gestehend, daß er gerade diesem Lehrer die Wahl seiner Disziplin verdanke, aus seiner vertrauten Kenntnis, daß Bielski bei hoher Begabung ein schwacher, beinahe haltloser Mensch gewesen sei. Ein unverberglicher Hang zum Alkohol hätte seine Neigung zur Knabenliebe verdecken sollen, die dem Lehrer gewiß verhängnisvoll gewesen wäre und von der wir Sextaner ohn allen Arg nur eine sympathische Knabenfreundlichkeit empfanden. Peter Heller wußte auch von so auffälligen Zügen zu berichten, daß der Lehrer auf Schritt und Tritt ohne erkennbaren Anlaß Warnungen vor Gefahren erteilt und immerzu gewarnt, vor Gestrüpp gewarnt habe, und zuweilen, ohne erkennbaren Anlaß, «Haltung» geradezu herausgeschrien habe. Das war es! Um wieviel tiefer furchen diese späten Mitteilungen das Angesicht des Mannes, wieviel ergreifender wird die Weitergabe des Höhlengleichnisses an seine Schüler - wie das «de profundis» eines, der aus Lebensnot und Dunkelhaft seine Sehnsucht zum Sonnenlicht und Sternenhimmel richtet - und andern den Weg weist. Sein Grab auf dem katholischen Friedhof in Amalienau ist ausgetilgt wie alle Gräber im alten Königsberg. Dankbarkeit kann seinen Stein nicht bekränzen, aber Erinnerung schwebt über der unbekannten Stätte[7].

Anmerkungen

1 Altpreußische Biographie II 1969: Jakob P. (1650-1709); Christian P. (1683-1753); Gottfried P. (1689-1763); Christian Wilhelm P. (1741-1792).

2 Ich habe hier termini aus der Übersetzung und Deutung des Lehrers aufgenommen, der mich - Jahrzehnte nach POTT-Bielski - in der gleichen Sache unterrichtet hat: *Martin Heidegger*, «Platons Lehre von der Wahrheit». Nach einer Vorlesung 1930/31 zuerst in Geistige Überlieferung, 2, Berlin 1942, 96-124; jetzt in Wegmarken, Frankfurt a.M. 1967, 109-144.

3 Nach dem Titel von *Karl R. Popper* 1957.

4 Vgl. *Hans Heyse*, Idee und Existenz, 1935.

5 So dürfte Johannes von Capistrano, der Türkenkämpfer, an seinem Tauftag sein Namensheiliger geworden sein (23. Oktober).

6 Kleines Denkmal für Pott [1983]. In: Staatliches Hufengymnasium und Realgymnasium ... 24. Rundbrief. Wiesbaden 1986, 43-46.

7 Damit die Oberstimme der Dichtung nicht fehle: «Einen heißen, einsamen Sommer verbrachte sie mit Platos Büchern, und unter Tränen las sie das ´Symposion´. Hier war ein Ziel und göttliches Verweilen, der Harmonien seliger Hauch, und wie vom Berg herab lag die Welt - beschaulich, unbegehrt - zu ihren Füßen». *Annette Kolb* im auto-

biographischen Torso 'Werna Njedin' (1925). Neudruck Fischer-Taschenbuch Verlag, Frankfurt a. M. 1983, S. 55.

Meinem Freund
~~Walter Heistermann~~
zum 14·IX·1992

Das Rätsel dieser Welt
Omar der Zeltmacher
Dietrich Erdmann

BIBLIOGRAPHIE*

Bearbeitet von Michael-Sören Schuppan

Reichsgedanke und Reichspolitik in den politischen Schriften von G.W. Leibniz. (Diss.) Berlin 1940

Staatsformen und Staatsgewalt. Berlin 1949

Erkenntnis und Sein. Untersuchungen zur Einführung in das Wahrheitsproblem und seine geschichtlichen Ursprünge. Detmold 1951

Über die Bedeutung der Grundwissenschaften im Lehrplan der Pädagogischen Hochschule. In: Probleme der Lehrerbildung. Berlin 1951, S. 19-26. (Nachdr. in: Ges. Schriften, Bd. 2, S. 88-99)

Über den Wahrheitsbegriff des Pragmatismus. In: Felseve Arkivi. Bd. 3, Istanbul 1952, S. 122-135. (Nachdr. in: Ges. Schriften, Bd. 2, S. 53-65)

Die Wissenschaft vom Menschen als philosophische Anthropologie. Berlin 1954

Denkstile. In: Wilhelm Bernsdorf und Friedrich Bülow (Hg.): Wörterbuch der Soziologie, Stuttgart 1955, S. 85-89. (Nachdr. in: Ges. Schriften, Bd. 2, S. 46-52)

Sitte und Sittlichkeit. In: Wilhelm Bernsdorf und Friedrich Bülow (Hg.): Wörterbuch der Soziologie, Stuttgart 1955, S. 455-460. (Nachdr. in: Ges. Schriften, Bd. 1, S. 167-175)

Ursprung und Ordnung. In: Felseve Arkivi. Bd. 3, H. 3, Istanbul 1957, S. 27-41. (Nachdr. in: Ges. Schriften, Bd. 2, S. 145-161)

Natur, Mensch und Geschichte. In: Felseve Arkivi, Bd. 4, Istanbul 1959, S. 43-68. (Nachdr. in: Ges. Schriften, Bd. 2, S. 98-126)

Leben und Lehre Nicolai Hartmanns. In: Der Bogen, Jg. 1 (1959), S. 1-6. (Nachdr. in: Ges. Schriften, Bd. 2, S. 66-71)

Form, Formbarkeit und formende Aktivität. Als Ms. gedr., Päd. Hochsch. Bln. 1959. Wiederabdruck in: Zeitschrift für Pädagogik, Jg. 6 (1960), S. 335-349. (Nachdr. in: Ges. Schriften, Bd. 2, S. 162-176)
Weltanschauung und Erziehung. In: Otto Walter Haseloff und Herbert Stachowiak (Hg.): Schule und Erziehung, Berlin 1960, S. 16-28. (Nachdr. in: Ges. Schriften, Bd. 2, S. 188-199)

---

*   Überarbeitete und ergänzte Fassung aus: *G. Heinrich* u.a.: Actio formans. Berlin 1978

Politik und politische Erziehung. In: Der politische Mensch im Raum der Erziehung. Hg. vom Allgemeinen Studentenausschuß der Pädagogischen Hochschule Berlin, Berlin 1962, S. 1-21. (Nachdr. in: Ges. Schriften, Bd. 2, S. 200-217)

Arbeit als anthropologische Kategorie und als Problem der Erziehung. In: stud. paed. Jg. 1, H. 3 und 4, Berlin 1963, S. 7-17 und S. 5

Die Theorie des Spieles als Spezialfall einer konkreten Anthropologie. In: Memorias del 13 Congreso international de Filosofia ..., Vol. 3, México 1963. S. 145-150

Mensch und Arbeit. In: Bildung und Erziehung. Jg. 18 (1965), S. 102-118

Modell und Urbild. Philosophische Probleme der Kybernetik. In: Philosophia Naturalis, Bd. 9 (1965), S. 22-45

Philosophie - Grundlage der Erziehung? In: Die Spur, Jg. 6 (1966), S. 193-197. (Nachdr. in: Ges. Schriften, Bd. 2, S. 177-187)

Das Verhältnis von Ethos und Ordo in der Moralphilosophie Senecas. In: Actas del Congreso international de Filosofia en Commemoracion de Seneca ..., Madrid 1966, S. 173-183. (Nachdr. in: Ges. Schriften, Bd. 1, S. 211-223)

Das Problem der Norm. In: Zeitschrift für philosophische Forschung. Bd. 20 (1966), S. 197-209. (Nachdr. in: Ges. Schriften, Bd. 1, S. 151-166)

Mensch und Maschine. Die Bedeutung der Kybernetik für das Verständnis des Menschen. In: Menschliche Existenz und moderne Welt. Ein internationales Symposion zum Selbstverständnis des heutigen Menschen. Hg. von Richard Schwarz. Teil 1, Berlin 1967, S. 783-802. (Nachdr. in: Ges. Schriften, Bd. 1, S. 47-69)

Wissenschaft und Profanität. In: Felseve Arkivi. Bd. 13, Istanbul 1968, S. 96-114. (Nachdr. in: Ges. Schriften, Bd. 2, S. 127-144)

Die Bedeutung des Menschen in der Philosophie Kants. In: Felseve Arkivi. Bd. 13, Istanbul 1968, S. 63-78. (Nachdr. in: Ges. Schriften, Bd. 1, S. 101-115)

Situation und Zukunft der Lehrerausbildung in West-Berlin. In: Berliner Lehrerzeitung. Jg. 24 (1970), H. 4, S. 10

Humanismus und Humanität. In: Humanität und Erziehung. Festgabe für Wilhelm Richter zum 70. Geburtstag, Berlin 1971, S. 9-23. (Nachdr. in: Ges. Schriften, Bd. 1, S. 132-150)

Begriff und Funktion der Toleranz. In: Aus Erziehungs-, Sozial- und Geisteswissenschaften. Abhandlungen aus der Pädagogischen Hochschule Berlin, Bd. 1, Berlin 1974, S. 3-26. (Nachdr. in: Ges. Schriften, Bd. 1, S. 183-210)

Dichtung. Bemerkungen über ihre Eigenart. In: Fruchtblätter. Freundesgabe für Alfred Kelletat. Hg. von Harald Hartung u.a., Berlin 1977, S. 1-14

Mitteilung des Rektorats vom 23. November 1970. In: 30 Jahre Pädagogische Hochschule Berlin. Berlin 1978, S. 119-122

Stellungnahme zum Realisierungsprozeß des Gesetzes über die Schaffung der institutionellen Voraussetzungen der integrierten Lehrerausbildung in Berlin. In: 30 Jahre Pädagogische Hochschule Berlin. Berlin 1978, S. 123-131

Der Begriff - Funktion und Bedeutung. In: Festschrift für Prof. Dr. Werner Göttel. Berlin 1978 (Eigenverlag), S. 1-23. (Nachdr. in: Ges. Schriften, Bd. 2, S. 28-45)

Ironie. Berlin 1979 (als Ms. gedr.). (Nachdr. in: Ges. Schriften, Bd. 1, S. 224-228)

Der Mythos des Protagoras. In: Gunther Soukup und Reinhard Koch (Hg.): Es kamen härtere Tage. Berlin 1988. (Nachdr. in: Ges. Schriften, Bd. 1, S. 116-130)

Gesammelte Schriften zur Anthropologie und Pädagogik (I). (= Steglitzer Arbeiten zur Philosophie und Erziehungswissenschaft. Bd. 4). Rheinfelden 1990

Gesammelte Schriften zur Anthropologie und Pädagogik (II): (= Steglitzer Arbeiten zur Philosophie und Erziehungswissenschaft. Bd. 5). Rheinfelden 1991

Die Integration der Pädagogischen Hochschule in die Berliner Universitäten - Ein Irrweg, eine vergebene Möglichkeit oder ein produktiver Neuanfang?, in: Hubertus Fedke und Gerd Radde (Hg.): Reform und Realität in der Berliner Schule. Braunschweig 1991, S. 39-43

Die ideengeschichtlichen Voraussetzungen der Theorie der Erziehung und des Unterrichts von Paul Heimann. In: Hansjörg Neubert (Hg.): Die Berliner Didaktik: Paul Heimann. Berlin 1991, S. 45-57; auch: Ges. Schriften, Bd. 2, S. 72-86

* Überarbeitete und ergänzte Fassung aus: *G. Heinrich* u.a.: Actio formans. Berlin 1978